W0266134

BAEDEKER SMART

Südtirol

Verlag Karl Baedeker – www.baedeker.com

Wie funktioniert der Reiseführer?

Wir präsentieren Ihnen Südtirols Sehenswürdigkeiten in sechs Kapiteln. Jedem Kapitel ist eine *spezielle Farbe* zugeordnet. Um Ihnen die Reiseplanung zu erleichtern, haben wir alle wichtigen Sehenswürdigkeiten jedes Kapitels in drei Rubriken gegliedert: Einzigartige Sehenswürdigkeiten sind in der Liste der *TOP 10* zusammengefasst und zusätzlich mit zwei Baedeker Sternen gekennzeichnet. Ebenfalls bedeutend, wenngleich nicht einzigartig, sind die Sehenswürdigkeiten der Rubrik *Nicht verpassen!* Eine Auswahl weiterer interessanter Ziele birgt die Rubrik *Nach Lust und Laune!*

Baedeker Topziele ★★ ... 6
Ein Gefühl für Südtirol bekommen ... 8

Das Magazin
Berge, so weit das Auge reicht ... 14
Tradition und Brauchtum ... 16
Von Apfelblüten & Weintrauben ... 19
Immer in Bewegung ... 21
Verschenktes Land, verschenktes Herz ... 24
Zwischen Knödel und Pasta ... 26
Im Dreiklang der Kulturen ... 28

Vinschgau
Erste Orientierung ... 32
Mein Tag am Reschensee ... 34
Nationalpark Stilfser Joch ★★ ... 38
Mals & Glurns ★★ ... 42
Schnalstal ★★ ... 44
Schluderns & Churburg ... 46
Nach Lust und Laune! ... 48
Wohin zum ... Übernachten? ... Essen und Trinken? ... Einkaufen? ... Ausgehen? ... 52

Meran und Umgebung
Erste Orientierung ... 58
Mein Wohlfühltag in Meran ... 60
Meran ★★ ... 64
Dorf & Schloss Tirol ★★ ... 68
Tisens & Prissian ... 70
Passeiertal ... 73
Nach Lust und Laune! ... 76
Wohin zum ... Übernachten? ... Essen und Trinken? ... Einkaufen? ... Ausgehen? ... 80

Bozen und der Süden
Erste Orientierung ... 88
Mein Shoppingtag in Bozen ... 90
Bozen ★★ ... 94
Eppan ★★ ... 100
Sarntal ... 106
Tramin ... 108
Nach Lust und Laune! ... 110
Wohin zum ... Übernachten? ... Essen und Trinken? ... Einkaufen? ... Ausgehen? ... 114

Dolomiten
Erste Orientierung ... 122
Mein Tag beim Genusswandern in den Dolomiten ... 124
Seiser Alm & Schlerngebiet ★★ ... 128
Grödner Tal ... 133
Hochabteital ... 136
Nach Lust und Laune! ... 138
Wohin zum ... Übernachten? ... Essen und Trinken? ... Einkaufen? ... Ausgehen? ... 142

Eisacktal und Wipptal
Erste Orientierung ... 148
Mein Tag beim Törggelen ... 150
Brixen ★★ ... 154
Sterzing ... 157

Kloster Neustift 160
Nach Lust und Laune! 162
Wohin zum ... Übernachten?
... Essen und Trinken?
... Einkaufen? ... Ausgehen? 167

Pustertal

Erste Orientierung 174
Mein Tag rund um die
Drei Zinnen 176
Toblach, Innichen, Sexten ★★... 180
Bruneck 182
Sand in Taufers 185
Ahrntal 187
Nach Lust und Laune! 190
Wohin zum ... Übernachten?
... Essen und Trinken?
... Einkaufen? ... Ausgehen? 194

Spaziergänge & Touren

Von Bozen entlang der
Weinstraße mit dem Rad 200
Den Schnalswaal hinunter 204

Praktische Informationen

Vor der Reise 210
Anreise 213
Unterwegs in Südtirol 214
Übernachten 215
Essen und Trinken 216
Einkaufen 217
Ausgehen 218
Sprachführer 220

Anhang

Reiseatlas 221
Register 234
Bildnachweis 236
Impressum 237

Magische Momente

Kommen Sie zur rechten Zeit an den richtigen Ort
und erleben Sie Unvergessliches.

Wie im Himalaya 41
Brennende Herzen 74
Schlemmen in der
Bimmelbahn 99
Mystisches Alpenglühen 131
Überraschungskugeln 166
Karibische
Ruderbootfahrt 189

Schutzhütte beim Latzfonser Kreuz
auf 2300 m Höhe

Entspannte Wanderung mit
Aussicht auf dem Salten

1

2

3

4

5

6

7

8

9

10

★★ Baedeker Topziele

Unsere TOP 10 helfen Ihnen, von der absoluten Nummer eins bis zur Nummer zehn, die wichtigsten Reiseziele einzuplanen.

❶ ★★ Meran

Verlockend sind das Kurstadtflair von anno dazumal, die Laubengasse, die Therme und die Gärten von Schloss Trauttmansdorff (S. 60, 64).

❷ ★★ Bozen

Die moderne und zugleich beschauliche Landeshauptstadt Bozen hat ein deutsches und ein italienisches Gesicht, und natürlich den »Ötzi«: Die Gletschermumie residiert in ihrem eigenen Museum (S. 90, 94).

❸ ★★ Dorf & Schloss Tirol

Schloss Tirol gab dem Land einst seinen Namen. Hier hat man einen grandiosen Blick auf das Etschtal und findet ideale Wandermöglichkeiten zur Texelgruppe (S. 68).

❹ ★★ Nationalpark Stilfser Joch

Der Ortler, mit 3905 m der höchste Berg Südtirols, übertrumpft alles. Ihn aus der Nähe zu sehen, ist allemal ein Erlebnis (S. 38).

❺ ★★ Brixen

Die Bischofsstadt Brixen und Kloster Neustift machen deutlich, warum so oft vom »Heiligen Land Tirol« die Rede ist (S. 154).

❻ ★★ Eppan

Wenn Südtirol seinem Ruf als Weinland gerecht wird, dann im Überetsch, zwischen Eppan und Kaltern. Nirgendwo sind die Weinberge so harmonisch und die Schlösser so edel und majestätisch wie hier (S. 100).

❼ ★★ Seiser Alm & Schlerngebiet

Europas größte Hochalm, die Seiser Alm, bietet ein mehr als 50 km^2 großes Wander- und Wintersportgebiet vor der gewaltigen Bergkulisse des Schlern-Massivs, und das nahezu autofrei (S. 128).

❽ ★★ Mals & Glurns

Im romanisch geprägten oberen Vinschgau warten zwei Ortschaften, deren mittelalterliches Stadtbild seit 500 Jahren unverändert erhalten geblieben ist (S. 42).

❾ ★★ Toblach, Innichen, Sexten

Wahrzeichen des Hochpustertals rund um Toblach, Innichen und Sexten sind die Drei Zinnen, die nicht nur Kletterer magisch anziehen (S. 176, 180).

❿ ★★ Schnalstal

Wer sich auf Ötzus Spuren zu seiner Fundstelle am Tisenjoch begibt, erlebt ein Hochtal mit herrlicher Bergwelt und den für Südtirol so typischen Holz-Bauernhöfen (S. 44).

Ein Gefühl für Südtirol bekommen ...

Erleben, was die Gegend ausmacht, ihr ganz besonderes Flair spüren. So, wie die Südtiroler selbst.

Auf der Alm, da gibt's koa Sünd'

Fast jeder Südtiroler hat seine Lieblingsalm, seinen Lieblingsplatz in den Bergen. Und fast jeder Südtiroler weiß: Bei einer Almwanderung kann man den Kopf frei bekommen – und natürlich schmeckt eine Jause auf einer Alm einfach am besten.

Palmen unter schneebedeckten Gipfeln

Dieses Postkartenmotiv der Kurstadt Meran ist ebenso kitschig wie wahr. Alpine Berglandschaften und mediterrane Pflanzenwelt ergänzen sich auf wunderbare Weise. Wenn im Frühling im Tal alles blüht und die Bergspitzen noch unter einer weißen Decke stecken, dann ergibt sich ein Bild, das selbst für die Einheimischen immer wieder Grund zum Staunen ist.

Knödel und Kaiserschmarrn, Pizza und Pasta

Bei der bodenständigen wie deftigen Küche müssten die Südtiroler eigentlich Kleidergröße XXL tragen. Tun sie aber nicht: Denn die einheimische Küche ist ebenso lecker wie gesund und die Kalorien sind dank eines vielfältigen Freizeitangebots gleich wieder abgearbeitet. Und so lässt sich die kulinarische Mischung aus italienischen, Tiroler und altösterreichischen Spezialitäten ganz ohne Reue genießen.

Mit dem Rad quer durchs Land

Südtirol, eine Region für Bergsteiger und Skifahrer? Richtig! Aber Südtirol ist genauso ein Land für Radfahrer. Längst haben die Südtiroler auch das Radwandern an Etsch, Eisack und Rienz entdeckt. Und viele Urlauberfamilien machen es ihnen mittlerweile nach. Denn das Land in den Bergen lässt sich auch dank E-Bike ganz gemütlich auf zwei Rädern entdecken, abseits vom Straßenverkehr, aber nicht fern von kulinarischen Genüssen.

Urlaub auf dem Bauernhof ...

... bedeutet nicht, dass man unbedingt nur faulenzt. Wer bei der

Spektakuläre Aussichtspunkte, wie in Mazia mit Blick auf den Ortler, belohnen so manche Anstrengung.

Ideale Badetemperaturen am Kalterer See, einem der wärmsten Badeseen der Alpen

Kühe melken, Hühner füttern, Brot backen und Heu einbringen: Arbeitseinsatz auf dem Bauernhof

Arbeit auf einem Bergbauernhof mithelfen und sich auf diese Weise einen Eindruck vom bäuerlichen Alltag machen will, ist aufgefordert, die Ärmel hochzukrempeln. Die Kinder zieht es natürlich vor allem in den Stall zu den Tieren. Endlich einmal im Dreck stehen und niemand schimpft.

Baden im Bergsee

Südtirols Sommer können ganz schön heiß werden. Temperaturen um die 35°C sind zwischen Juli und August keine Seltenheit. Dann verschwinden die Einheimischen gerne in die Sommerfrische. Und wer in die Berge flüchtet, hat Badeklamotten dabei – denn fast alle Wanderungen führen in die Nähe eines Sees. Es heißt also nicht wandern oder baden, sondern wandern und baden, egal in welch luftiger Höhe man sich befindet.

Wo die Musik spielt

Dass Südtirol mehr Blaskapellen hat als Gemeinden, ist kein großes Geheimnis. Musikalisch bietet das Land aber auch darüber hinaus vieles mehr: Mittelalterliche Musik bei den Soireen auf Schloss Tirol, die Gustav-Mahler-Wochen in Toblach, das Jazzfestival, das Tanzfestival, die Veranstaltungsreihe Musik und Kirche und nicht zuletzt die renommierten Meraner Musikwochen – Südtirols Musikliebhaber sind verwöhnt. Und auch immer mehr Gäste versuchen, ihren Urlaub mit einem der vielen Konzertevents zu kombinieren.

Bauernmärkte

Es gibt sie mittlerweile in jedem größeren Ort, in den Städten sowieso. Bauern aus der Umgebung verkaufen einmal wöchentlich ihre eigenen Produkte: Gemüse und Obst je nach Saison, Speck, Eier und Käse, manchmal auch Brot. Frischer geht es kaum. Und natürlich bietet sich auch hier und da die Gelegenheit für einen kleinen Plausch. Wo sonst könnte man besser den Rucksack für die nächste Wanderung mit Proviant füllen oder kulinarische Mitbringsel für zu Hause einkaufen?

Im Bann der Berge

Allein in den Dolomiten liegen mehr als hundert Haupt- und Nebengipfel von mehr als 3000 m Höhe. Da kann man sich ganz sicher sein, dass es hinter jedem Gipfel bereits den nächsten zu erkunden gibt. Die Dolomiten sind von so außergewöhnlicher Schönheit, dass sie seit 2009 als UNESCO-Weltnaturerbe geschützt sind. Hier bilden Almwiesen, Bergwälder und Bauernhöfe, über denen steile Zackenbergwände abrupt in den Himmel aufragen, zusammen ein Spannungsverhältnis, das in dieser Form einzigartig auf der Welt ist. Für Reinhold Messner sind es die schönsten Berge der Welt. Die untergehende Sonne verleiht ihnen dann auch noch ihr typisch rötlich-leuchtendes Alpenglühen.

Südtiroler Hausmannskost auf saftig grünen Wiesen: Buchnerhof in Lajen

Das Magazin

Südtirol bietet einen perfekten deutsch-italienischen Kulturmix, der sich in der Küche wie auch im Lebensgefühl niederschlägt.

Seiten 12–29

Berge, so weit das Auge reicht

Schon der Anblick zahlloser Zwei- und Dreitausender in den Alpen und den Dolomiten verschlägt einem den Atem. Auch wer nicht ganz hoch hinaus will, kann bereits von den Mittelgebirgsterrassen aus fantastische Panoramablicke genießen.

Der frühe Vogel fängt den Wurm. Wer den Aufstieg während des Sonnenaufgangs meistern will, muss zeitig los. In Begleitung eines Bergführers kann man sich entspannt dem Glücksgefühl hingeben, die Schönheit der Bergwelt zu bewundern und dabei trotzdem nicht den richtigen Weg zu einer gemütlichen Hütte zu verpassen. Viele ausgeschilderte Strecken kann man gewiss alleine gehen, doch Bergführer bringen einen oft zu interessanten Stellen, die man ohne sie nicht finden würde. Wo nötig, sichern sie mit Seilen oder führen auf Schneeschuhen über Gletscher und vermeiden dabei lawinengefährdete Gebiete. 14 Alpinschulen mit etwa 180 geprüften Berg- und Skiführern (www.suedtirol.com/ bergsport/aus ruestung/alpinschulen) bieten ihre Dienste an.

Einmaliger Blick auf die Dolomiten: Wallfahrtskapelle beim Latzfonser Kreuz

Geschützte Landschaften

Die schönsten Hochtäler, Hochplateaus und Gipfel sind in den provinzübergreifenden Nationalpark Stilfser Joch und in die sieben Naturparks des Landes (www.provinz.bz.it/natur) eingebunden:

Schlern-Rosengarten, Texelgruppe, Puez-Geisler, Fanes-Sennes-Prags, Trudner Horn, Drei Zinnen und Rieserferner-Ahrn. Eingerichtet zur Erhaltung von Natur und Landschaft bieten diese nicht nur Schutzräume für die alpine Fauna und Flora, sondern gleichzeitig auch die Möglichkeit zum unmittelbaren Naturerlebnis und zur Umweltbildung. In den Naturparkhäusern lassen sich die gewonnenen Informationen noch vertiefen.

Glanz aus dem Inneren der Berge

Egal, wie intensiv die Dolomitengipfel in der Abendsonne erglühen, ihr Leuchten ist nichts gegen das Glitzern der Mineralien aus dem Schoß der Berge. Gefunden werden sie in Höhlen und auf Abraumhalden alter Bergwerke. Staunen ist immer erlaubt, Mitnehmen seltener. In den Mineralienmuseen Teis (Villnöss, www.mineralienmuseum-teis.it) oder St. Johann im Ahrntal (www.mineralienmuseum.com) sind die spektakulärsten Funde ausgestellt. Museen bieten immer wieder Mineraliensuche unter Anleitung an. So lassen sich die Fundstätten der berühmten Teiser Kugeln in einer dreistündigen Wanderung erleben. Dabei können gezielt Drusen gesucht werden, die im Mineralmuseum von Teis (S. 165, 166) auch »geknackt« und mitgenommen werden dürfen.

Bergsteigerlegenden

Alle vierzehn Achttausender der Erde hat **Reinhold Messner** (www.reinhold-messner.de) bestiegen. Burg Juval ist heute sein Refugium, die Einrichtung von Bergmuseen (S. 51, 98, 184) seine Passion und die MMF (Messner Mountain Foundation) sein »Kind«. Mit ihr will er den Menschen des Himalaya, des Karakorum, im Hindukusch, in den Anden und im Kaukasus das Überleben sichern.

Auch **Hans Kammerlander** (S. 186, www.kammerlander.com), 1956 als sechstes Kind einer Ahornacher Bauernfamilie geboren, hat sich nicht mit den heimischen Riesen begnügt. Zwölf Mal stand er auf Achttausendern. Weitwanderern ist er auch durch seine 24-Stunden-Wanderung bekannt.

Luis Trenker (1892–1990) machte nicht die Zahl oder Höhe der bestiegenen Berge zum Idol. Es war der Schriftsteller, Regisseur, Schauspieler, Architekt und Bergsteiger, der die Menschen faszinierte. Im Heimatmuseum des Grödner Tals von St. Ulrich (S. 134) wird seiner gedacht.

Tradition und Brauchtum

Religiöse Feste waren von jeher Höhepunkte des bäuerlichen Lebens und sind in Südtirol bis heute noch tief im Alltag verankert. Neben christlichen haben sich auch archaische Bräuche erhalten. An Festtagen sind viele traditionelle Trachten und Kunsthandwerk zu bewundern.

Die Fülle an Weg- und Gipfelkreuzen sowie an Kirchlein voller Fresken sind bis heute ein Ausdruck lebendiger Frömmigkeit. Betend ziehen Menschen in traditioneller Tracht hinter dem Kreuz und großen Kirchenfahnen durch die Felder. Zu den Höhepunkten zählt dabei die recht farbenfrohe Fronleichnamsprozession in Kastelruth, eine von vielen Prozessionen, Bittgängen und Wallfahrten, denen längst nicht nur die Alten folgen. Selbst wenn Touristen einiges für Folklore halten, gehören Trachten hier noch immer zum Straßenbild und wird kunsthandwerkliches Können auf hohem Niveau gepflegt.

Alles aus Holz

Der Boden, auf dem sich das Südtiroler Kunsthandwerk entwickelt hat, waren Armut, die einsame Lage der Berghöfe und lange Winter, an denen wie im Grödner Tal die Schnitzer (S. 134) zunächst Haushaltsgegenstände und Holzspielzeug für den Eigenbedarf gefertigt haben. Erst später erwies sich das Geschäft mit dem Verkauf von Heiligen- und Krippenfiguren als ertragreicher.

Inzwischen betreiben längst auch zeitgenössische Holzkünstler wie Aron Demetz (www.arondemetz.it), Walter Moroder (www.waltermoroder.com) oder Adolf Vallazza (www.adolfvallazza.com) hier ihre Ateliers und haben internationale Bekanntheit erreicht.

Vallazzas Atelier in St. Ulrich reicht über drei Stockwerke. Es ist ein wildes Wunderland voll von Thronen und märchenhaften Skulpturen, die an Menschen, Tiere und Fabelwesen erinnern. »Hier steht mein ganzes Leben«, sagt der bescheidene alte Herr mit inzwischen 94 Jahren, dessen Arbeit mit alten Hölzern aus aufgegebenen Bauernhöfen oder Heustadeln sein Markenzeichen ist.

Stickereien machen jede Tracht unverwechselbar (oben). Schafwolle ist seit Langem ein textiler Rohstoff (oben rechts). Künstler Adolf Vallazza in seinem Atelier in St. Ulrich

Wollige Zeiten

Im abgelegenen und noch immer ursprünglich gebliebenen Ultental haben sich ein paar Bergbäuerinnen Gedanken gemacht, wie man hier überleben kann. Am Schmiedhof in St. Walburg hat Waltraud Schwienbacher zusammen mit anderen Frauen die Sozialgenossenschaft »Lebenswertes Ulten« gegründet, um Arbeitsplätze für Bergbäuerinnen zu schaffen.

Hundert Tonnen Wolle werden in Südtirol jedes Jahr in den Müll geworfen. Da wollte Schwienbacher nicht länger zusehen. In der Wollmanufaktur »Bergauf« werden nun alte Handwerkstechniken unterrichtet und in liebevoller Handarbeit wird Ultner Bergschafwolle zu Pantoffeln, Handschuhen, kuscheligen Wolldecken oder Wollvliesen verarbeitet (www.bergauf.it). Für ihre Pionierarbeit wurde Waltraud Schwienbacher mit dem Goldenen Verdienstkreuz des Landes Tirol ausgezeichnet.

Solide Tracht

Für die Dekoration der vielen traditionellen Trachten, von Lederhose und Leibgurt, braucht es noch Federkielsticker. Heute werden zudem Hand- und Geldtaschen, Gürtel und Fotoalben mit den

Der wilde Egetmann-Hansl treibt an ungeraden Jahren am Fasching sein Unwesen in Tramin.

geteilten Kielen von Pfauenfedern bestickt, wie sie bei der Familie Thaler in Sarnthein (www.federkiel stickerei.com) oder in der Werkstatt von Georg Patzleiner in Prags (www.federkielstickerei.it) zu sehen sind.

Auch Sarner Jangger aus handgesponnener brauner Wolle sind nicht nur Bestandteil der Sarner Tracht, sondern werden schon seit 1590 vor allem bei der Arbeit getragen. Damit der Janker mindestens ein Leben lang hielt, war eine solide Herstellung Grundvoraussetzung, weshalb die Janker noch heute zu den höherpreisigen, aber recht unverwüstlichen Mitbringseln gehören.

Archaische Bräuche

Weit zurück reicht auch das archaische Brauchtum wie das Scheibenschlagen im Vinschgau, mit dem der Winter ausgetrieben und der Frühling geweckt wird. Einheimische bringen hierfür auf einer Anhöhe Zirbelholzscheiben zum Glühen und schleudern diese mit Haselnussgerten in die Nacht hinaus.

Am Sonntag nach dem Herz-Jesu-Freitag (Juni), dem Tiroler Landesfeiertag, brennen auf vielen Bergkuppen mächtige Herz-Jesu-Feuer (S. 74). Sie erinnern daran, dass die Tiroler Landesstände 1796 beim Angriff Napoleons Tirol unter den Schutz des Herzens Jesu stellten. Einer der ältesten und rätselhaftesten Fasnachtsbräuche ist in Tramin (S. 109) zu Hause. In allen ungeraden Jahren wird beim Egetmann-Umzug dann schon mal manch Zuschauer in den Dorfbrunnen getaucht und mit Mehl, Senf oder Ruß beworfen.

Von Apfelblüten & Weintrauben

Eine rosarot schimmernde Wolke liegt zur Zeit der Apfelblüte über weiten Teilen des unteren Vinschgaus. Der eigenwillige Charakter der Südtiroler Landschaft spiegelt sich auch in seinen Weinen wider, bewirkt doch die Lage zwischen alpinem und mediterranem Terrain eine große Sortenvielfalt.

Auf unterschiedlichen Böden findet der Weinbau in Südtirol seit etwa 2000 Jahren alles, was er braucht. Bei rund 1800 Sonnenstunden im Jahr und durchschnittlich 17 Grad in der Vegetationszeit fühlen sich Weinreben hier richtig wohl. Von den Alpen sind sie gegen raue Nordwinde abgeschirmt und im Süden bereits von mediterranem Klima beeinflusst. Dank dieser besonderen geografischen Bedingungen und Höhenlagen, die von 200 bis mehr als 1000 m reichen, kann der Südtiroler Weinbau auf gleich 20 verschiedene Rebsorten zurückgreifen.

Weißwein auf dem Vormarsch

Mit einer Rebfläche von insgesamt nur 5400 ha und einem Anteil von lediglich einem Prozent an der nationalen Weinproduktion ist Südtirol eines der kleinsten Weinbaugebiete Italiens. Jedoch weisen 98 Prozent der Rebfläche eine kontrollierte Ursprungsbezeichnung auf, sind damit DOC-klassifiziert und von hervorragendem Ruf. Weil es sich hauptsächlich um familiengeführte, kleinere Weingüter handelt, sind vor allem Kellereigenossenschaften das Rückgrat der Weinwirtschaft. Die zunehmende Präferenz für

Das südliche Tirol gilt als ältestes Weingebiet im deutschsprachigen Raum.

Frisch inthronisiert: die Apfelkönigin von Natz-Schabs

Weißweine führt zu mehr Spalieranbau, der zudem die Pflege erleichtert. Die traditionellen Holzgestelle für die Vernatsch-Reben, die wie Laubengänge zuwuchern, findet man seltener.

Dem Wein auf der Spur

So wie der Wein die Landschaft und die Orte formt – selbst Bozen ist Stadt und Weingarten zugleich –, so gibt er auch dem Jahr seinen Rhythmus vor. Zu den wiederkehrenden Ereignissen gehören z. B. die Weinkulturwochen in St. Pauls (Juli/August) und der Weinparcours in Girlan (Eppan). Echte Großereignisse sind die Vinschgauer Weinkost und die Südtiroler Blauburgundertage (Neumarkt) im Mai, das Internationale Meraner Weinfestival im November und die Bozner Weinkost im März. Ganzjährig organisiert der Verein der »Südtiroler Weinstraße« (www.suedtiroler-weinstrasse.it), zu dem sich 16 Weindörfer zusammengeschlossen haben, verschiedene Weinsafaris zu ausgewählten Betrieben. Geschichte und Alltag des Weinbaus sind im Weinmuseum in Kaltern (S. 111) anschaulich dargestellt.

Im Apfelgarten Italiens

Der Obastanbau fällt mit Apfelplantagen auf 18 400 ha jedoch noch stärker ins Gewicht. Jeder zehnte Apfel in Europa stammt inzwischen aus Südtirol und jeder hundertste aus Lana, wo auch das Obstbaumuseum (S. 77) eingerichtet worden ist. Dreizehn Apfelsorten tragen die geschützte Herkunftsbezeichnung »Südtiroler Apfel«. Die Jahresernte beträgt 950 000 t Tafeläpfel, fast die Hälfte sind Golden Delicious, gefolgt von Royal Gala, Red Delicious, Braeburn und Granny Smith. Ein wenig im Schatten des Kernobstes reifen die anderen Früchte, die frisch, als Marmeladen, getrocknet oder auch als Destillate und Essige auf den Markt kommen.

Das Martelltal ist bekannt für sein Beerenobst, vor allem Erdbeeren und Himbeeren, im oberen Vinschgau (Laas) wachsen Marillen (Aprikosen), im Etschtal zwischen Meran und Bozen Zwetschgen, Kirschen, Kiwi und Feigen.

Immer in Bewegung

Die Landschaft Südtirols ist so abwechslungsreich, dass es einen geradezu nach draußen zieht, um sich in dieser spektakulären Natur zu bewegen. Für zahlreiche Sportarten findet man hier in den Bergen und Tälern das ganze Jahr über das ideale Terrain.

Bevorzugen viele im Frühling gemütliche Wanderungen im Tal, wenn dort ein Meer von Blumen blüht, sind im Sommer vor allem alpine Touren sehr beliebt, da in höheren Lagen kühlere und herrlich erfrischende Temperaturen auf einen warten. Mehr als 17 000 km markierte Wander- und Forstwege gibt es, darunter Waalwege (S. 204), Weinbergwege, Höhen- und Almwege – wie der berühmte Meraner Höhenweg (S. 68), der in sieben Tagen zu erwandern ist –, ferner Klettersteige und Klettergärten und ein weitverbreitetes Netz von Nordic-Walking-Strecken.

Auf zwei Rädern

Schneller geht es mit dem Fahrrad entlang der Flüsse Eisack, Etsch und Rienz auf markierten Radwanderwegen. Wer seinen Fuhrpark nicht mitnehmen will: Etliche Hotels haben sich darauf eingestellt und verleihen ordentliche Räder oder auch E-Bikes. Bei Leuten, die es

Auch Mountainbiker kommen in Südtirol auf ihre Kosten.

sportlicher angehen wollen sind als Trainingsgelände Passstraßen wie das Timmels- und das Stilfser Joch, der Jaufenpass oder die Dolomiten sehr beliebt. Da kommt man ganz schön ins Schwitzen, wobei man bei der Schussfahrt die Bremsen nicht überhitzen und spätestens jetzt die Helmpflicht für Radfahrer beherzigen sollte.

Die gilt um so mehr für Mountainbiker, deren Strecken abseits der Straßen vielfach über Schotter- und Forstwege führen. Für sie hat der Alpenverein einen Verhaltenskodex aufgestellt, der auch an das Vorrecht der Fußgänger erinnert.

Sommers wie winters

Mittlerweile kann man in Südtirol auf fünf 18-Loch- und fünf 9-Loch-Anlagen abschlagen, eine herrlicher gelegen als die andere wie die Golfclubs am Karersee oder auf der Seiser Alm (www.golfplatz-sued tirol.de). Als Multifunktionsarenen genutzt werden viele Tennisanlagen, die im Winter als Eislaufflächen dienen und die zugefrorenen Teiche und Badeseen ergänzen.

Zu den mehr als hundert offiziellen Rodelbahnen gehören die Dorfpiste ebenso wie kilometerlange, nachts beleuchtete Abfahrten. Das Nonplusultra ist der weltweit größte Lift- und Pistenverbund Dolomiti Superski zwischen Eisacktal, Pustertal und Fleimstal, der Passinhabern beinahe die gesamte Dolomitenregion eröffnet. Der Skipass gilt für zwölf Skigebiete: Insgesamt 450 Lifte und 1200 km Abfahrts- sowie weitere 1177 km Langlaufpisten.

Wasserspaß für jeden Geschmack

Von idyllischer Naturkulisse umgeben sind auch viele Badeseen wie der Völser Weiher oder der Kalterer- und Reschensee, auf denen auch gesegelt und gesurft wird. Baden im Sommer im Reschensee bei Wassertemperaturen von um die 14 Grad nur Hartgesottene, ist der See im Winter um so beliebter zum Schlittschuhlaufen und Snow-Kiten. Thermen und Erlebnisbäder wie in Meran, Brixen, Naturns oder auf dem Kronplatz sorgen dafür, dass auch das Thema Wellness nicht zu kurz kommt.

Richtig Action gibt es beim Rafting an Etsch, Eisack und Rienz oder beim Canyoning wie im Eisacktal, für das enge Schluchten mit reißenden Bächen genutzt werden. Dann heißt es: 25 m abseilen in die Schlucht, Sprünge in 3–4 m tiefe Tümpel, eine Rutsche von 8 m oder Wasserfälle 20 m hinunter. Sind diese im Winter zugefroren, werden sie zu beliebten Kletterzielen, an denen man wie in Hochseilklettergärten auf kundige Hilfe von Bergführern zurückgreifen sollte.

Durch die Lüfte

Wer Berggipfel erobert, muss nicht unbedingt den gleichen Weg zurück gehen. Hohe Gipfel und steile

Ein Kaleidoskop der Möglichkeiten: Wandern zum Übeltalsee auf der Ridnauner Seen-Runde (oben links), Skifahren auf der Sellaronda, einer der bekanntesten Skirunden der Welt (rechts oben), Klettern am Santnerpass-Klettersteig im Rosengarten

Felswände machen Südtirol zu einem der beliebtesten Paragliding- und Drachenfliegergebiete Europas – für Könner wie für Anfänger. Einstimmen lassen kann man sich auch bei einem Tandemflug, zu dem einen erfahrene Piloten mitnehmen. Individuelle Auskünfte zu allen Sportmöglichkeiten erhalten Sie bei den örtlichen Tourismusvereinen.

Verschenktes Land, verschenktes Herz

Trutzige Burgen wie Schloss Tirol, komfortable Idyllen wie Schloss Schenna: Vieles wirkt, als hätte ein Landschaftsarchitekt seinen Traum von einem mittelalterlichen Disneyland verwirklicht. Dabei wurde in Südtirol europäische Geschichte geschrieben, auch von Frauen. Margarethe Maultasch verschenkte Tirol und Anna Plochl ihr Herz.

Als Leonardo da Vinci als erster Künstler eine alte Frau als Karikatur zeichnete, dachte er genauso wenig an die tapfere Margarethe von Tirol aus dem 14. Jh. wie der Niederländer Quentin Massys, der die Zeichnung 1513 als Vorlage für das Brustbild einer hässlichen Frau nahm. Erst rund 250 Jahre später verband Gilles-Antoine Demarteau die Bilder in einem Kupferstich (1799) mit der unglücklichen Adeligen, wohl im Zuge einer Fehde zwischen Franzosen und Habsburgern. Nicht zum ersten Mal war Margarete damit zum Gegenstand machtpolitischer Manipulationen geworden.

Margarete von Tirol, genannt Margarete Maultasch (1318–69)

Mit Zwölf vermählt

Margarete wurde 1318 als Tochter des dreimal verheirateten Grafen Heinrich von Tirol – zugleich Herzog von Kärnten und König von Böhmen mit der Residenz Schloss Tirol (S. 68) – geboren und noch als Kind zu dessen Alleinerbin ernannt.

Weil sich die Höfe Europas gerade an den Aufbau der ersten Nationalstaaten machten, waren insbesondere die Luxemburger, Wittelsbacher und Habsburger Fürsten scharf auf das an uralten Nord-Süd-Fernhandelswegen gelegene, erzreiche »Land im Gepirg«.

Zwölfjährig wurde Margarete mit dem neunjährigen Luxemburger Herzogssohn Johann Heinrich vermählt, den sie Jahre später nach einer Jagd vor den Toren von Schloss Tirol stehen ließ. Ihre Begründung: Von ihm seien keine Kinder zu erwarten.

Die Witwe resigniert

Die folgende Ehe mit Ludwig, dem Sohn Kaiser Ludwigs IV., des Bayern, erfreute den Tiroler Adel und die Wittelsbacher, nicht aber den Papst, der mit dem Kaiser im Dauerclinch lag. Da die vorherige Ehe nicht gelöst war, belegte er Margarete, Ludwig und den Kaiser mit dem Bann und Tirol mit dem Interdikt, wonach im Land keine Messen mehr gelesen werden durften. Als Gegenkaiser setzten deutsche Fürsten Karl ein, den Bruder des Luxemburger Verlierers.

In Südtirol wurde gekämpft und Bozen und Meran versanken in Schutt und Asche. Margarete verteidigte dagegen erfolgreich Schloss Tirol. Erst 1359 wurde die Ehe anerkannt und damit die Erbfolge des Sohnes Meinrad III., der schon zwei Jahre später als 16-Jähriger nach dem frühen Tod des Vaters die Regierung übernahm. Allerdings nur für zwei Jahre, dann lag 1363 auch der kränkelnde Sohn auf dem Totenbett. Resigniert dankte Margarete ab, überschrieb Tirol den Habsburgern und zog später nach Wien, wo nach ihr das Margaretenviertel benannt worden sein soll.

Anna Plochl – Gräfin von Meran

Es vergingen Jahrhunderte, in denen Wien Südtirol prägte, der Wiener Adel das Land zur Sommerfrische und Meran als Kurort nutzte. Einen Hauch von Skandal, der ganz Europa bewegte und die Beteiligten überaus populär machte, kam mit Anna Plochl Mitte des 19. Jhs. ins Land.

Die bürgerliche Frau, 1804 als Tochter des Postmeisters in Aussee geboren, begegnete erstmals mit 15 Jahren dem Erzherzog Johann von Österreich. Als die beiden 1829 heirateten, hatten sie einen sechsjährigen Kampf um die Einwilligung zur Ehe durch den kaiserlichen Bruder Johanns hinter sich.

Vom Glück der beiden zeugt die heitere Atmosphäre auf Schloss Schenna (S. 76), das Johann 1845 kaufte. Das war ein Jahr, nachdem die zwischenzeitlich zur Freifrau von Brandhofen ernannte Anna den Titel »Gräfin von Meran« erhalten hatte. Da war sie längst Mutter eines Sohns und Erben. Auch im Tode vereint, ruhen beide nahe dem Schloss in einem Mausoleum.

Zwischen Knödel und Pasta

Südtirols Küche widerlegt schmackhaft das Sprichwort, wonach viele Köche den Brei verderben. Gäste profitieren vom Miteinander aus Tiroler Bauernküche rund um Knödel, italienischen Pastagerichten, bodenständiger ladinischer Armeleuteküche, Wiener Koch- und Backkunst und dem, was kreative Köche dazu erfinden.

Hier kocht der Chef/die Chefin persönlich – für viele Gasthäuser und kleinere Hotels ist dies Selbstverständlichkeit und Markenzeichen zugleich. Die meisten von ihnen haben einen eigenen Kräuter- und Gemüsegarten, eigenen Wein und oft sogar eigenen Speck. So kommen viele Erzeugnisse ohne weite Transportwege frisch auf den Tisch und das in ausgezeichneter Qualität und zu vernünftigen Preisen. Südtirol ist längst ein Mekka für Liebhaber guten Essens, schließlich ist es für immer mehr Menschen von Bedeutung, was auf ihrem Teller landet, woher es stammt und bisweilen auch unter welchen Bedingungen das jeweilige Produkt entstanden ist.

Kochen lernen

Immer mehr Restaurants bieten die Möglichkeit, dem Chefkoch in die Töpfe zu schauen und Einblicke in die Südtiroler Küche zu gewinnen. Wo das möglich ist und ob es um Haute Cuisine oder das Backen von rustikalen Broten auf einem Hof geht, erfahren Sie bei den örtlichen Fremdenverkehrsvereinen. Nachfragen lohnt sich!

In alten Gemäuern genießen

Das Ambiente tut ein Übriges: Speisen in einem Schloss, Ansitz, Gewölbekeller, Schildhof oder unter jahrhundertealten Laubenbögen hat Flair und wirkt ausgesprochen authentisch – nicht zuletzt, weil viele Gastbetriebe schon seit

Hausmacher-Speck im Gasthof Hochmuth über Dorf Tirol (oben), Blütensalat der Gostner Schwaige auf der Seiser Alm (oben rechts) und typische Törggelen-Küche: Wurst und Käseknödel

Generationen existieren. Küchenchefs und Sommeliers, die zur europäischen Elite gehören, verwirklichen ihre Vorstellungen von exquisiter Küche in eigenen Lokalen wie auch in großen Hotels in und um Meran, aber auch in Bozen und im Hochabteital. Dazu kochen sich im Eisacktal zunehmend kleine Kultstätten nach vorne.

Sterne vor der Hütte

Mit 26 Michelin-Sternen, verteilt auf 19 Restaurants, verfügt Südtirol unter allen Provinzen Italiens über die meisten Kochtalente dieser Auszeichnung. Am Gipfel des Genusses sind Liebhaber der gehobenen Küche im Gadertal angekommen: Norbert Niederkofler vom St. Hubertus im Hotel Rosa Alpina gilt schon lange als der Ausnahmekoch des Landes. »Cook the Mountain« heißt sein Konzept, das auf der Neuinterpretation klassischer Bergküche mit regionalen Produkten aufbaut.

Regional ist Trumpf

Fast jede Region hat ihre regionale Spezialitätenwoche. Populär ist im Spätherbst vor allem das »Törggelen«, das sich mit schönen Wanderungen durch Weindörfer verbinden lässt. Ursprungsregion ist das Eisacktal, weil hier sowohl Wein als auch Esskastanien wachsen, die nach der Ernte in traditionellen Gasthäusern und Buschenschanken zusammen mit bäuerlichen Spezialitäten angeboten werden. Für Freunde solch deftiger Hausmannskost gibt es das ganze Jahr über zünftige »Brettlmarenden« mit Bauernspeck, Bergkäse und Schüttelbrot in den vielen Berghütten des Landes.

Im Dreiklang der Kulturen

In Bozen wird hauptsächlich italienisch gesprochen, in vielen Dörfern noch vielfach deutsch und in den Dolomiten hört man vermehrt Ladinisch. Heute begreift sich Südtirol weniger als Schmelztiegel, denn als Miteinander kultureller Vielfalt, bis dahin war es nach Jahrzehnten leidvoller Geschichte und Unterdrückung ein weiter Weg.

Heute trifft italienische Lässigkeit auf deutsche Gründlichkeit, alpine Bodenständigkeit auf mediterrane Lebensart und Speckknödel auf Spaghetti Scoglio. Wer hier lebt weiß, dass all das keine Gegensätze sind, sondern eine einzigartige Kulturvielfalt, für die Südtirol im Ausland stets bewundert wird. Statistisch gesehen sind 69 Prozent der Einwohner deutscher, 26 italienischer und fünf ladinischer Sprachzugehörigkeit.

Autonomer Status

Seit dem Anschluss Südtirols an Italien 1919 drehte sich alles um die verlorene Autonomie. Nach dem Verbot der deutschen Sprache, erzwungenen Namensänderungen und Zuwanderungen aus Italien verschärfte sich der Konflikt im Zweiten Weltkrieg. Deutschsprachige Südtiroler wurden vor die Entscheidung gestellt, nach Deutschland umzusiedeln oder zu bleiben und die Italienisierung zu akzeptieren. Den heutigen erweiterten Status als autonome Provinz sollte Südtirol erst 1972 erhalten.

Seither ist aus einem isolierten, armen Bauernvölkchen längst eine Region geworden, in der schon die Kinder in der Schule Deutsch, Italienisch und Englisch lernen können und die Universität Bozen 1997 eine der ersten Europas war, in der dreisprachig unterrichtet wird. Eine Sonderstellung nehmen bis heute etwa 30 000 Ladiner ein, die in fünf Tälern um das Sella-Massiv zu Hause sind. Zum Erhalt ihrer eigenständigen Sprachkultur hofft die Bevölkerungsgruppe, die bis heute noch

Die Bibliothek des Mehrsprachenzentrums in Bozen ist multikultureller Treffpunkt (links); mehrsprachige Wegweiser sind in Südtirol die Regel (rechts).

auf drei verschiedene italienische Provinzen verteilt ist, auf den Zusammenschluss.

Vielfalt, die sich auszahlt

Doch die kulturelle Autonomie ist nur das eine. Ohne wirtschaftliche Unabhängigkeit wären Südtirols Unternehmen nie so erfolgreich geworden. Etwa 80 Prozent seiner Steuereinnahmen darf das Land in seine eigene Ökonomie reinvestieren, sodass das Pro-Kopf-Einkommen seiner Bürger inzwischen 50 Prozent über dem Landesdurchschnitt Italiens liegt. Auch die Besetzung öffentlicher Stellen folgt einem paritätischen Verteilungsschlüssel nach Sprachgruppen.

Obendrein sammeln junge Südtiroler Erfahrungen im Ausland, kehren aber anders als früher zurück und bereichern mit neuen Ideen das Land. Im digitalen Zeitalter der Globalisierung aufgewachsen, sind sie längst daran gewöhnt, sich von jeder Kultur das zu nehmen, was ihnen gefällt. Und so hat es heutzutage jeder selbst in der Hand, ob er neben seinem regionalen Selbstverständnis auch die Chance der kulturellen Vielfalt ergreift.

Pere Nost

Das Ladinische ist kein Dialekt, sondern eine eigenständige Sprache, die sich aus dem Vulgärlatein mit rätischen Einsprengseln entwickelt hat. Eine gemeinsame ladinische Schriftsprache gibt es dennoch nicht; zu unterschiedlich sind die von Tal zu Tal gesprochenen Varianten.

Pere nost, che t'ies en ciel, l sibe santificà ti inuem, l vënie ti rëni, sibe fata ti ulentà, coche en ciel ensci en tiera.

(Beginn des Vaterunsers, wie es im Grödner Tal gesprochen wird).

Vinschgau – Reben in Hülle und Fülle

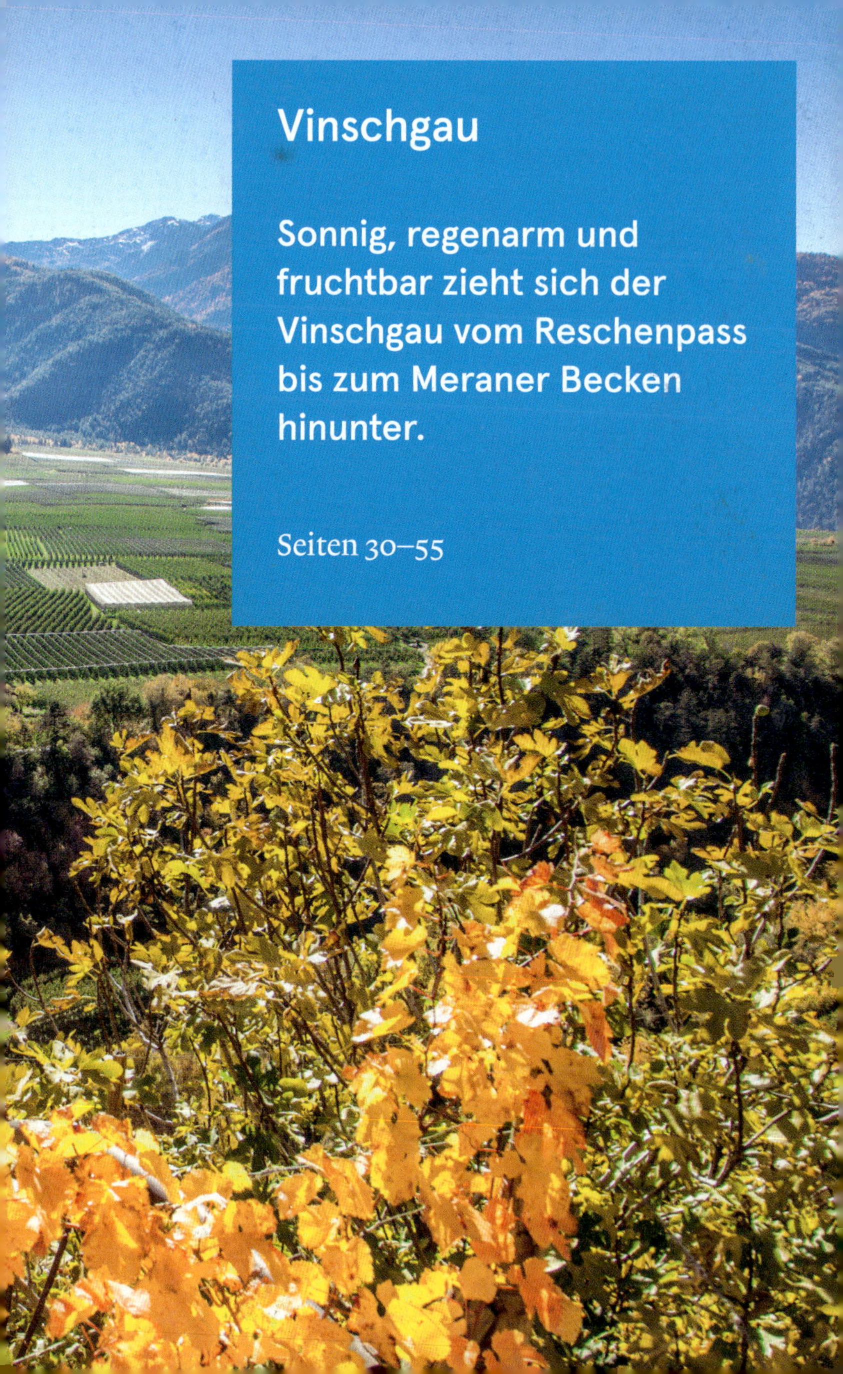

Vinschgau

Sonnig, regenarm und fruchtbar zieht sich der Vinschgau vom Reschenpass bis zum Meraner Becken hinunter.

Seiten 30–55

Erste Orientierung

Der Vinschgau ist ein Tal der Gegensätze: Herrscht im oberen Teil noch ein raues, alpines Klima, gedeihen im unteren Teil bereits Aprikosen und Feigen. Das breite, von der Etsch durchflossene Tal nutzten schon die Römer als Handelsweg Via Claudia Augusta. Von seiner Bedeutung zeugen noch heute die zahlreichen Burgen, Schlösser und Wehranlagen auf den Bergvorsprüngen.

Zahlreiche Burgen, prachtvolle wie die Churburg und Ruinen wie die Stammburgen der Vögte von Matsch, säumen das Haupt- und die stilleren Nebentäler. Letztere enden mitunter vor grandiosen Talschlüssen oder sind selbst uralte Querverbindungen wie das Münstertal hinüber in die Schweiz oder das Schnalstal in Richtung Österreich. Im Vinschgau blühten Klöster wie Stift Marienberg und Städte wie das mit einem kompletten Mauerring erhaltene mittelalterliche Glurns auf und versanken wieder in der Bedeutungslosigkeit. Früheste Fresken der Romanik verzieren die Wände und Decken der mehr als 1000 Jahre alten Bauten. Himmelhoch an den Hängen liegende Berghöfe und die endlosen Bewässerungskanäle der Waale künden von der Härte des Bauernlebens. Zugleich wirkt das Tal zur Zeit der Apfelblüte und der Ernte wie das Paradies auf Erden – säuberlich geteilt in den trockeneren »Sonnenberg« und den schattig bewaldeten »Nördersberg«.

TOP 10

- 4 ★★ Nationalpark Stilfser Joch
- 8 ★★ Mals & Glurns
- 10 ★★ Schnalstal

Nicht verpassen!

- 11 Schluderns & Churburg

Nach Lust und Laune!

- 12 Reschensee
- 13 Taufers
- 14 Matscher Tal
- 15 Schlanders & Laas
- 16 Latsch & Martelltal
- 17 Kastelbell-Tschars

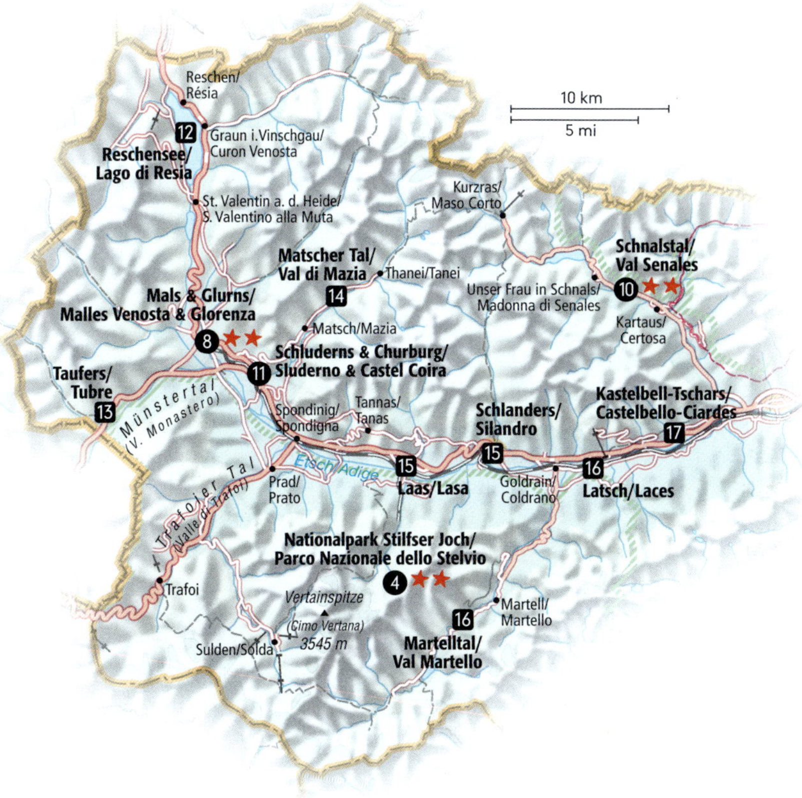
10 km
5 mi
Reschen/
Résia
12
Graun i. Vinschgau/
Curon Venosta
Reschensee/
Lago di Resia
St. Valentin a. d. Heide/
S. Valentino alla Muta
Kurzras/
Maso Corto
Schnalstal/
Val Senales
10
Unser Frau in Schnals/
Madonna di Senales
Kartaus/
Certosa
Matscher Tal/
Val di Mazia
Thanei/Tanei
14
Mals & Glurns/
Malles Venosta & Glorenza
8
Matsch/Mazia
Schluderns & Churburg/
Sluderno & Castel Coira
11
Taufers/
Tubre
13
Münstertal/
(V. Monastero)
Spondinig/
Spondigna
Tannas/
Tanas
Schlanders/
Silandro
15
Kastelbell-Tschars/
Castelbello-Ciardes
17
Etsch/Adige
15
Laas/Lasa
Goldrain/
Coldrano
16
Latsch/Laces
Prad/
Prato
Trafoier Tal
(Valle di Trafoi)
Nationalpark Stilfser Joch/
Parco Nazionale dello Stelvio
4
Trafoi
Vertainspitze
(Cimo Vertana)
3545 m
Martell/
Martello
16
Sulden/Solda
Martelltal/
Val Martello

Mein Tag am Reschensee

Er leuchtet im Sommer so herrlich karibischgrün und birgt obendrein noch ein Geheimnis. Ein einsam aus dem See ragender Kirchturm erinnert daran, dass hier ein ganzes Dorf in den Fluten unterging. Auf fast 1500 m über dem Meeresspiegel ist es auch im Sommer nicht zu heiß für eine kleine Ausflugsfahrt mit dem Boot.

9 Uhr: Eine Seeumrundung mit dem Rad

Einen Überblick über den 12 Reschensee verschaffen Sie sich am besten bei einer einfachen Radtour (ca. 18 km, kaum Steigungen), die beim Radverleih in Reschen startet. Es geht vorbei an der Talstation Schöneben bis zum südlichen Ufer mit Staumauer und traumhafter Aussicht über die Malser Haide auf den Ortler (3905 m). Bei der Staumauer halten Sie sich in Richtung Norden und genießen das Seepanorama mit Seglern und Surfern auf dem Weg nach Graun.

12 Uhr: Einkehr mit Seeblick

Jetzt ist Zeit für eine kleine Pause. Genießen Sie auf der Sonnenterrasse des Café zum Turm den Blick aufs Wasser. Direkt gegenüber steht der Kirchturm von Altgraun im Wasser.

14 Uhr: Bootsfahrt über den Reschensee

Nur ein paar Schritte sind es zum Bootsanleger, von wo Sie anschließend mit der »MS Hubertus« eine Ausflugsfahrt über den See unternehmen. Auf fast 1500 m über dem Meeresspiegel bedient das histori-

14 Uhr: Bootsfahrt über den Reschensee

9 Uhr: Eine Seeumrundung mit dem Rad

Wo einst das Dorf war, ist heute der Reschensee – seit einem Staudammprojekt der 1950er-Jahre ist nur der Kirchturm übrig.

sche Holzboot nicht nur Europas höchstgelegene Binnenschifffahrt, sondern ist auch das einzige Passagierschiff in ganz Südtirol. Bei der 45-minütigen Rundfahrt erzählt Ihnen Kapitän Arthur Winkler die Geschichte des Sees. Er ist einer der letzten Zeitzeugen, der 1950 den Untergang des Dorfes Altgraun miterlebt hat und von diesem Atlantis in den Bergen berichten kann. Altgraun versank in den Fluten, als man das Gebiet zur Stromgewinnung flutete. Nur der romanische Kirchturm war nicht gesprengt worden. Ursprünglich sollte auch er für immer im See verschwinden. Das Denkmalamt setzte sich aber erfolgreich für seinen Erhalt ein.

15 Uhr: Das Geheimnis des versunkenen Dorfes

Um mehr über den See und das versunkene Dorf zu erfahren, lohnt ein Besuch im Museum Vintschger Oberland im alten Gemeindehaus von Graun. Anhand von historischen Fotos und geretteten Gegenständen aus den früheren Gebäuden zeigt das Museum die Geschichte des Sees und seiner Flutung, bei der 181 Häuser und 523 ha fruchtbarer Boden den Wassermassen zum Opfer fielen.

Man erfährt, dass der bizarr aus dem Wasser ragende Kirchturm heute glockenlos ist und seine Zifferblätter zeigerlos sind, ganz so, als habe man damals die Zeit außer

Während der Rundfahrt mit der »MS Hubertus« erzählt Kapitän Arthur Winkler seine spannende Familiengeschichte.

Am Ende des Tages sorgt in St. Valentin auf der Haide die moderne Wellnessanlage der »Villa Waldkönigin« für Wohlfühlambiente.

Kraft gesetzt. »Wer den letzten Gruß der Kirchturmglocken gehört hat, vergisst ihren Klang nie«, erklärt Kapitän Winkler bei der Ausflugsfahrt.

17 Uhr: Ins Entspannungsbad

Weil der Bergsee meist auch im Sommer mit nur 14 Grad vielen zu kalt zum Baden ist, lohnt ein Abstecher zur Villa Waldkönigin (S. 52). Mit dem Rad ist es nicht weit zum Hotel, das oberhalb des Haidersees liegt, der direkt an den Reschensee anschließt. In der modernen Wellnessanlage des Hotels können Sie entspannen. Danach genießen Sie auf der Terrasse ein Candlelight-Dinner mit Blick auf den See und lassen den Tag ruhig ausklingen.

i

Radverleih
Über den Verbund Südtirol Rad, z. B. in Reschen:
☎ 0473 20 15 00 ⊕ www.suedtirol-rad.com
Citybike ab 18 €, E-Bike ab 30 €

Ausflugsboot »MS Hubertus«
222 B5 ✉ Turm im See, Graun im Vinschgau
☎ 0473 63 31 26
⊕ www.sport-winkler.it/schifffahrt/schifffahrt.html ◔ bei schiffbarem Wasserstand Juli–Sept. tägl. 11.30, 14, 15, 16 Uhr; Nebensaison tägl. 15 Uhr 10 €

Museum Vintschger Oberland
222 B5
✉ Altes Gemeindehaus, Graun im Vinschgau
☎ 0473 63 31 01
⊕ www.obervinschgau.org (Infos zur Region)
◔ Anf. Juni–Mitte Sept. Mi 17 Uhr frei

❹ ★★ Nationalpark Stilfser Joch (Parco Nazionale dello Stelvio)

Warum?	Eines der größten europäischen Naturschutzgebiete
Was?	Vom Stilfser Joch über die Dreisprachenspitze zur Furkelhütte wandern, Flora und Fauna des Hochgebirges erleben
Wie lange?	Zum Wandern mit Hütteneinkehr lohnt ein ganzer Tag
Wann?	Ende Mai–Anfang Oktober, danach ist Passstraße gesperrt
Was noch?	48 Steilkehren von Prad aufs Stilfser Joch fahren
Resümee	Hier gehts rund, in der Natur wie auf der Straße

Atemberaubend ist der Weg von den satten Wiesen des Etschtals hoch zum baumlosen Stilfser Joch (2757 m) und zum Talabschluss hinter Sulden. Nicht weniger als 14 Dreitausender reihen sich rund um den »König Ortler«, den mit 3905 m höchsten Berg der Ostalpen.

Der 1935 entstandene Nationalpark ist heute eines der größten europäischen Schutzgebiete und umfasst im Herzen der Zentralalpen das gesamte Gebirgsmassiv Ortler-Cevedale mit den Nebentälern. Wie eingestreut wirken die Berghöfe, Weiler und Dörfer in den Wäldern, Wiesen und Äckern unterhalb der Eisgipfel. Die drei modernen Besucherzentren in Trafoi, Prad und Martell bilden eine wertvolle Hilfe, um zu verstehen, was einem auf den Wegen durch den Nationalpark begegnet.

Lärmende Dämonen

Noch im Etschtal steht auf steilem Hügel die Ruine von Burg Lichtenberg. Auch wenn die Fresken 1912 von den Wänden der Tiroler Trutzfeste (13. Jh.) genommen und ins Innsbrucker Ferdinandeum gebracht wurden, hat die mächtige Anlage ihren Reiz nicht verloren. Auf dem Weg nach Gomagoi (1266 m), wo es links ins Suldental geht, liegt Stilfs – vermutlich eine Bergknappengründung – rechter Hand hoch über dem Tal mit Höfen bis fast auf 1800 m Höhe. Hier hat sich ein besonderer vorweihnachtlicher Brauch, das »Klosn«, bis heute erhalten. Bei dem Nikolausumzug sorgen als Esel, Dämonen und Teufel verkleidete Burschen in Begleitung des »Santa Klos« für viel Tumult.

Mystische Kirchlein und Serpentinen

In Trafoi, der Heimat von Skilegende Gustav Thöni, lohnt sich der Abstecher zum Wallfahrtsort Heilige Drei Brunnen im Talschluss. Hier wurde ein heidnisches Quellheiligtum gleich mit zwei Kirchlein christianisiert.

Hinter Trafoi wird es ernst mit den Serpentinen. Die höchste Passstraße, mit ihren 87 Kehren (davon 48 auf Südtiroler Seite) ein Meisterstück, ist nur von Ende Mai bis Ende Oktober befahrbar. Sie gilt besonders bei Motorradfahrern und konditionsstarken Fahrradcracks als extreme Herausforderung. Das Joch mit dem sommerfesten Skigebiet selbst ist mit Hotels völlig verbaut.

Traumblick auf die Ortler-Gruppe von den Wellnessliegen des Bella Vista Hotels in Trafoi

Traumpiste für Kurvenfans auf zwei und vier Rädern

Im End der Welt …

… so heißt die Dauerausstellung im MMM Ortles sie dreht sich um die Themen Gletscher, Erdpole, Schneemenschen und die großen Eisgebirge, darunter den Ortler, den höchsten Berg Südtirols. Alpine Kuriositäten von Bergsteigern gibt es im Flohhäusl, einer kleinen Berghütte neben dem »Hotel Post«, zu sehen.

KLEINE PAUSE

Im **Hotel Bella Vista** (S. 52) an der Kehrentafel 42 der Stilfser-Joch-Straße in Trafoi nehmen Sie einen Latte Macchiato und lassen sich von der Trophäensammlung der aus Trafoi stammenden Skilegende Gustav Thöni beeindrucken.

---

i

222 B–D2

Feriengebiet Ortler im Nationalpark Stilfser Joch
Hauptstr. 72, 39029 Sulden
0473 61 30 15
www.ortlergebiet.it

Besucherzentrum Naturatrafoi
Trafoi 57, 39029 Stilfs
0473 61 20 31
www.stelviopark.bz.it/naturatrafoi
Anf. Mai–Ende Okt. und Ende Dez.–März Di–Sa 9.30–12.30 und 14.30–18, Juli/Aug. auch So 14.30–18 Uhr
3 €

Messner Mountain Museum Ortles
Leicht abseits von Sulden beim Restaurant Yak & Yeti
0473 61 35 77
www.messner-mountain-museum.it
Mitte Dez.–Anf. Mai, Ende Mai–Mitte Okt., Mi–Mo 14–18, Juli/Aug. 13–18 Uhr
8 €

Magischer Moment

Wie im Himalaya

Zottelige Yaks vor steiler Bergkulisse – das bekommt man für gewöhnlich nur im Himalayagebirge zu sehen. Außer man begleitet den ehemaligen Extrembergsteiger Reinhold Messner beim Almauftrieb seiner Yak-Herde Ende Juni von der Talstation in Sulden bis zur Schaubachhütte auf 2581 m. Jedes Jahr nimmt der Alpinist unentgeltlich Einheimische und Gäste beim Almauftrieb mit.

www.messner-mountain-museum.it

❽ ★★ Mals & Glurns
(Malles Venosta & Glorenza)

Warum?	Kleinste und besterhaltene Mittelalterstadt Südtirols
Was?	Durch die unverbauten Laubengassen von Glurns flanieren
Wie lange?	Wandern mit Hütteneinkehr ein ganzer Tag, mind. 1–2 Std.
Wann?	Früh oder spätnachmittags, wenn die Busse weg sind
Was noch?	Das Museum des Karikaturisten Paul Flora besuchen
Resümee	Klein, aber fein

Die Zeit scheint stehen geblieben zu sein in Glurns, der kleinsten Stadt Südtirols. Hinter dem geschlossenen Mauerring verbirgt sich ein mittelalterliches Kleinod. Die Nachbargemeinde Mals, geschäftiger Hauptort des Obervinschgaus, wird von fünf Türmen beherrscht.

Glurns, eine einst blühende Stadt an der Salzstraße zur Lombardei, wurde 1499, nachdem es kurz zuvor niedergebrannt worden war, mit Türmen und Gräben als Festungsstadt neu aufgebaut. In den folgenden Jahrhunderten versank der Ort nach und nach in einen Dornröschenschlaf, bis der Tourismus ihn wieder wach küsste. So ist Glurns heute noch das getreue Spiegelbild einer mittelalterlichen Stadt. Die seit 1977 behutsam restaurierte Idylle trügt nicht, wenn Sie durch die Laubengasse und über den schönen Stadtplatz

Einst bedeutende Salzhandelsstadt lebt das malerische Glurns heute vom Fremdenverkehr.

hinter dem Tauferer Tor streifen. Seit 1294 findet hier alljährlich am 24. August der Bartholomäusmarkt statt.

Das Ortsbild von Mals wird von fünf alles überragenden Kirchtürmen bestimmt. Im Kirchtorturm sind Werke des in Glurns geborenen Karikaturisten Paul Flora ausgestellt. Besonders reizvoll ist der Obere Marktplatz mit seinen malerischen Gasthöfen und der Ansitz Lichtenegg (1593).

Klosterwelt und Freskenkunst

Der Talkessel wird überstrahlt vom weißen Benediktinerstift Marienberg oberhalb von Burgeis und der trutzigen Fürstenburg von 1272. Neben dem höchstgelegenen Kloster findet sich hier auch der höchstgelegene Weinberg Europas. Unter der barocken Stiftskirche, der einzigen dreischiffigen Pfeilerbasilika des Vinschgaus, zeigen die 1155 entstandenen Fresken der Krypta mit dem ernst thronenden Christus und zauberhaften Engeln starken byzantinischen Einschlag.

Älter als das Stift ist die um 800 erbaute Kirche St. Benedikt am Rande von Mals, eines der wichtigsten Denkmäler karolingischer Kunst. Ihre Fresken mit dem weltweit einzigen Porträt eines fränkischen Grundherrn wurden erst 1913 wieder entdeckt und ab 1951 restauriert.

KLEINE PAUSE

Nur drei Autominuten von Mals liegt der **Weiler Plawenn.** Genießen Sie vom gleichnamigen Ansitz den Blick auf die Malser Haide und vergessen die Zeit.

---

222 B3/4

Gästeinformation Vinschgau
Laubengasse 11, 39020 Glurns
0473 62 04 80
www.vinschgau.net

Benediktinerstift Marienberg
Schlinig 1, 39024 Burgeis
www.marienberg.it
Klostermuseum: Ostern–Okt. und 27.12.–Ostern Mo–Sa 10–17 Uhr; Krypta: Juni–Okt. Mo–Sa 17.30 Uhr 5 €

St. Benedikt in Mals
39024 Mals
www.stiegenzumhimmel.it
Ende März–Ende Juni und Okt. Di, Do, Sa 10–11.30, Anfang Juli–Ende Sept. Mo–Sa 10–11.30 und 15–16.30 Uhr; Führungen: Ende März–Ende Juni und im Okt. Mo, Mi, Fr 14, Anf. Juli bis Ende Sept. Mo–Fr 14 Uhr
1,80 €, mit Führung 3 €

Paul Flora Museum Glurns
Kirchtorturm, 39020 Glurns
0473 83 12 88
www.paulfloramuseum.org
Kirchtorturm: Mai/Juni, Okt. Di–So 11–16, Sept. bis 17, Juli/Aug. tägl. 10–17 Uhr 5 €

⑩ ★★ Schnalstal
(Val Senales)

Warum?	»Ötzis« Heimat
Was?	Besuch der »Ötzi«-Fundstelle am Similaun-Gletscher
Wie lange?	Einen ganzen Tag
Wann?	Mai bis Oktober
Was noch?	Höchstgelegene Höfe Südtirols, wie der Finailhof (1953 m)
Resümee	Wildromantisch: Gletscher und alte Holzbauernhöfe

Als Ganzjahresskigebiet und wegen seiner malerischen Berghöfe hat das Schnalstal schon lange touristische Bedeutung. Mit dem Fund von »Ötzi« 1991 im Eis des Similaun-Gletschers ist eine weitere Attraktion dazugekommen.

Beklemmend eng gestaltet sich die Einfahrt ins Tal unterhalb von Schloss Juval (S. 51). Kurz darauf lohnt ein Abstecher steil hinauf nach Katharinaberg (1245 m, mit schönen Höfen). Fahren Sie 3 km talaufwärts, dann erreichen Sie den Ort Kartaus (1327 m), der innerhalb der Mauern eines Kartäuserklosters (1326 – 1782) entstanden ist. Der Kreuzgang wird im Sommer als Galerie für heimische Künstler genutzt.

Auf der anderen Talseite zweigt das naturbelassene Pfossental ab und erschließt den Naturpark Texelgruppe. Bis zum Vorderkaser können Sie fahren, dann geht es nur noch zu Fuß weiter entlang des Almerlebniswegs. 18 Themen werden auf Schautafeln erläutert, z. B. die Käseherstellung, die Sie in der Schaukäserei beim Vorderkaser gleich miterleben können, bis Sie nach 5 km den Eishof erreichen.

Zurück im Schnalstal gelangen Sie ins Dorf Unser Frau, das seit mehr als 700 Jahren Wallfahrtsort ist. Von Vernagt am Stausee (1700 m) führt das Tisental direkt hinauf zur »Ötzi«-Fundstelle. Am Talschluss liegt Kurzras (2011 m), von wo aus Sie in Begleitung eines Bergführers auf Skiern auf »Ötzis« Spuren zur Fundstelle des Mannes aus dem Eis gehen können. Der Aufstieg dauert ca. 3 Stunden ab dem Hochjochferner (Anmeldung beim Tourismusbüro Schnalstal).

Kurzras ist auch Ausgangspunkt der Schnalstaler Gletscherbahnen für das moderne Ganzjahresskizentrum.

Wie »Ötzi« lebte

Das Museum des ArcheoParc Schnals mit großem Freigelände zeigt die Welt des »Ötzi« und bietet Raum für praktische Übungen wie Brotbacken, Bogenschießen, Entzünden von Feuer, Herstellen von Pfeilspitzen und Messern mit Feuerstein, Töpfern, Weben oder Filzen. Regelrecht archaisch wirkt der lange Zug von über 1000 Schafen Ende Juni durch die Schneefelder und den Gletscherfirn über das Hochjoch (2861 m), das Niederjoch (3010 m) und über Gurglers Eisjoch (3152 m) hinauf zu den Almen des Ötztals.

Genuss mit Aussicht: Der Finailhof im Schnalstal war einst Europas höchst gelegener Kornhof.

KLEINE PAUSE

Nutzen Sie die Stille des Friedhofs der **Wallfahrtskirche im Ort Unser Frau** zu einem Augenblick der Meditation. Die kunstvollen Metall-Grabkreuze der einheimischen Künstler Friedrich Gurschler und Martin Rainer schaffen dabei eine ganz besondere Atmosphäre.

---

223 D4

Tourismusbüro Schnalstal
Karthaus 42, 39020 Schnalstal
0473 67 91 48 www.schnalstal.com

ArcheoParc Schnals
Unser Frau 163
0473 67 60 20 www.archeoparc.it
April–Anf. Nov. Di–So 10–17, Juli/Aug. tägl. 10–18 Uhr 12 €

Schnalstaler Gletscherbahnen
ab Kurzras
0473 66 21 71
Seilbahnbetrieb: tägl. 9–16.30 Uhr; Liftanlagen: 9–15.45 Uhr am Gletscher, 9–16 Uhr im Tal

⓫ Schluderns & Churburg (Sluderno & Castel Coira)

Warum?	Sommersitz der Grafen Trapp
Was?	Besuch der Rüstkammer und des dreigeschossigen, freskenreichen Arkadenhofs der Churburg
Wie lange?	Etwa eine Stunde (ohne Wanderung)
Wann?	Mitte März bis Oktober
Was noch?	Wandern entlang alter Bewässerungskanäle
Resümee	Rüstige Ritter und sanfte Bächlein

Im Schatten einer der schönsten Burgen Südtirols liegt das ruhige Bauerndorf Schluderns. Das Vintschger Museum belegt, dass sich in dieser Region das am besten erforschte Zentrum bronzezeitlicher Kultur im Alpenraum befindet.

Die Grabdenkmäler der Burggrafenfamilie Trapp finden Sie an der Kapelle St. Michael. Außerdem sind hier schöne Figuren der einheimischen Schnitzerfamilie Greiner (18. Jh.) zu sehen, deren Arbeiten auch viele andere Gotteshäuser des Vinschgaus schmücken. Die Kirche St. Katharina beherbergt den ehemaligen Hochaltar der Marienberger Stiftskirche (S. 43), dessen vier Reliquienskelette besonders auffällig sind.

Mit dem Haflinger-Denkmal auf dem Rathausplatz wird an den Schludernser Stammvater (1874) der freundlichen, trittsicheren Bergpferde erinnert, die Sie heute im ganzen Alpenraum antreffen. Dem ersten Bezwinger des Ortlermassivs – dem »Pseyrer Josele«, wie die Dörfler ihren Josef Pichler (1765–1854) nennen – ist ebenfalls eine Statue gewidmet. Dem Thema Wasser, besonders dem alten Bewässerungssystem der Waale widmet sich das Vintschger Museum im Ortszentrum, schließlich verläuft zur besten Anschauung gleich oberhalb des Museums der Quairwaal, von dem ein Teilstück als Lehrpfad zur Ausstellung gehört.

Mittelalter hautnah

Die Churburg über Schluderns beeindruckt mit dem dreigeschossigen Arkadenhof und den Stützpfeilern aus Göflaner

Marmor. Ein Bischof von Chur hatte die Burg um 1250 den Vögten von Matsch nach siegreicher Fehde vors Tal gesetzt. Der Triumph währte allerdings nur kurz: Schon knapp 50 Jahre später saßen die Vögte auf der Burg – und das für 200 Jahre. Als sie 1504 ausgestorben waren, wurden sie von den späteren Grafen Trapp beerbt. Die bauten die trutzige Burg im Stil der Renaissance um.

Die Churburg ist seit über 500 Jahren im Besitz der Familie Trapp; berühmt ist der farbenfrohe Arkadengang der Burg.

Das Mittelalter lässt sich hautnah in der Rüstkammer erleben. Die einzigartige Sammlung zeigt 50 Rüstungen, alle für die Churburger Herren maßgefertigt in vorwiegend Innsbrucker und Mailänder Werkstätten. Ein Goliath muss Vogt Ulrich IX. von Matsch gewesen sein, dessen Plattenpanzer stolze 230 cm misst und 45 kg wiegt. Ins Auge fallen auch sofort ein komplett in Rüstung befindliches Pferd samt Reiter sowie die sogenannten Hundsgugel-Helme, die wie eine Hundeschnauze aussehen und zu den ältesten Sammlungsstücken zählen (ca. 1370).

Ritterspiele finden in Schluderns jedes Jahr an einem Wochenende in der zweiten Augusthälfte statt.

KLEINE PAUSE

Im **Burggasthof** neben dem Museum finden Sie nach so viel Geschichte ins Jetzt zurück.

---

222 B3

Tourismusverein Schluderns
Meraner Str. 1, 39020 Schluderns
0473 61 52 58
www.vinschgau.net

Churburg
Churburg 1, Schluderns
0473 61 52 41
www.churburg.com
nur mit Führung: Mitte März–Okt. 10–12 und 14–16.30 Uhr 10 €

Vintschger Museum
Meraner Str. 1, Schluderns
0473 61 55 90
www.vintschgermuseum.com
April–Okt. Di–So 10–12.30 und 14–18, Juli/Aug. 10–18 Uhr 5 €

Nach Lust und Laune!

12 Reschensee (Lago di Resia)

Die Seeloipe und das Eissegeln rund um den Kirchturm des in den 1950er Jahren im Stausee versunkenen Orts Graun sind exquisit. Die Eissportplätze von Reschen und St. Valentin wie auch die beiden Rodelbahnen sind bis Mitternacht in Betrieb. So sind am Reschensee selbst Wintertage lang.

Im Sommer wird auf dem See gesegelt und gesurft und man kann eine Seerundfahrt mit dem Ausflugsboot »MS Hubertus« machen. Es verkehrt nicht nur für Europas höchstgelegene Binnenschifffahrt auf 1498 m, sondern ist auch das einzige Passagierschiff in Südtirol.

Zehn Minuten brauchen Sie zu Fuß von Reschen zur Quelle der Etsch an der europäischen Wasserscheide. Der Ausflug ins Langtaufertal lohnt sich wegen der wunderschönen Alm hinter Melag.

222 B4/5

Tourismusverein Reschenpass
Hauptstr. 61, 39027 Graun
0473 63 31 01
www.reschenpass.it

13 Taufers i. M. (Tubre)

Das kleine Bergdorf finden Sie am uralten Weg ins Engadin. Abwechslungsreich ist die Strecke zu den Ruinen der beiden Bischofsburgen. 25 Minuten gehen Sie zum Schloss Reichenberg, wo zeitweise Raubritter hausten. Höher liegt Schloss Rotund, von wo Eselswege und der Turnaunawaal zurück nach Taufers führen. Dort birgt das unscheinbare Hospizkirchlein St. Johann vom Anfang des 13. Jhs. einen Schatz romanischer Fresken im Kirchenraum und im Schlafsaal der Pilger darüber.

Kreuze säumen die Wege durchs Gebirge.

Aus der gleichen Zeit stammt der Bilderzyklus der zum Weltkulturerbe zählenden Klosterkirche St. Johann Baptist im schweizerischen Müstair, 2 km talaufwärts.

222 A3

Tourismusverein Taufers im Münstertal
0473 83 11 90
www.vinschgau.net

14 Matscher Tal (Val di Mazia)

Stille erwartet Sie im Matscher Tal, lange als »Heimat der Wölfe« und einst als Sitz übel beleumundeter Vögte bekannt. Mehr als 20 km steigt es von Schluderns (921 m) zum Weißkugelmassiv (3738 m) an. Ackerterrassen mit bis zu 15 m hohen Mauern und endlose Waale zeugen vom harten Bauernleben.

Über Matsch (1565 m), die älteste Pfarrei des Vinschgaus und malerisch am Hang über zwei Burgruinen gelegen, geht es hinauf zum Ausser Glieshof und den Thaneihöfen (1824 m). Diese gelten als höchste Kornhöfe Tirols. Vielleicht treffen Sie beim Aufstieg zu den sieben glasklaren Saldurseen auf den zwergenhaften Nörkelkönig. Es heißt, dass er einem Mädchen, das gut zu ihm war, heilenden Mondtee für die kranke Mutter schenkte. Heimische Heil-, Gewürz- und Teekräuter bekommen Sie heute in Matsch beim Bauern Egon Riedl (Tel. 0473 84 26 74).

In der Steinmetzwerkstatt von Josef Mayr in Laas

222 C4

Tourismusverein Mals/Schluderns/Glurns
St.-Benedikt-Str. 1, 39024 Mals
0473 83 11 90
www.vinschgau.net

15 Schlanders & Laas (Silandro & Lasa)

Städtisch ist das Flair des inmitten von Obstgärten gelegenen Vinschger Hauptorts Schlanders. Bummeln Sie durch die Fußgängerzone oder erfreuen Sie sich am Arkadenhof des Renaissanceschlosses Schlandersburg. Der Wiener Theatermaler Joseph Adam Mölk hat die Pfarrkirche (mit dem 97 m hohen, nadelspitzen Turm) und die Spitalkirche (mit der Krönung Mariens, geschnitzt vom schwäbischen Meister Jörg Lederer) ausgemalt.

Zu Schlanders gehört die Dorfidylle von Kortsch, ein paar Gehminuten westlich am Sonnenberg. In der Pfarrkirche faszinieren drei gotische Hochaltäre sowie ein Marienaltar, ebenfalls geschnitzt vom Meister Lederer.

Auf der anderen Talseite liegt Göflan unterhalb des schattig bewaldeten Nörderbergs mit den am höchsten gelegenen Marmorbrüchen Europas (2500 m, leicht vom Haslhof zu erwandern).

Laas (4 km flussaufwärts) mit mehreren Marmorschleifereien und Steinmetzbetrieben gilt als Marmordorf, aus dem auch der strahlend weiße Marmor des neuen

Ungeahnte Ausblicke auf das Wasserschauspiel in der Plimaschlucht

U-Bahnhofs am Ground Zero in New York stammt.

222 C3 / 223 D3

Tourismusverein Schlanders/Laas
Kapuzinerstr. 10
39028 Schlanders
0473 73 01 55
www.schlanders-laas.it

16 Latsch & Martelltal (Laces & Val Martello)

Prachtbauten prägen die Marktgemeinde Latsch: drei Schlösser, fünf Burgen und 15 Kirchen. Ein Höhepunkt ist die prachtvolle Spitalkirche zum Heiligen Geist (mit dreiflügeligem Lederer-Altar), ein anderer Schloss Goldrain inmitten von Weinbergen, heute ein Kultur- und Bildungszentrum.

Spektakulär ist die Seilbahnfahrt (ganzjährig) vom Latscher Ortsrand hinauf zur Wallfahrtskapelle St. Martin im Kofel (1740 m, mit Traumblick). Gegenüber bewachen über dem Ortsteil Morter die Ruinen von Unter- und Obermontani den Eingang zum Martelltal, in dem Erdbeeren bis auf 1800 m Höhe reifen.

Die von Eis und Schnee der Marteller Gletscher geformte Plimaschlucht ist durch drei avantgardistische Bauwerke der Südtiroler Architektin Heike Pohl nun für Wanderer zugänglich. Über kunstvoll gefertigte Stahlkonstruktionen in Form einer Kanzel, einer Hängebrücke, einer Sichel oder einer Kelle gewinnt man ungeahnte Einblicke in das Bergwasser-Schauspiel. Gehzeit für den 5 km langen Rundwanderweg ca. 1,5 Std., Start und Zielpunkt ist am Parkplatz Hintermartell.

In Martell können Sie sich im Besucherzentrum Culturamartell des Nationalparks Stilfser Joch über bäuerliche Kultur informieren. Zu Burg Obermontani gehört die St. Stephanskapelle. Die faszinierende Bilderbibel mit der Ursula-Legende an den Wänden (um 1430) wurde 1487 durch weitere Fresken ergänzt, darunter ein Jüngstes Gericht.

223 D3

Tourismusverein Latsch/Martell
Hauptstr. 38 A
39021 Latsch
0473 62 31 09
www.latsch-martell.it

17 Kastelbell-Tschars (Castelbello-Ciardes)

Zwei Orte – heute eine Doppelgemeinde –, zwei Adelssitze: Über Kastelbell liegt wie ein Adlerhorst das gleichnamige Schloss, das bereits 1238 erwähnt wurde. Laut wird es heute nur noch bei Konzerten. Tschars wird überragt von Schloss Juval, im Juli und August das Zuhause des Bergsteigers Reinhold Messner, zu dem ein Museum mit einer bunten Mischung aus Tibetika, Bergbildern, Masken und Zeugnissen aus dem Bergsteigerleben Messners sowie eine Buschenschenke gehören (S. 204).

Burg Juval: ein bisschen Tibet und viel Tirol

Schloss Kastelbells wird heute für Konzerte und Ausstellungen genutzt.

223 E3

Tourismusverein Kastelbell-Tschars
Staatsstr. 5
39020 Kastelbell-Tschars
0473 62 41 93
www.kastelbell-tschars.com

Schloss Kastelbell
Schlossweg 1, Kastelbell
0473 62 41 93
www.schloss-kastelbell.com
Mitte April–Okt. Di–So 11, 14, 15, 16 Uhr 6 €

Schloss Juval
Via Juvale 1, Kastelbell
0348 443 38 71
www.messner-mountain-museum.it
Führungen: Ende März–Juni, Sept.–Anf. Nov. Do–Di 10–16 Uhr, Zugang nur zu Fuß oder mit dem Shuttlebus vom Parkplatz 10 €

Wohin zum ... Übernachten?

Preise für ein Doppelzimmer pro Nacht mit Frühstück:

€	unter 80 €
€€	80–150 €
€€€	über 150 €

UM DEN RESCHENSEE

Hotel Etschquelle €€–€€€
An diesem Haus im ruhigen Dorfzentrum – zur Quelle sind es 20 Gehminuten – stimmt alles. Ein guter Ort zum Ausruhen nach einem aktiven Tag: in der Bar oder in der hauseigenen Pizzeria. Zum Familienhotel gehört ein kleiner SPA-Bereich.
222 B5 Neudorf 43, 39027 Reschen
☎ 0473 63 31 25
www.hotel-etschquelle.com

Villa Waldkönigin €€€
Das Stammhaus ist ein renoviertes Jugendstilschlösschen, das auf den mutigen Kontrast eines modernen Anbaus mit großer Wellnessanlage, stylischem Restaurant und modernen Zirbenholzzimmern trifft.
222 B4 Waldweg 17, 39027 St. Valentin
☎ 0473 63 45 59 www.waldkoenigin.com

MALS/GLURNS

Anigglhof €€
Persönlicher Kontakt und herzliche Atmosphäre ist der Familie Patscheider wichtig in ihrem Gasthof oberhalb von Burgeis, fünf Autominuten entfernt vom Skigebiet Watles. Bei den Mahlzeiten genießen Sie einen Panoramablick vom Fölakopf bis zur Tschengelser Hochwand. Die Zimmer sind gemütlich ausgestattet, einige verfügen über Balkon.
222 B3 Schlinig 20, 39024 Mals
☎ 0473 83 12 10 www.anigglhof.it

Biohotel Panorama €€€
Wohnen in Räumen mit nachhaltiger Holzständerbauweise und Lehmwänden, mit Massivholzböden und -möbeln, mit Wandheizung und Netzfreischalter. Außerdem schlafen und sitzen Sie auf reiner Naturfaser. Und natürlich werden Sie in diesem mit dem Südtiroler Umweltsiegel ausgezeichneten Betrieb mit Gemüse, Getreide, Salaten und Kräutern aus eigenem Anbau verwöhnt. Den Blick aufs Ortlermassiv gibt es obendrein.
222 B3 Staatsstr. 5, 39024 Mals
☎ 0473 83 11 86
www.hotel-panorama-mals.it

NATIONALPARK STILFSER JOCH

Hotel Cornelia €€
Sonnenterrasse oder Skifahren? Sie haben die Wahl in diesem Familienbetrieb nahe der Talstation der Seilbahn Sulden. Im Sommer wandern die Wirtsleute mit den Gästen. Und im Winter werden Schneeschuhwanderungen veranstaltet – auch im Fackelschein. Stammgäste schwören auf die Marillenknödel.
222 B2 Hauptstr. 48, 39029 Sulden
☎ 0473 61 30 32 www.hotelcornelia.com

Bella Vista €€
Zu Gast bei Gustav Thöni, dem aus Trafoi stammenden Ski-Weltmeister und Olympiasieger. Für Familien wird das Haus zum Fixpunkt eines auf den Nationalpark ausgerichteten Animationsprogramms. Im Winter beginnt der Schneespaß direkt vor der Haustür. Im Hotel gibt es ein kleines Gustav Thöni gewidmetes Museum.
222 B2 Dorf 17, 39029 Trafoi
☎ 0473 61 17 16 www.bella-vista.it

LATSCH

Hotel Vermoi €€–€€€
Das Vermoi ist eine Hotelanlage mit Angeboten in jeder Preisklasse, mit Luxuszimmern wie auch komfortablen Appartements (2–6 Pers.). Wer möchte, kann auch einen Wohnwagenstellplatz am nahen Fluss bekommen. Außerdem findet man hier ein Hallenbad, eine Sauna, ein Freibad, eine Kegelbahn und eine Bar. Auf der Speisekarte stehen Lasagne und Pasta al Pesto ebenso wie Weinsuppe, Speckknödel und Kasnocken.

223 D3 Reichstr. 4, 39021 Latsch
0473 62 32 17 www.hotelvermoi.com

Residence Montani €€
Hier ist Familienurlaub inmitten von Obstwiesen mit großer Liege- und Spielwiese möglich. Dazu gibt es ein Hallenbad, eine Saunalandschaft und Kinderbetreuung, ferner gemeinsames Einkehren auf der hauseigenen Berghütte oder die Panorama-Reschentour auf den hauseigenen Fahrrädern.
223 D3 Plafatweg 12, 39021 Latsch
0473 62 33 02
www.residence-montani.com

SCHNALSTAL

Familienhotel Adlernest €€
Zünftig und aktiv geht es bei Familie Gamper zu, wenn der Hotelchef nach dem wöchentlichen Hüttenzauber zur Fackelwanderung bittet. Zudem zeigt er Gästen gerne die schönsten Winkel des Schnalstals (mit Brettljause). Gekocht wird Tiroler und italienische Küche. Im Ort lockt der Archeo-Parc Schnals mit reichem Programm.
223 E4 Unser Frau 26, 39020 Schnals
0473 66 96 52 www.adlernest.com

Wohin zum ... Essen und Trinken?

Preise für ein Essen ohne Getränke:

€	unter 10 €
€€	10–20 €
€€€	über 20 €

MALS/GLURNS

Gasthof zur Post €-€€
Die historische Gaststätte ist eine der ältesten des Landes und mit ihrer traditionellen Südtiroler Küche Stammlokal vieler Glurnser. Bekannt ist der Postgasthof auch für seine gotische Halle und die Zeichnungen des 1922 in Glurns geborenen Paul Flora.
222 B3 Flora-Str. 15, 39020 Glurns
0473 83 12 08

Tomatensalat an Knödel

www.hotelpostglorenza.com
Ende März–Dez. tägl. 11.30–14 und 18 bis 20.30 Uhr

Hotel Greif €–€€
Hier wird, spezialisiert auf vitalstoffreiche Vollwertgerichte, für Genießer gekocht. Dabei kommen die meisten Produkte von heimischen Ökobetrieben und Biohöfen. Und die Gemüse, Salate und Kräuter wachsen im eigenen Garten. In der hauseigenen Vinothek lagern über 500 Südtiroler und italienische Weine und edle Destillate. Im Bistro werden mittags leichte Gerichte angeboten.
222 B3
Gen.-Verdroß-Str. 40 A, 39024 Mals
0473 83 11 89 www.hotelgreif.com
Mitte Dez.–Mitte Nov. Di–So 12–14 und 18.45–20.45 Uhr

NATIONALPARK STILFSER JOCH

Jausenstation Zum dürren Ast €
Die wunderschöne Lage auf 1050 m über der Ortschaft Prad verschafft dem Gast doppelten Genuss: tolle Blicke und richtig leckeres, gutbürgerliches Essen. Täglich gibt es frische Gebirgsforellen und selbst gebackenes Brot. Die Kalorien, die Sie sich in der Jausenstation zuführen werden, lassen sich bereits auf dem Weg dorthin vom westlichen Dorfrand über die St. Johanngasse verbrennen.
222 B3
Vellnair 6, 39026 Prad am Stilfser Joch
0473 61 66 38 April–Okt. Sa–Do 10–19 Uhr, Aug. länger (kein Ruhetag)

Yak & Yeti €–€€
Im Restaurant Yak & Yeti, einem alten Bauernhof aus dem Jahr 1600, wird Yakfleisch

seviert. Dabei können Sie durchs Fenster die langhornigen Zotteltiere aus dem Himalaya weiden sehen – Reinhold Messner hat sie nach Sulden gebracht.
Der hohe Protein- und niedrige Fettgehalt sprechen für das Yakfleisch, das auch als Yakschinken für die Brettljause auf den Tisch kommt.
222 B2 ✉ Forststr. 55, 39029 Sulden
☎ 0380 657 49 67
www.messner-mountain-museum.it
tägl. außer Di 12–23 Uhr

SCHLANDERS/LAAS

Gasthaus Sonneck €–€€
In herrlicher Lage hoch über dem Marmordorf Laas wird an Vinschgauer Gerichten aufgetragen, was die Saison hergibt. Freuen Sie sich also auf wechselnde Speisekarten mit Wildgerichten, Vinschg'r Berglamm, Saure Supp', Schlachtplatte mit Kraut, Kürbiscremesuppe u. v. m.
222 C3 ✉ Allitz 11, 39023 Laas
☎ 0473 62 65 89 www.gasthaus-sonneck.it
Mitte März–Mitte Jan. Mi–Mo 12–14.30 und 18–20 Uhr

Schwarzer Adler €–€€
In der anheimelnden Fußgängerzone von Schlanders ist das Haus mehr als nur eine Gelegenheit am Weg. Die sorgfältig austarierte Speisekarte mit einheimischen Köstlichkeiten und internationaler Küche hat ihre Höhepunkte bei den Fischspezialitäten. In jedem Fall sollten Sie die Gerichte der Kitz-, Spargel-, Pilz- und Nudelwochen wählen.
223 D3 ✉ Hauptstr. 38
39028 Schlanders
☎ 0473 73 02 22
www.gasthof-schlanders.com
März–Dez. tägl. außer Sa 8–23 Uhr

LATSCH/MARTELL/KASTELBELL

Hotel zum See €–€€
Auf 1870 m Höhe mit weitem Blick über den Zufritt-Stausee am Ende des Martelltals. Der Koch ist mehrfach mit regionalen Preisen ausgezeichnet worden. Besonders empfehlenswert sind dabei seine Forellenspezialitäten, Wild- und Fleischgerichte. Auf Wunsch werden individuelle Schlemmermenüs gekocht (anmelden).
223 D2
✉ Hintermartell 207, 39020 Martell
☎ 0473 74 46 68 www.hotelzumsee.com
tägl. 8–24 Uhr

Kuppelrain €€–€€€
Feinste Küche offeriert Familie Trafoier in ihrem Gourmetrestaurant mit einem Michelin-Stern. Chefkoch Jörg managt mit Sohn Kevin die Küche, Tochter Natalie zaubert herrliche Pralinen sowie feinstes Gebäck und Mama Sonja sorgt als Sommeliere für die Weinbegleitung. Ein verführerischer Reigen durch die Jahreszeiten (reservieren!).
223 D3 ✉ Bahnhofstr. 16, 39020 Kastelbell
☎ 0473 62 41 03
www.kuppelrain.com
Di–Sa Bistro mit leichter Küche 10–17, Restaurant 19–22 Uhr

Latscher Alm €
Die traditionell bewirtschaftete Viehalm (1715 m) wartet mit typischen Gerichten aus dem Vinschgau auf. Aber auch ein schlichtes Mahl aus Käse zu Bauernbrot und frischer Almbutter schmeckt himmlisch gut. Mit dem Sessellift Tarscher Alm kommen Sie auf die Bergstation auf 1940 m. Von dort geht es zu Fuß hinab zur Alm.
223 E2 ✉ 39021 Tarsch
☎ 33 41 56 26 92 Anfang Mai–Mitte Okt. tägl. 9–18 Uhr, abends auf Bestellung

Panoramahotel Himmelreich €–€€
An diesem Haus kommt kaum jemand vorbei, ohne einzukehren, ist es doch für viele Ausgangs- und Endpunkt von Wanderungen über den Schnalswaalweg zu Schloss Juval. Die mediterranen Gerichte gelingen der Küche mitunter fast noch besser als die köstlichen Südtiroler Speisen. Unbedingt müssen Sie den Kuchen kosten.
223 E3
✉ Klostergasse 15, 39020 Kastelbell-Tschars
☎ 0473 62 41 09 www.himmelreich.it
Mitte März–Mitte Nov. tägl. 12–14 und 18–21 Uhr (abends reservieren)

Wohin zum ... Einkaufen?

Das knallgelbe Kräuterschlössl der Familie Gluderer (Schanzenstr. 50, Tel. 0473 74 23 67) in Goldrain-Latsch ist nicht zu übersehen. Hier liegt der Duft von Südtiroler Bergheu, Lavendel und Zirbelkiefer in der Luft. In Mischkulturen wachsen in dem Biobetrieb Kräuter und Beerenobst heran. Es gibt allerlei Gewürze, Tees bis hin zu essbaren Blumen und Hochprozentiges.
Oder Sie besuchen den Kandlwaalhof (Unterwaalweg 10, Tel. 0473 62 66 27) in Laas, wo Sie neben Äpfeln auch Marillen, Erdbeeren und Palabirnen getrocknet bekommen, aber auch Frucht- und Kräuteressige und Säfte. Anna die Zarte, Johann der Milde oder Josef der Kräftige – die Namen ihrer Käse, die aus Heumilch gewonnen werden, haben die Zwillingsbrüder der Spezialitätenkäserei Patscheider dem Stammbaum ihrer Familie entliehen. Käsefreunde finden die Köstlichkeiten direkt auf dem Rieglhof (Langtaufers 44, Graun, Tel. 0473 63 32 66).
Im Fohlenhof am Ortsrand von Laas können Sie Hochprozentiges verkosten: aromatische Obstdestillate und weiche Liköre aus der ersten Bäuerlichen Brennerei (Familie Gartner, Tel. 0473 62 65 01) im Oberen Vinschgau.
Und vor den Stadtmauern von Glurns liegt Puni, die einzige Whiskydestille Italiens, gebaut von Stararchitekt Werner Tscholl aus rotem Backstein (Am Mühlbach 2, Glurns, Tel. 0473 83 55 00).

Whiskydestillerie Puni in Glurns

Mit mehr als 600 landwirtschaftlichen Roh- und veredelten heimischen Produkten von mehr als fünf Dutzend Erzeugern bietet der Vinschger Bauernladen (Tel. 0473 66 77 23) am Parkplatz unterhalb von Schloss Juval einen geschmackvollen Überblick über den Gabentisch des Vinschgaus.

Wohin zum ... Ausgehen?

Im sonnenreichen Vinschgau sind die ab Mitte Juni geöffneten Freibäder Oasen der Erfrischung. Das AquaForum in Latsch hat ein 25-m-Sportbecken, ein Freiluft-Solebecken mit Unterwassermassagen, eine 50-m-Röhrenrutsche mit Lichteffekten und einen Whirlpool (Marktstr. 48, Tel. 0473 62 35 60, tägl. 10–22 Uhr).
Das Erlebnisbad von Prad (Kreuzweg 4 C, Tel. 33 13 16 71 37, tägl. 10–19 Uhr) bietet eine große Liegewiese, ein 33 m und ein 12 m langes Becken sowie eine 42 m lange Riesenrutsche und eine Kinderrutsche.
In Laas finden Sie ein Freibad (mit Solaranlage), zu dem eine große Liegewiese, ein großes Becken und eine Bar gehören (Vinschgauer Str. 74, Tel. 0473 62 60 67, tägl. 10–19, Mi bis 21.30 Uhr).
Das Freibad in Schlanders hat Vergleichbares zu bieten (Schwimmbadstr. 12, Tel. 34 80 44 32 58, tägl. 10–20 Uhr). Weitere Freibäder finden Sie in Schlums (Kastelbell-Tschars, Linterstr. 1, Tel. 33 95 24 39 42) und in Mals (Sport + Well, Glurnser Str. 7).
Eine andere Art, den Nationalpark Stilfser Joch zu durchstreifen, bietet das Lama-Trekking. Von Mai bis Oktober startet die Tour Mo–Fr ab 13 Uhr, Treffpunkt: Thial im Martelltal (ca. 1 km vor dem Biathlonzentrum). Erforderlich sind gutes Schuhwerk und wetterfeste Kleidung (Anmeldung: Tourismusbüro Latsch, Hauptstr. 38 A, Tel. 0473 62 31 09).
Fladenbrötchen haben im Vinschgau eine lange Tradition und heißen »Vinschgerl«. Im Rahmen des Programms Backen auf dem Bauernhof können Sie auf einem Hof in Ihrer Nachbarschaft selbst Brot backen (Südtiroler Bauernbund, www.roterhahn.it).

Exotische Gartenlandschaften mit beeindruckenden Perspektiven: die Gärten von Schloss Trauttmansdorff

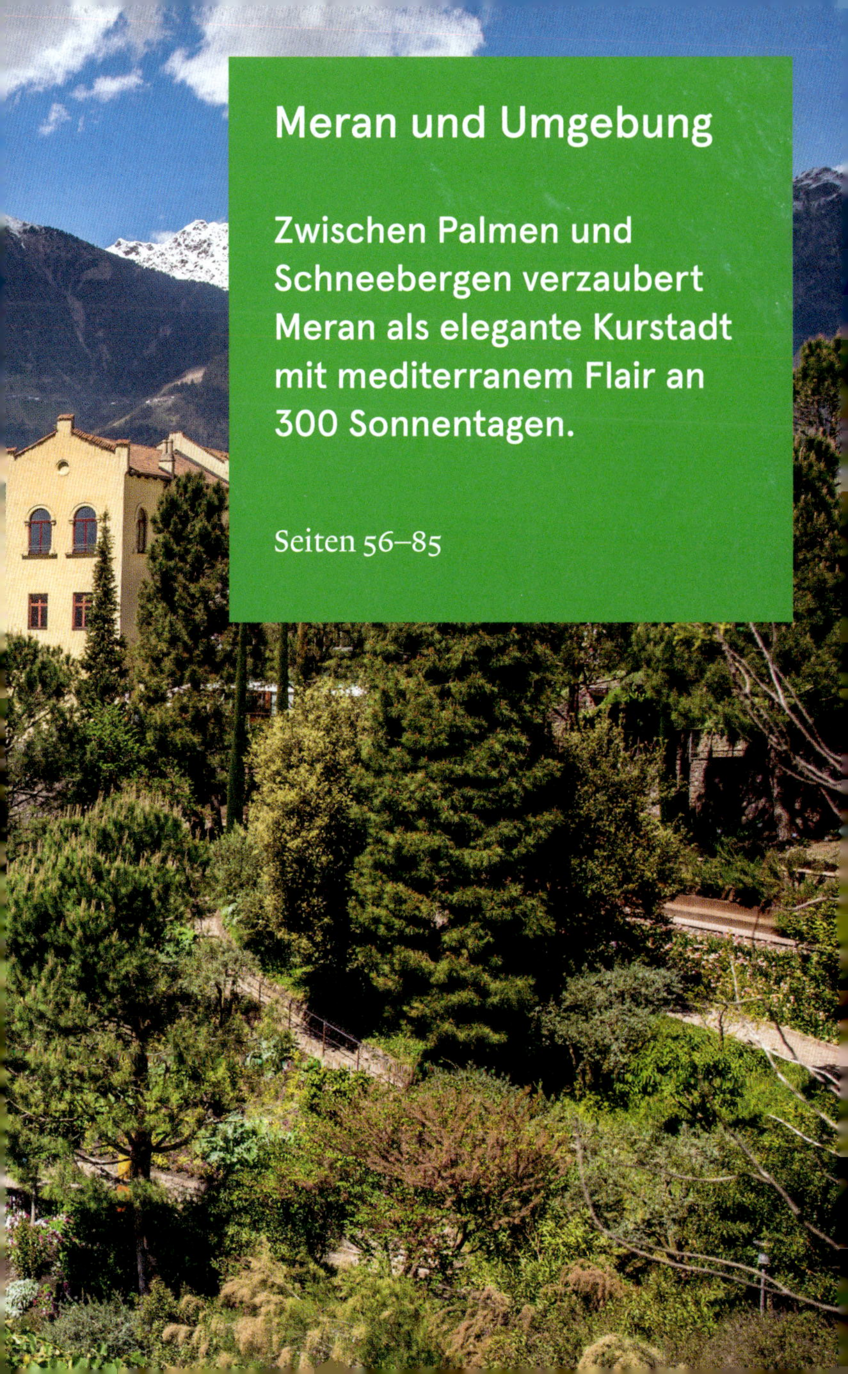

Meran und Umgebung

Zwischen Palmen und Schneebergen verzaubert Meran als elegante Kurstadt mit mediterranem Flair an 300 Sonnentagen.

Seiten 56–85

Erste Orientierung

Der besondere Reiz der Region um Meran liegt in der Vielfalt. Hier die jung gebliebene Kurstadt aus dem 19. Jh. samt moderner Therme, direkt daneben die gepflegten Gartenlandschaften mit eingestreuten Dörfern und Schlössern auf sonnenverwöhnten Höhenzügen und dort die Idylle des Passeier- und des Ultentals.

Die Adels- und die Bauernwelten des Mittelalters prägen die Kulturlandschaften und Dörfer rund um die alte Handels- und Residenzstadt Meran bis heute. Die selbst für Südtiroler Verhältnisse ungewöhnliche Fülle von Edelsitzen, prächtigen Wein- und Obstgütern und reichen Dörfern macht die geruhsame Erkundung zu Fuß oder mit dem Rad zu einem reizvollen Erlebnis. Die Zahl der kleinen, meist mit Fresken verzierten Kirchlein ist fast unüberschaubar. Oft stehen sie auf Hügeln, die schon in Vorzeiten von Menschen besiedelt waren und weite Blicke ins Land erlauben.
In diesem Paradies funkelt Meran wie ein Edelstein – spätestens wieder, seit es mit einer hochmodernen Therme nicht nur den Anschluss an die Wellnessbewegung gefunden, sondern zugleich Maßstäbe gesetzt hat.

TOP 10

- ❶ ★★ Meran
- ❸ ★★ Dorf & Schloss Tirol

Nicht verpassen!

- ⓲ Tisens & Prissian
- ⓳ Passeiertal

Nach Lust und Laune!

- 20 Schenna
- 21 Naturns
- 22 Partschins
- 23 Lana
- 24 Ultental
- 25 Hafling
- 26 Vöran & Mölten
- 27 Nals

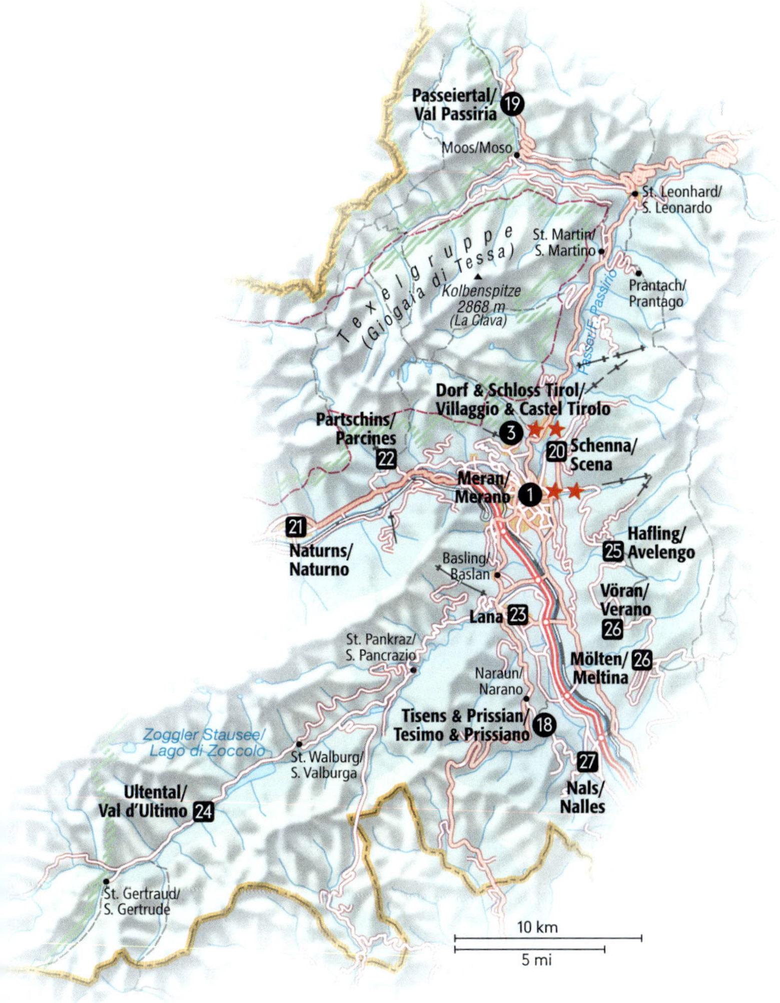
Passeiertal/
Val Passiria
19
Moos/Moso
St. Leonhard/
S. Leonardo
St. Martin/
S. Martino
Prantach/
Prantago
Texelgruppe
(Giogaia di Tessa)
Kolbenspitze
2868 m
(La Clava)
Passer/F. Passirio
Dorf & Schloss Tirol/
Villaggio & Castel Tirolo
3
Partschins/
Parcines
22
20
Schenna/
Scena
Meran/
Merano
1
21
Naturns/
Naturno
Hafling/
25 Avelengo
Basling/
Baslan
Vöran/
Verano
26
Lana 23
St. Pankraz/
S. Pancrazio
Mölten/ 26
Meltina
Naraun/
Narano
Tisens & Prissian/
Tesimo & Prissiano
18
Zoggler Stausee/
Lago di Zoccolo
St. Walburg/
S. Valburga
27
Nals/
Nalles
Ultental/
Val d'Ultimo 24
St. Gertraud/
S. Gertrude
10 km
5 mi

Mein Wohlfühltag in Meran

Mitte des 19. Jhs. war es in der feinen Gesellschaft in Mode gekommen, sich zur Kur nach Meran zu begeben. Heute bietet der Ort historisches Flair gepaart mit modernen Wellnesseinrichtungen und Spaß für jedermann im Reich der vielen Wasserwelten.

9 Uhr: Gesund in den Tag

Schon das Frühstück im Hotel Therme Meran (S. 80) ist mit einer großen Auswahl an frischen Säften, Obst, Gemüse und Meraner Mineralwasser ganz auf Wellness eingestellt. Das Mineralwasser der St. Vigil Quellen entspringt direkt oberhalb von ❶ ★★ Meran in einer Höhe von 1540 m. Aufgrund seines Ursprungs aus sauren Gesteinen ist es besonders reich an Silizium und Fluorid. Auch das Raumambiente des Thermenhotels aus edlen und natürlichen Materialien, gestaltet von Star-Architekt Matteo Thun, stimmt einen am Morgen heiter.

11 Uhr: Auf den Spuren des Thermalwassers

Die Kurpromenade und die Geschäfte der Innenstadt sind über die Thermenbrücke in nur wenigen Minuten erreicht. Es lässt sich ganz wunderbar durch die Lauben mit ihren schönen Geschäften schlendern. Zur richtigen Oase verwandelt sich Meran hier an heißen Som-

mertagen. Dann können sich Spaziergänger entlang des Brunnenwegs in der Altstadt an etlichen künstlerisch gestalteten Trinkbrunnen (69 sind es in der ganzen Stadt) erfrischen. Das kostenlose Trinkwasser stammt aus Quellen vom Passeiertal, dem Vinschgau und dem Naiftal. Schließlich ist für die Kurstadt gesundes Wasser bis heute ihr kostbarstes Gut. Und so können Sie ganz entspannt entlang der

Kurpromenade flanieren, wie Anfang des 19. Jhs. Kaiserin Sisi und Europas Hautevolee, und dort den Spuren der Vergangenheit nachspüren.

13 Uhr: Leichte Mittagsküche unter Lauben

Hunger! Aber etwas Leichtes soll es sein. Im Bistro 7 können Sie es sich nun unter liebevoll restaurierten Gewölbebögen der Meraner Lauben (Lauben 232) auch kulinarisch mit leichter Küche gut gehen lassen. Ob kurz gebratener Thunfisch im Sesammantel oder Roggen-Ravioli mit Artischockenfüllung – hier wird alles frisch zubereitet.

15 Uhr: Zur Entspannung in die Therme

Im Sommer ist auch der 52 000 m² große Park der Therme Meran geöffnet, wo Sie im Rosen- und Palmengarten einen Verdauungsspaziergang machen können, bevor Sie sich aus 25 Pools mit unterschiedlichen Wassertemperaturen die besten aussuchen: Vom kalten Tauchbecken bis zu dampfend warmen Whirlpools reicht die Auswahl. Gespeist von radonhaltigen Quellen bieten sie sowohl Badespaß wie auch Linderung bei Gelenk-, Atemwegs- und Allergiebeschwerden. Das minimalistische Design hat ebenfalls Matteo Thun entworfen.

Flanieren, Shoppen, Einkehren – in der Meraner Laubengasse

Meran ist die Stadt der Promenaden (links). Badepause in der Therme von Meran, einer stilvollen Oase der Ruhe in einem Kubus aus Glas und Stahl (rechts).

19 Uhr: Chillen mit Ausblick

Vor dem Abendessen lohnt der Besuch des 3200 m² großen Sky-Spas auf dem Flachdach der Hotelanlage gleich gegenüber, die durch einen Tunnel mit der Therme verbunden ist. Hier schwimmen Sie nicht nur über den Dächern der Stadt. Vom Sole-Infinity-Pool aus haben Sie einen perfekten Ausblick hinüber zur Therme und hinunter auf den Thermenplatz. Hier finden im Sommer regelmäßig Konzerte statt, denen Sie vom Pool aus sogar gratis zuhören können.

Zum Chillen gibt es sicher auch noch den einen oder anderen Cocktail. Und wer von Wellness nicht genug bekommen kann, auch hier oben gibt es noch drei Whirlpools, zwei Saunen und ein Dampfbad.

i

Bistro 7
233 D4 ✉ Lauben 232, Meran
☎ 0473 21 06 36
www.bistrosieben.it
Mo–Sa 8.30–24, So 9.30–16 Uhr

Therme Meran
233 D4 ✉ Thermenplatz 9, Meran
☎ 0473 25 20 00
www.thermemeran.it
tägl. 9–22 Uhr (Pools) unter der Woche: 2 Std. 13 €, Tageskarte 19 €; am Wochenende 2 Std. 15 €, Tageskarte 21 €; kostenloser Zugang für Gäste vom Hotel Therme Meran

Hotel Therme Meran mit Sky-Spa
www.hoteltermemerano.it/sky-spa
vgl. S. 80

❶ ★★ Meran
(Merano)

Warum?	Kurortflair des 19. Jhs. und moderne Wellness
Was?	Entlang der Kurpromenade und durch die Lauben flanieren
Wie lange?	Mit Shopping einen ganzen Tag
Wann?	Im Frühjahr, wenn in den vielen Parks die Blumen blühen
Was noch?	Schloss Trauttmansdorff mit Park einen Besuch abstatten
Resümee	Wellness vom Feinsten samt Palmen und Blumenpracht

Meran ist ein botanischer Garten mit Palmen und Rivierablüten, in den Lauben und Bürgerhäuser hinein- und prächtige Schlösser drumherumgebaut sind. Das Flair der weiten Welt brachten der Stadt einst im 19. Jh. die mondänen Kuranlagen. Mit seiner Mischung aus mittelalterlicher Altstadt mit Stadttoren, Arkaden und Kirchen und elegantem Charme der Belle Époque, die den Hochadel Europas fast magisch in die Kurstadt zog, wirkt Meran nobel, lässig und stilvoll zugleich.

Wegen des ausgesprochen milden Klimas zieht es besonders viele Menschen in die mit 40 000 Einwohnern zweitgrößte Stadt Südtirols. Die geografische Lage hat es gut gemeint mit Meran. Durch hohe Bergketten im Norden und Osten ist der Talkessel gegen kalte Winde geschützt. Gleichzeitig bringt die Passer als Gebirgsfluss die Frische mit, die warme Sommer erträglich macht. Elegant gekleidet flanieren Besucher bei den mehr als 700 Veranstaltungen wie Konzerten, Ausstellungen und Theateraufführungen durch den Ort und verleihen ihm großstädtisches Flair.

Shoppen unter Arkaden

Einer gräflichen Baugenehmigung für die Laubengasse (13. Jh.) verdanken die Meraner die 400 m lange Einkaufsstraße zwischen Korn- und Pfarrplatz. Beim Bummel lohnt es sich, den Blick von den Auslagen unter den Arkaden zu heben und die geschmückten Giebel und Erker zu betrachten. Stadtbestimmend ragt der 1617 errichtete Turm der gotischen Pfarrkirche St. Nikolaus auf. Das Gotteshaus weist schöne Steinmetzarbeiten im Inneren und an den Portalen auf sowie Glasgemälde aus dem Umfeld von Hans Holbein dem Älteren. Zur Meraner Shoppingmeile gehören neben den Läden in der Laubengasse in erster Linie auch die Geschäfte im Innenstadtbereich in der Freiheitsstraße, im Rennweg und in den sich anschließenden Straßen und Gässchen rechts der Passer.

Stadt der Promenaden

Über den Steinernen Steg geht es hinüber zur Gilfpromenade, an deren Ende unterhalb der Zenoburg eine Terrasse den Blick freigibt auf die tosenden Wasser der hier nur wenige Meter breiten Passerschlucht. Die Promenade ist verbunden mit dem Tappeinerweg. Über 4 km wechseln sich auf dieser Promenade Korkeichen, Ölbäume, Mittelmeerkiefern, Eukalyptus- und Zürgelbäume, Feigenkakteen, Bambusarten, Agaven, Palmen und viele andere Pflanzen ab. Beliebt ist auch die Passerpromenade im Stadtzentrum mit schönen Blumenrabatten und Palmen sowie einem Musikpavillon. Zur Winterpromenade rechts der Passer gehört eine Wandelhalle für schlechteres Wetter, zur Sommerpromenade gegenüber immergrüne Pflanzen und ein Denkmal der Kaiserin Sisi. Ihr ist auch ein Weg vom Zentrum zu den Gärten von Schloss Trauttmansdorff gewidmet.

Die Kurpromenade von Meran geht in die Winterpromenade über, die von der Wandelhalle, einem Jugendstilbau, bestimmt wird.

Botanische Traumwelt

Um das Schloss herum wurden in den letzten Jahren Pflanzen aus aller Welt und den Südtiroler Landschaften in Wasser- und Terrassengärten zu bestimmten Themen arrangiert, so wie im Sinnesgarten, im Japanischen Garten oder auf dem Kakteenhügel. Im Schloss werden u. a. die ehemaligen Wohnräume von Kaiserin Sisi gezeigt und im Touriseum 200 Jahre Tiroler Fremdenverkehr vergnüglich erzählt und mit teilweise skurrilen Objekten illustriert.

Alte Kur, neue Therme

Als Aufenthaltsort für die Kurgäste und Standort der Kurabteilung im feinsten Wiener Sezessionsstil erbaut, zeugt das Kurhaus auf der Passerpromenade von der glorreichen Vergangenheit Merans als Kurort. Im Jugendstil errichtet sind auch das Stadttheater und die elegante Postbrücke.

Die Therme Meran, mitgestaltet vom Mailänder Architekten Matteo Thun, möchte an die glanzvollen Zeiten anschließen. Vom kalten Tauchbecken bis zu dampfend warmen Whirlpools bieten 25 Becken mit unterschiedlichen Wassertemperaturen, gespeist von radonhaltigen Quellen, Badespaß und Linderung bei Gelenk-, Atemwegs- und Allergiebeschwerden. Dazu kommen eine Saunalandschaft, ein Fitnesscenter und ein Spa & Vital Center, wo Äpfel, Trauben, Molke, Wolle und Kräuter für Gesundheit und Wohlfühlen genutzt werden.

KLEINE PAUSE

Der **Genussmarkt PUR** (Meraner Freiheitsstr. 35) bietet nicht nur köstliche regionale Produkte, sondern auch ein Bistro und eine Weinbar zum Schlemmen.

---

i

→ 224 A/B 1/2

Kurverwaltung Meran
→ 233 E4
✉ Freiheitsstr. 45, 39012 Meran
☎ 0473 27 20 00
🌐 www.meran.eu

Schloss Trauttmansdorff
→ 224 B1
St.-Valentin-Str. 51 A
39012 Meran-Obermais
☎ 0473 25 56 00
🌐 www.trauttmansdorff.it
◐ April–Okt. tägl. 9–19, Anf.–Mitte Nov. bis 17 Uhr ◆ 13 €

Therme Meran
→ 233 D4
vgl. S. 63, 80

Das Kurhaus an der Passerpromenade wurde vor über hundert Jahren eingeweiht.

Auf dem Matteo Thun'schen Gucker schweben die Besucher über den Gärten von Trauttmansdorff.

Wasser- und Terrassengärten, Sonnengärten, Waldgärten sowie Landschaften Südtirols – in diese vier Gartenwelten ist das Areal von Schloss Trauttmansdorff gegliedert.

❸ ★★ Dorf & Schloss Tirol (Villagio & Castel Tirolo)

Warum?	Schloss Tirol gab dem Land einst seinen Namen
Was?	Im Schloss eine Zeitreise durch die Geschichte des Landes samt Musik-Soiree im Sommer erleben
Wie lange?	Ganzer Tag inkl. Schlossbesuch
Wann?	Mitte März bis Mitte September
Was noch?	Im Sessellift von Meran nach Dorf Tirol schweben
Resümee	Die Wiege Tirols beeindruckt noch heute

Die Lage des Luftkurorts auf der Sonnenterrasse über Meran inmitten von Obstgärten und Weinterrassen, mediterranen Pflanzen und grünen Almen ist exquisit. Zudem fasziniert das Schloss über dem Dorf und die Seilbahn befördert Gäste zum Wandergebiet der Oberen Muthöfe.

Blick vom Dorf Tirol auf das Schloss

Längst hat sich das einstige Bauerndorf zum Touristenmagnet entwickelt: Hier ist man mittendrin, beispielsweise im Herzen des Naturparks Texelgruppe oder in der Streckenführung des Meraner Höhenwegs, der über 80 km um den Naturpark führt und in sechs bis sieben Tagesetappen zu erwandern ist. Mit dem Touristenansturm haben die Geschäftsleute Schritt gehalten. Das Dorf verfügt über attraktive Einkaufsmöglichkeiten – vom italienischen Design bis zum Loden-Look.

Schloss mit Geschichte

Außerordentlich beeindruckend wirkt die wehrhafte Anlage um den mächtigen Viereckstturm, die dem Land den Namen gab. Heute beherbergt das Schloss das Südtiroler Landesmuseum für Kultur- und Landesgeschichte. Auf vier Stockwerken wird die Geschichte Tirols mit vielen Dokumenten erzählt. Gut aufbereitet ist die Ausstellung im Kaisersaal, die sich mit dem im Mittelalter herrschenden Feudalsystem und der Stellung von Adel, Klerus und Volk befasst.

Schloss Tirol beherbergt das Landesmuseum für Kultur- und Landesgeschichte.

Einmalig in Südtirol sind die Portale des Palas und der zweigeschossigen Burgkapelle. Diese Überbleibsel aus der romanischen Bauphase zeigen kraftvolle Figuren, Fabelwesen, geometrische Ornamente und religiöse Motive. Die Kapelle ist mit gotischen Fresken ausgemalt und wird von einer überlebensgroßen Kreuzigungsgruppe (14. Jh.) dominiert.

Beliebt sind die Musik-Soireen im Juli und August, bei denen Interpreten von internationalem Rang im Rittersaal spielen. Dazu gibt es Kostproben der mittelalterlichen Küche. Den Weg zurück zum Dorf findet man im Fackelschein. Zum Schloss führt ausschließlich ein ca. 1 km langer, einfach zu laufender Fußweg, eine öffentliche Zufahrt gibt es nicht.

KLEINE PAUSE

Ein **Pflegezentrum für Greifvögel** am Burghügel von Schloss Tirol sorgt für verletzte Tiere und informiert über deren Rolle im Naturkreislauf (www.gufyland.com, April–Anf. Nov. Di–So 10.30–17 Uhr, Flugvorführungen tägl. 11.15 und 15.15 Uhr, Eintritt 10 €).

---

224 A2

Tourismusverein Dorf Tirol
Hauptstr. 31, 39019 Dorf Tirol
0473 92 33 14
www.dorf-tirol.it

Südtiroler Landesmuseum Schloss Tirol
Schlossweg 24, Dorf Tirol
0473 22 02 21 www.schlosstirol.it
Mitte März–Anf. Dez. Di–So 10–17, Aug. bis 18 Uhr, Führungen Di–Sa 10.15 und 14 Uhr 7 €

⑱ Tisens & Prissian
(Tesimo & Prissiano)

Warum?	Hier trifft man auf ursprüngliche bäuerliche Kulturlandschaft
Was?	Zurück in die Vergangenheit reisen und das ruhige Leben genießen
Wie lange?	Ein Tagesausflug
Wann?	In den Sommermonaten
Was noch?	Im Völlaner Bauernbadl entspannen
Resümee	Ländliche Idylle

Unter den vielen Paradiesen Südtirols nimmt das Tisenser Mittelgebirge eine herausragende Position ein. Unbehelligt vom Durchgangsverkehr mischen sich mittelalterliche Burgen, verwunschene Ansitze und trutzige Ruinen mit fröhlich bunten Obstgärten und weitläufigen Kastanienhainen. Das alles strahlt Harmonie und Gelassenheit aus.

Wo einst der Fernhandelsweg nach Süden bei Lana (320 m) das sumpfige Etschtal verließ und auf den Tisenser Höhenzug auswich, liegt am Wegrand der Ort Völlan (700 m). Hier kann man sich im Zentrum in einem hübschen Bauernmuseum auf die bäuerliche Gegenwart einstimmen. Wie zur Begrüßung sind außen Sandsteingefäße, Ferkelkörbe und Arbeitsgeräte für Acker und Feld zusammengetragen. Die Stuben sind gefüllt mit Kommoden, Schränken und häuslichem Arbeitsgerät vom Butterkübel über Wurst- und Nudelpressen bis zum Kastanienrüttler.

Zum ländlichen Kosmos gehört auch das Völlaner Bauernbadl mit radonhaltigem Thermalwasser, etwa 2 km vom Ort entfernt. Dort helfen Wannenbäder auch Tagestouristen bei Gliederschmerzen.

Sommerfrische Tisens

Der Weg in das hübsche Bauerndorf Tisens, das über Jahrhunderte als Erzpfarre auch kirchliches Zentrum für Nals, Andrian und Vilpian war, bringt sommerfrische Ausflugsstimmung. Es sei denn, es wird Herbst. Dann hockt man sich

Völlan liegt umgeben von Obstgärten und Wiesen.

nieder bei den Kastanientagen mit Volksmusik und Spezialitäten rund um die »Tisner Edelkastanie«, am besten mit einem Logenblick auf die Texelgruppe und die Kurstadt Meran oder nach Süden auf den Rosengarten. Im Ort finden sich in der Pfarrkirche einzigartige Augsburger Glasgemälde der Renaissance (um 1520).

Einen der schönsten Panoramablicke bietet das Kirchlein St. Hippolyt auf einem schon in Vorzeiten besiedelten Hügel über Tisens. Eine gute Stunde dauert der Aufstieg, dann liegt das Etschtal zu Füßen – mit Sicht auf rund 20 Dörfer und 40 Adelssitze (die Wanderung beginnt am Parkplatz in Naraun).

Burgendorf Prissian

In Südtirol ließ es sich schon immer dort gut leben, wo sich Adelsgeschlechter niederließen. So verwundert es nicht, wenn zahlreiche Geschlechter mit ihren Residenzen und Sommersitzen die Gegend zu einer der burgenreichsten Südtirols machten, ohne dass sie aus strategischen oder machtpolitischen Gründen dazu veranlasst wurden. Diese Schlösser

entstanden meist im 12. und 13. Jh. und sind größtenteils in Privatbesitz. Wer neidlos gönnen kann, lässt sich vom Zauber der Anlagen wie Schloss Fahlburg, Schloss Wehrburg oder Schloss Katzenzungen in Prissian einfangen, die heute zum Teil auch als Hotels genutzt werden.

In der Renaissanceanlage von Schloss Katzenzungen wächst der ca. 500 Jahre alte und zugleich größte Weinstock Europas namens Versoaln, der in guten Jahren bis zu 700 Flaschen liefert. Es werden regelmäßig Führungen mit Weinverkostung angeboten.

Romantisch wirken Ruinen wie die Pfeffersburg, die Zwingenburg und Schloss Holz, traumhaft die vielen Ansitze wie Unterpöck, Greifenegg, Lidl, Heufler, Fieger oder Saltenbichl.

Schlosshotel Wehrburg thront über der Ortschaft Prissan.

KLEINE PAUSE

Wer das Tisenser Mittelgebirge geruhsam erkundet, lässt sich auch bei der kleinen Pause Zeit, beispielsweise auf der Sonnenterrasse (880 m) des **Grissianer Hofs** (S. 82), der seinen Gästen gute heimische Küche und einen grandiosen Dolomitenblick zu bieten hat.

---

i

228 A4

Tourismusverein Tisens/Prissian
Bäcknhaus 54, 39010 Tisens-Prissian
0473 92 08 22
www.tisensprissian.com

Bauernmuseum Völlan
Badlweg 2, Völlan/Lana
0473 56 80 78
Mitte April–Okt. Di, Fr 14–17, So 15–17 Uhr
freiwillige Spende

Gasthof Völlaner Badl
Platzers 1, Tisens/Naraun
0473 56 80 59
www.voellanerbadl.it
Anf. März–Anf. Nov. Sa–Do 9–19 Uhr

Schloss Katzenzungen
Prissianer Str. 11, Prissian
0473 92 70 18
www.castel.katzenzungen.com
Mitte März–Anf. Dez. Di–So 10–17, Aug. bis 18 Uhr, Führungen: Di–Sa 10.15 und 14 Uhr 7 €

⑲ Passeiertal
(Val Passiria)

Warum?	Heimat des Freiheitskämpfers Andreas Hofer
Was?	Wehrhafte Schildhöfe in uriger Landschaft und das Andreas Hofer Museum
Wie lange?	Ein ganzer Tag
Wann?	Im Frühjahr, wenn rosaweiße Apfelblüten das Tal verzaubern
Was noch?	Der eigene »Psairer Dialekt« lässt sich mittlerweile in einem eigenen Wörterbuch nachschlagen
Resümee	Hofer ist für viele Tiroler noch immer ein Vorbild

Die Staatsstraße 44 ist die Lebensader des 50 km langen Tals, in dem sich hübsche Bauerndörfer und die burgartigen Schildhöfe aneinanderreihen. Von Meran bis St. Leonhard leuchtet im Frühjahr die rosaweiße Apfelblüte im Tal, das sich bei Saltaus verengt und bis zum Jaufenpass bzw. Timmelsjoch alle Vegetationszonen durchläuft. Im Herzen des Tals liegt St. Martin mit bemalten Zunfthäusern im Ortskern und mehreren Nachbarschaften. Vom Ortsteil Saltaus führt eine moderne Seilbahn zum Hochplateau und Wanderparadies des Hirzer (2000 m). Bei Kalm zweigt die Kalmtalschlucht mit einem rauschenden Wasserfall ab.

Museal: Andreas Hofer im Museum Passeier

Nationalheld Andreas Hofer

Das Passeiertal ist das Tal Andreas Hofers – »Psaier« und »Ander« sagen die Einheimischen kurz und bündig. Am prächtigen Sandhof, dem Geburtshaus des Tiroler Freiheitskämpfers (1767–1810) in St. Leonhard, bemüht sich das Museum Passeier in den alten Wirtschaftsgebäuden, sein Bild frei von jeglichen Mythen zu zeichnen. So findet man die Originalkleidung an einer Puppe aus neutralem Metall ohne Gesichtszüge, aber auch den Rosenkranz des tiefreligiösen Mannes und zahlreiche Gegenstände aus seinem Besitz.

Brennende Herzen

Um Heiratsanträge handelt es sich nicht, wenn Ende Juni nachts auf den Berghängen riesige Herzen in Flammen stehen. Es sind Herz-Jesu-Feuer, das zeigen auch die manchmal aufleuchtenden Initialen IHS und INRI. Die Südtiroler erinnern auf diese Art an ihre Freiheitsliebe, ihre Hoffnung auf göttlichen Beistand und natürlich an den Freiheitskämpfer Andreas Hofer, auf den der Feuerbrauch in seiner heutigen Form zurückgeht. In seiner Heimat, dem Passeiertal, leuchten besonders viele Herzen.

Hofers Frau, Anna Ladurner, wird ebenfalls gewürdigt. Eine Abteilung ist der Volkskunde gewidmet. Im Hörraum erfährt man viel zu Musik, den Sagen und zur Literatur des Tals. Dazu gibt es einen Freilichtbereich mit hierher versetzten Gebäuden: einem Passeirer Haufenhof, einer Herz-Jesu-Kapelle (1899) und dem Heilig-Grab-Kirchlein (1691). Mitbetreut wird zudem der Franzosenfriedhof in Erinnerung an ein Gefecht an der Leonharder Pfarrkirche, bei dem 22 Passeirer und 230 Franzosen umkamen.

Der Passeier Schildhöfeweg führt an den zwölf bäuerlichen Anwesen des Tals vorbei.

Schildhöfe im Passeiertal

Die auf sichere Hügel gebauten und teils mit Wehrtürmen, Sonnenuhren und Fresken verzierten burgartigen Anwesen im Vorderpasseier sind einzigartig. Die elf Schildhofbauern von Saltaus, Haupold, Granstein, Ebion, Psairer, Buchenegg, Baumkirch, Gereuth, Steinhaus, Happerg und Gomion erhielten als Gegenleistung für ihren Waffendienst vom Grafen von Tirol im Jahr 1317 Jagd- und Fischereirechte und die Befreiung von Steuern. Zu Friedenszeiten lieferten sie Wildbret und hielten bei Feiern auf Schloss Tirol und der Zenoburg die Schildwache. Geblieben sind die Fischereirechte in der Passer und das Paraderecht mit Schild und Hellebarde.

KLEINE PAUSE

Zum frischen Brot vom Bäcker holen Sie sich bei der **Psairer Bio Bergkäserei** (Handwerkerzone Lahne 7/1, St. Martin, www.psairerbergkaeserei.com, Mo–Sa 9–12.15, Fr 15.30–18 Uhr) typischen Bauernkäse für eine zünftige Brotzeit.

---

224 B3

Tourismusverein Passeiertal
Passeirerstr. 40, 39015 St. Leonhard
0473 65 61 88
www.passeiertal.it

Museum Passeier – Andreas Hofer
Sandhof, Passeirerstr. 72
St. Leonhard
0473 65 90 86
www.museum.passeier.it
Mitte März–Okt. Di–So 10–18 Uhr
8 €

Nach Lust und Laune!

20 Schenna (Scena)

Die meisten Höfe am Eingang zum Passeiertal sind heute Gastbetriebe im Wanderparadies. Hauptattraktion ist Schloss Schenna (1350) mit Sommerkonzerten und Gemäldesammlungen, einer vollen Waffenkammer (12.–19. Jh.) und Tiroler Trachten. Mit der Sammlung zu Andreas Hofer setzte Erzherzog Johann (S. 25), der Schloss Schenna 1845 erwarb, dem Freund ein Denkmal. Der Fürst ist samt Familie in einem schönen neogotischen Mausoleum beigesetzt.

224 B2

Tourismusverein Schenna
Erzherzog-Johann-Platz 1 D
39017 Schenna
0473 94 56 69
www.schenna.com

Schloss Schenna & Mausoleum
Schlossweg 14, Schenna
0473 94 56 30
www.schloss-schenna.com
Führungen Schloss: März–Ende Okt. Di–Fr 10.30, 11.30, 14, 15 Uhr; Mo Abendführungen ab 21 Uhr; Mausoleum: Ende März–Anf. Nov. Di–Fr 10–11.30 und 15–16.30 Uhr
Schloss 9 €, Kombikarte Schloss & Mausoleum 10 €

21 Naturns (Naturno)

Seitdem der Durchgangsverkehr das Zentrum des viel besuchten Orts in einem Tunnel unterquert, ist aus der Hauptstraße eine Bummel- und Einkaufsmeile geworden.

Ansonsten lockt der Nature Fitness Park mit Nordic-Walking-, Jogging- und Fahrradwegen sowie einem Alpine-Well-Fit-Parcours.

Sportlich zeigt sich auch der hl. Prokulus, einst Bischof von Verona, bei seiner Flucht per Schaukel über die Stadtmauer. Die Szene wird auf einem der vielen Fresken aus der Gründungszeit der Prokulus Kapelle (7. Jh.) gezeigt.

Frühmittelalterliche Fresken in St. Prokulus

223 F3

Tourismusverein Naturns
Rathausstr. 1, 39025 Naturns
0473 66 60 77
www.naturns it

St. Prokulus
St.-Prokulus-Straße, Naturns
0473 66 73 12 www.prokulus.org
April–Anf. Nov. Di–So 9.30–12 und 14–17 Uhr, Führung: 10 und 15 Uhr; Museum: April–Anf. Nov. Di–So 10–12.30 und 14.30–17.30 Uhr
4,50 €, Kapelle und Museum 5,20 €

22 Partschins (Parcines)

Zur guten Luft kommt der Wasserfall – vom Dorfkern in eineinhalb Stunden zu Fuß oder per Gästebus zu erreichen –, der sich über eine Felswand 97 m in die Tiefe stürzt. Am Kirchplatz liegt das moderne Schreibmaschinenmuseum. Erfunden wurde die Schreibmaschine 1864 vom berühmtesten Sohn des Dorfes, Peter Mitterhofer. Neben Originalen werden Exponate aus der Erfolgsgeschichte seiner großartigen Idee gezeigt. Väter und ihre Söhne werden sich wahrscheinlich für die größte digital gesteuerte Modelleisenbahnanlage südlich des Brenners, die Eisenbahnwelt, begeistern. Kinder dürfen übrigens in einem eigenen Bereich selbst schalten und walten.

223 F3

Tourismusverein Partschins
Spaureggstr. 10, 39020 Partschins
0473 96 71 57
www.partschins.com

Schreibmaschinenmuseum
Kirchplatz 10, Partschins
0473 96 75 81 www.schreibmaschinenmuseum.com
April–Okt. Mo–Fr 10–12, 14–18, Sa 10–12, Nov.–März Di 10–12 Uhr 7 €

Eisenbahnwelt
Geroldplatz 3, Partschins
0473 52 14 60
www.eisenbahnwelt.eu
So–Fr 10–17 Uhr 9,50 €

23 Lana

Jeder zehnte in der EU gepflückte Apfel kommt aus Lana. Die Marktgemeinde als »Apfeldorf« zu bezeichnen, ist also fast Tiefstapelei. Über die Geschichte des Obstanbaus seit dem Mittelalter informiert das Südtiroler Obstbaumuseum mit Sitz im Ansitz Larchgut in Niederlana.

In der spätgotischen Pfarrkirche Maria Himmelfahrt (1492) ist der mit mehr als 14 m Höhe größte gotische Schnitzaltar des Alpenraums (1503–1511) aus der Werkstatt des schwäbischen Meisters Hans Schnatterpeck zu bewundern. Das Werk aus Kastanienholz, laut Bestellung »eine newe vol formyrte Tafl mit seinem Dukatengold verguldet«, enthält 35 lose Figuren, die äußerst detailliert dargestellt sind.

224 A1

Tourismusverein Lana
Andreas-Hofer-Str. 9/1
39011 Lana
0473 56 17 70
www.lana.info

Südtiroler Obstbaumuseum
Brandis-Waalweg 4, Lana
0473 56 43 87
www.obstbaumuseum.it
April–Okt. Mo–Sa 10–17, Führungen: Do 10.30 Uhr 4 €

Pfarrkirche Niederlana
Schnatterpeckstraße
nur mit Führung, April–Anf. Nov. Mo–Sa 11 und 15 Uhr 2 €

24 Ultental (Val d'Ultimo)

Es geht steil hoch ins Ultental, das mit den Dörfern St. Pankraz, St. Walburg, St. Nikolaus, St. Gertraud und den am Hang gelegenen Hofgruppen sehr ursprünglich wirkt. Im 40 km langen Hochtal stößt man auf schöne Almen und Bergseen. Legendär sind die mehr als 2000 Jahre alten Urlärchen nahe dem Dorf St. Gertraud. Neuere Untersuchungen schätzen das Alter auf etwa 850 Jahre. Eine exakte Bestimmung über Jahresringe ist schwierig, weil die Bäume z. T. innen hohl sind. Die Stämme haben einen Umfang von bis zu 8 m und eine Höhe von 28 m.

Das Ultner Talmuseum in St. Nikolaus zeigt die bäuerliche Kultur der Region. Die St. Walburger Kirche (14. Jh.) mit dem Terrassenfriedhof ist auf einem Hügel abseits des Dorfes am dunkelgrünen Zoggler Stausee zu finden.

Am Schmiedhof in St. Walburg hat Waltraud Schwienbacher zusammen mit anderen Bergbäuerinnen eine Sozialgenossenschaft gegründet, um Arbeitsplätze in der abgelegenen Region zu schaffen. In der Wollmanufaktur »Bergauf« wird in Handarbeit heimische Bergschafwolle zu Pantoffeln und kuscheligen Wolldecken verarbeitet (www.bergauf.it).

223 E1/2

Tourismusverein Ultental-Proveis
Hauptstr. 104, 39016 St. Walburg
0473 79 53 87
www.ultental.it

Ultner Talmuseum
St. Nikolaus 107, Ulten
0473 79 03 74
Mai–Okt. Di, Fr 11–12 und 15–17, März/April So ab 10 Uhr
Spende

Wasserreichstes Tal Südtirols: Ultental

25 Hafling (Avelengo)

Wer hierher kommt, hat vor allem eins im Sinn: Pferde. Und so dreht sich in den vielen Reitställen alles um die Vierbeiner mit den blonden Mähnen. Das Hochplateau (1250 m) mit Fichten- und Tannenwäldern ist ideal für Tagesritte und für mehrtägige Trekkingtouren zu den Almwiesen. Reitunterricht für Könner wie für Anfänger und lange Kutsch- und Schlittenfahrten mit Speckjause und »Musi« lassen jeden zu seinem Recht kommen.

Rasant bergab geht es im Ski- und Wintersportgebiet Meran 2000, das größtenteils zu Hafling gehört: Die längste Schienenrodelbahn Italiens, der 1,1 km lange Alpin Bob, ist ein Spaß für große und kleine Rodelfans.

⇸ 224 B1

Tourismusverein Hafling/Vöran
✉ St.-Kathrein-Str. 2 B, 39010 Hafling
☎ 0473 27 94 57 🌐 www.hafling.com

Alpin Bob
🌐 www.meran2000.com
🕐 Anf. Mai–Anf. Nov. tägl. 10–16.30, Juli/Aug. bis 17.30 Uhr 🎟 Fahrt 4 €

26 Vöran & Mölten (Verano & Meltina)

Bäuerliches Leben konzentriert sich im Norden des Tschögglbergs in Vöran und Mölten (1150 m), wo im April Millionen von Krokusse blühen. Hier lässt es sich inmitten eines weitverzweigten Wegenetzes, das zu ausgedehnten, nicht allzu schwierigen Wanderungen einlädt, gut wohnen.

Auf dem nahen Rotstein-Kogel (über Wanderweg 11 zu erreichen) hat ein Künstler 30 Sessel zum Knottnkino arrangiert – ein Freilichttheater, bei dem die Landschaft zur Bühne wird.

In Mölten arbeitet die höchstgelegene Sektkellerei Europas: Arunda-Vivaldi.

Knottnkino in Vöran: Landschaft als Bühne

⇸ 224 B1

Tourismusverein Mölten
✉ Möltnerstr. 1, 39010 Mölten
☎ 0471 66 82 82 🌐 www.moelten.net

Sektkellerei Mölten
✉ Prof.-Josef-Schwarz-Str. 18
☎ 0471 66 80 33
🌐 www.arundavivaldi.it
🕐 April–Anf. Nov. Mo–Fr 8–12 und 14–18 Uhr, Führungen: Mi 10, Do 11 Uhr 🎟 frei

27 Nals (Nalles)

Das ruhige Wein- und Rosendorf ist Ausgangspunkt für schöne Ausflüge. Beliebtes Ziel ist Schloss

Moderne Weinarchitektur in Nals

Schwanburg (1286) mit dem ältesten Weinkeller Südtirols, in dem noch Fässer aus der Zeit Maria Theresias aufbewahrt werden.

⇸ 228 A4

Tourismusverein Nals
✉ Rathausplatz 1 A, 39010 Nals
☎ 0471 67 86 19 🌐 www.nals.info

Schloss Schwanburg
☎ 0471 67 86 22
🕐 Führungen: April–Okt. Di 10 Uhr (nach Voranmeldung) 🎟 frei

Wohin zum … Übernachten?

Preise pro Nacht für ein Doppelzimmer mit Frühstück:

€	bis 80 €
€€	80–150 €
€€€	über 150 €

MERAN UND UMGEBUNG

Castel Rundegg €€€

Wer ein Refugium sucht, um sich der Pflege von Gesundheit und Schönheit hinzugeben, ist hier bestens aufgehoben. Neben dem exzellenten Hotelservice können Sie sich Kosmetikfachkräften anvertrauen und sich unter ärztlicher Anleitung mit verschieden Therapien fit machen lassen. Castel Rundegg liegt inmitten eines Parks und ist durch Ringmauern geschützt. Es bietet zudem eine verführerische Küche; figurbewusste Esser bekommen alternativ eine sehr delikate, leichte Diät serviert.

224 A2
Schennastr. 2, 39012 Meran
0473 27 07 05 www.rundegg.com

Gasthof Tiefenbrunn €–€€

Dank der sonnigen Zimmer (mit Balkon) und einer beachtlichen Küche erholt man sich in der kleinen, gemütlichen Familienpension auf der Sonnenterrasse über Meran bestens. Amüsieren kann man sich am Pool oder bei den regelmäßigen Veranstaltungen im Haus. Im Winter findet in der Nähe des Hauses Eisstockschießen statt.

224 B2
Verdinserstr. 34/A, 39017 Schenna
0473 94 58 18 www.tiefenbrunn.com

Aussichtsplattform Granat: Blick auf das Passeiertal bei Tuls

Hotel Kolping Meran €–€€

Günstige Preise, minimalistische, aber perfekte Zimmer, eine gute Küche und die zentrumsnahe Lage zeichnen das Hotel im Villenviertel Obermais aus. Die Zimmer (teilweise behindertengerecht) mit Dusche, WC, Telefon und TV blicken nach Süden. Zum Haus gehören ein Swimmingpool, ein Restaurant, ein Gartencafé, eine Kellertaverne und eine Tiefgarage (auch für Kleinbusse, Fahrräder und Motorräder geeignet).

224 A2
Cavourstr. 101, 39012 Meran
0473 25 32 00 www.kolpingmeran.it

Hotel Pension Verdorfer €€

Das inmitten von Obst- und Weingärten gelegene Hotel bietet innen viel Komfort und draußen viel Freiraum. Von den schönen Doppelzimmern mit eigenem Balkon genießen Sie einen Panoramablick auf Meran. Im Sommer werden das reichhaltige Frühstücksbuffet mit selbst gebackenem Vollkornbrot und die hausgemachten Kuchen am Nachmittag auf der Sonnenterrasse serviert. Zum Garten gehört ein beheiztes Naturstein-Schwimmbad.

224 A2
Schennastr. 47, 39012 Meran
0473 23 24 92 www.hotel-verdorfer.it

Hotel Therme Meran €€€

Hier schwimmt man oberhalb der Dächer der Stadt. Attraktion ist das 3200 m² große Sky-Spa auf dem Flachdach. Vom Infinity-Pool hat man einen gigantischen Ausblick auf den Thermenplatz und den Rest der Stadt. Die Therme Meran ist durch einen unterirdischen Tunnel mit dem Hotel verbunden; freier Eintritt für Hotelgäste (vgl. S. 63).

⊹ 233 D4
✉ Thermenplatz 1, 39012 Meran
☎ 0473 25 90 00
🌐 www.hoteltermemerano.it

Stadthotel Bellevue €€€
Schon von außen entfaltet das denkmalgeschützte Stadthotel den ganzen Charme eines Grandhotels der Belle Époque. Das 1883 erbaute, mit 30 Einzel- und 46 Doppelzimmern überschaubare Haus bietet im Zentrum der Kurstadt modernen Komfort und internationale Küche. Wer Service, Eleganz und Diskretion erwartet, ist hier gut aufgehoben.
⊹ 224 A2
✉ Freiheitsstr. 194, 39012 Meran
☎ 0473 44 76 21
🌐 www.hotel-bellevue-meran.it

TISENS/PRISSIAN

Pension Felsenegg €–€€
Das familiär geführte Haus hält für Sie voll ausgestattete Ferienwohnungen mit Garten und komfortable Zimmer mit schönen Ausblicken auf die Prissianer Bergwelt bereit. Vor der Haustür warten viele Spazier- und Wanderwege.
⊹ 228 A4
✉ 39010 Prissian
☎ 0473 92 09 07
🌐 www.felsenegg.it

Schloss Wehrburg €€
Über ein halbes Jahrhundert ist die ihrem Namen alle Ehre machende Wehrburg aus dem 13. Jh. schon Hotel. Unvergleichlich ist das Ambiente, weit reicht der Blick übers Land. So trutzig die Anlage wirkt, so komfortabel lässt sich hier in zwei Wehrtürmen und einem Palas wie Burgherr oder ein Burgfräulein wohnen. Auf den Zimmern gibt es bewusst keine Fernseher, schließlich soll man sich erholen und mit anderen ins Gespräch kommen. Die Übernachtungspreis schließt auch Halbpension ein.
⊹ 228 A4
✉ Prissian 7, 39010 Tisens/Prissian
☎ 0473 92 09 34
🌐 www.wehrburg.com

DORF TIROL

Hotel Brunnhofer €€
Das Badeparadies mit einer 60 m langen Rutsche, Wasserfall und großer Liegewiese verleiht dem Komforthotel einen besonderen Akzent. Das Haus mit seiner abwechslungsreichen Küche und Grillabenden auf der Panoramaterrasse ist Oase und idealer Ausgangspunkt für Wanderungen zugleich.
⊹ 224 A2
✉ Aichweg 33, 39019 Dorf Tirol
☎ 0473 23 78 08 🌐 www.brunnhofer.it

PARTSCHINS

Das Stachelburg €€€
Am Fuß des Partschinser Wasserfalls gelegen, bestimmen Holz und Naturfarben das zeitgenössische Design des Hauses mit Indoorpool und Sauna. Am Südhang genießen Sie den Panoramablick in Richtung Meran und erreichen im Nu die Texelgruppe und mehr als 20 Waal- und Wanderwege. Die Küche ist hervorragend und abwechslungsreich. Frühstück gibt es auf der Terrasse, nachmittags locken ofenfrische Mehlspeisen und Kaffeespezialitäten. Einmal die Woche leitet Baron von Kripp die Weinverkostung im Schlossweingut der Stachelburg.
⊹ 223 F3
✉ Wasserfallweg 7, 39020 Partschins
☎ 0473 96 73 10
🌐 www.hotel-stachelburg.com

ULTENTAL

Kalchgruberhof €
Auf der Sonnenseite des Ultentals (1450 m), 4 km vom Ortskern von St. Walburg, sind Sie mitten in der unberührten Natur. Die drei Ferienwohnungen im Bauernhaus sind rund 70 m² groß. Im Winter liegen die Langlaufloipe, der Eislaufplatz und ein schönes Skigebiet (mit Skikindergarten) sowie eine Rodelbahn vor der Tür. Gäste können Produkte vom Hausgarten beziehen.
⊹ 223 F2
✉ Dorf Nr. 489, 39016 St. Walburg/Ultental
☎ 0473 79 52 68
🌐 www.uab.it/kalchgruberhof

Wohin zum … Essen und Trinken?

Preise pro Person für ein Essen ohne Getränke:

€	unter 10 €
€€	10–20 €
€€€	über 20 €

MERAN UND UMGEBUNG

Castel Fragsburg €€€

Das noble Restaurant taucht in den Feinschmecker-Rankings zu Recht unter den besten des Landes auf (ein Michelin-Stern). Das ehemalige Jagdschlösschen liegt traumhaft auf einem Felsvorsprung hoch über Meran und scheint wie aus einem Märchen entsprungen. Außen mit Efeu umrankt, sind innen Designerstücke und antike Möbel geschmackvoll kombiniert. Im Sommer wird auf einer einmaligen Aussichtsterrasse aufgetragen, Meran zu Füßen und die Berge auf Augenhöhe. Tischreservierung erforderlich.

224 A2

Fragsburger Str. 3, 39012 Meran

0473 24 40 71 www.fragsburg.com

Ende April–Mitte Nov. tägl. 12–14, 19–21 Uhr

Kallmünz €€–€€€

Untergebracht im ehemaligen Wirtschaftsgebäude von Schloss Kallmünz im Meraner Zentrum, nutzt das 2003 eröffnete Restaurant die Mischung von alter Substanz und modernem Komfort zu einem lauschigen Ambiente mit dem Innenhof als Gastgarten. Die Gerichte werden vorwiegend mediterran interpretiert. Pro Menü können Sie zwischen fünf bis sechs Gängen wählen. Fische werden im Haus mariniert und geräuchert.

224 A2

Sandplatz 12, 39012 Meran

0473 21 29 17 www.kallmuenz.it

Feb.–Mitte Juli, Aug.–Mitte Jan. Mo–Sa 12–15 und 18–23 Uhr

Onkel Taa €€€

Serviert wird Leckeres aus der K.-u.-k.-Hofküche – Lieblingsgerichte von Kaiserin Sisi und Kaiser Franz: Egarter Flusskrebse oder Ungarisches Kalbsgulasch und zum Abschluss einen Gugelhupf. Das dazugehörige K.-u.-k.-Museum Bad Egart zeigt viel Trödel und Tand aus Habsburger Zeiten.

223 F3

Bahnhofstr.17, 39020 Partschins-Töll

0473 96 73 42 www.onkeltaa.com

Di–Sa 12–14.15 und 18.30–23 Uhr, So Abend geschl.

Schlosswirt €€

Die ambitionierte Küche des familiär geführten Hauses versorgt auch größere Gruppen schnell mit frischen und schmackhaften Gerichten. Dazu kommt ein schönes Ambiente: in der gotischen Stube um den mächtigen Kachelofen und auf der Sonnenterrasse mit schönem Panorama. Und in der Bar können Sie den Abend mit edlen Weinen und Destillaten ausklingen lassen.

224 B2

Schlossweg 2, 39017 Schenna

0473 94 56 20 www.schlosswirt.it

Mitte März–Mitte Nov., Dez. bis 1. Januarwoche Di–So 7.30–23 Uhr

Sissi €€€

Nach einem Besuch dieses Spitzenrestaurants (ein Michelin-Stern) werden Ihnen drei Dinge in Erinnerung bleiben: eine liebe- und fantasievolle Zubereitung der Speisen, die das Herz eines jeden Feinschmeckers höher schlagen lässt; eine Weinkarte, die allein das Wiederkommen lohnt; und eine helle, freundliche Atmosphäre. Direkt gegenüber der Landesfürstlichen Burg ist das Sissi eine sichere Adresse mit einer kleinen, aber feinen Karte, die italienische und Tiroler Kochtraditionen geschickt variiert.

233 D3 Galileistr. 44, 39012 Meran

0473 23 10 62

www.sissi.andreafenoglio.com

Di–So ab 12.15 und ab 19 Uhr

TISENS/GRISSIAN

Grissianer Hof €–€€

Idealer Wanderstopp ist das über dem Etschtal gelegene Hotelrestaurant mit Blick auf Terlan und Bozen, die Bergkulisse der Dolomiten und die Latemargruppe. In einem

stimmungsvollen Ambiente wird aufgetischt, was die typische Südtiroler Küche zu bieten hat.
✈ 228 A4 ✉ Grissian 6 A, Tisens/Grissian
☎ 0473 92 08 23 ⊕ www.grissianerhof.com
◑ Mitte März–Mitte Nov. Di–So 12–14 und 18–21 Uhr

DORF TIROL UND UMGEBUNG

Restaurant & Keller Ruster €–€€
Hier ist immer etwas los ist, weil sich die Gäste gerne in den Stuben, im Weinkeller oder im sommerlichen Biergarten austauschen – beispielsweise über das Essen. Verwöhnt werden sie mit Südtiroler Spezialitäten, originellen Gerichten und ausgewählten Weinen. Und im schattigen Biergarten wird frisch vom Fass gezapft; dazu gibt's die typische Südtiroler »Brettlmarende«, eine klassische Brez'n oder gegrillte Rippchen.
✈ 224 A2 ✉ St.-Kassian-Str. 1, 39022 Algund
☎ 0473 22 02 02 ⊕ www.ruster.it
◑ Mitte März–Dez. tägl. 11–23 Uhr

Schnalshuberhof €
Der Biobauernhof in Oberplars betreibt einen Buschenschank und ist für seine Käseknödel, Schupfnudeln, Bioweine und den Hausspeck bekannt. Zum Törggelen unbedingt vorbestellen.
✈ 224 A2 ✉ Oberplars 2, 39022 Algund
☎ 0473 44 73 24 ◑ März–Ende Juli/Anf. Aug. bis Mitte Dez. Do–So ab 18 Uhr

Trenkerstube €€€
Chefkoch Gerhard Wieser (zwei Michelin-Sterne) führt Sie in seinem Gourmetrestaurant (im Hotel Castel) mit Raffinement durch die Welt der klassischen, regionalen, mediterranen und italienischen Küche. Wählen Sie z. B. zwischen gebratener Jakobsmuschel auf Blumenkohl mit Sultaninen und Kapern, einem in Lagrein pochierten Nebraska-Rinderfilet mit Kartoffelrösti und Saubohnen oder Scampi in Pata-Negra-Schinken, angerichtet auf gebratenem Bassano-Spargel und Rosmarin. Reservierung obligatorisch.
✈ 224 A2
✉ Keschtngasse 18, 39019 Dorf Tirol
☎ 0473 92 36 93 ⊕ www.hotel-castel.it
◑ Mitte April–Okt.; Restaurant nur abends geöffnet; So/Mo geschl.

PASSEIERTAL

Saltauserhof €€
Wenn architektonische Schönheit und historisches Flair Ihnen etwas bedeuten, dann sind Sie in dem vielleicht schönsten Schildhof des Passeiertals richtig. Hier erleben Sie eine seit Jahrzehnten zu Recht gerühmte, frische und leichte Küche und ein wunderschönes Ambiente mit Kaminsaal, Kellerstüberl und den vielen kleinen Bauernstuben.
✈ 224 B2 ✉ Passeirerstr. 6, 39010 Saltaus
☎ 0473 64 54 03 ⊕ www.saltauserhof.com
◑ März–Nov. tägl. 7.30–11, 11.30–14.30 und 18–22 Uhr

Wohin zum … Einkaufen?

MERAN

Feinste Pralinen, dazu leckerer Kuchen und Kekse entstehen in der **Konditorei König** (Freiheitsstr. 168, Tel. 0473 23 71 62). Ein Hit ist die »Meran-Torte«, die seit dem 150. Jubiläum der Kurverwaltung wieder nach

Shopping-Pause mit Aperol-Spritz

einem alten Rezept hergestellt wird. Alles was Südtirol an Erzeugnissen bietet – ob Käse, Wurst, Säfte, Honig oder Schokolade bis hin zu Filzpantoffeln und den typischen blauen Bauernschürzen – erhalten sie bei Pur Südtirol (Freiheitsstr. 35, Kurhaus, Tel. 0473 01 21 40).

Guten Speck gibt es in der Metzgerei Siebenförcher (Lauben 168, Tel. 0473 23 62 74). Und weil das überlieferte Verfahren streng befolgt wird, hat der im Rauch von Buchenholz und Wacholderbeeren kaltgeräucherte Gottfried-Siebenförcher-Speck erst nach 20–24 Wochen einen Gewichtsverlust von 40 % und damit seine Reife erreicht.

Die zwei traditionsreichen Kellereigenossenschaften Meran und Burggräfler bilden gemeinsam die größte Kellerei im Westen Südtirols mit einer Auswahl von 400 Winzern der Region (Marling, Kellereistr. 9, Tel. 0473 44 71 37).

Alexandra Stelzer ist mit ihrem Label De Call ein fester Begriff in der Haute-Couture-Mode. Elegant schlichte Modelle und edle Stoffe sind ihr Markenzeichen (Luis Zuegg-Str. 72 A, Tel. 0473 20 14 44).

Dimitri hat etliche Jahre bei Jil Sander, Hugo Boss und Vivienne Westwood gearbeitet, bevor er seinen Shop in Meran eröffnete (Sandplatz 2, Tel. 0473 23 33 13).

Meraner Hanfpalmen zaubern mediterranes Flair in jedes Zuhause und gelten auch noch als besonders winterhart. In den Gärten von Trauttmansdorff (St.-Valentin-Str. 51 A, Tel. 0473 25 56 00) gibt es die Originalsamen.

DORF TIROL

Die Geschäftsleute haben mit der rasanten Tourismusentwicklung mitgehalten. Es gibt attraktive Einkaufsmöglichleiten – italienisches Design bis Loden-Look – und im Juli/August Abendshopping Mo 20–23 Uhr.

Mehrere Preise und eine anspruchsvolle Klientel sprechen für den von Eusebius und Margareth Gamper geführten Familienbetrieb Tiroler Goldschmied (Schloßweg 3, Tel. 0473 92 34 92). In dem Atelier im Zentrum von Dorf Tirol entstehen exklusive Schmuckstücke von bester Qualität, auch nach Kundenwünschen.

Ladurner Sport- und Trachtenmode (Hauptstr. 49, Tel. 0473 92 32 37) ist eine wahre Fundgrube. Zur großen Auswahl an Landhausmode für Damen, Herren und Kinder – vom einfachen Landhauskleid bis hin zum ausgefallenen Zweiteiler – kommt eine freundliche Kundenbetreuung mit eigener Schneiderei. Pfiffige Mode gibt's auch in Übergrößen.

Seit Jahrhunderten sind die Meraner Lauben ein Einkaufsparadies.

PASSEIERTAL

Ob romantisch verspielt oder nüchtern und streng – in der Dirndlstube Praxmarer (Kirchweg 10, St. Leonard, Tel. 0473 65 62 01) finden Sie eine schöne Auswahl von Trachten und Landhausmode, immer auch mit saisonalen Akzenten. Die freundliche und kompetente Beratung garantiert dabei, dass Ihnen nichts aufgeschwatzt wird.
Strickgarn, Wollvlies zum Filzen, Socken, Fäustlinge, Strick- und Walkwesten, Sarner Jacken, Walker, Schafwolldecken und Betten aus reiner Schafwolle finden Sie im Spinnradl (Kohlstatt 64, St. Leonhard, Tel. 0473 65 61 92). Der seit 1948 existierende Familienbetrieb des Haller Franz verarbeitet in schweißtreibender Arbeit die frisch geschorene Südtiroler Schafwolle zu Wollvlies oder Strickwolle, die dann in liebevoller Strick- und Näharbeit zu Kleidung wird.

Wohin zum ... Ausgehen?

SPORT/SPIEL

Kalkulierten Nervenkitzel können Sie im Hochseilklettergarten auf der Familienalm Taser (Familie Gamper, Bergstr. 33, Schenna, Tel. 0473 94 56 15, www.familienalm.com) erleben. Die Anlage, eine der ganz großen in Europa, ist für Menschen ohne Höhenangst gedacht; so geht es beispielsweise über eine 45 m lange Hängebrücke. Auf 1500 m verläuft der Parcours an einem Hang zwischen Lärchen und Fichten. Die höchste Plattform schwebt 12 m über dem Grund und bietet nebenbei eine Traumaussicht auf die Ortlergruppe. Sie verlassen den Hochseilgarten über eine fast 60 m lange Seilrutsche.
Im Erlebnisbads Naturns (Feldweg 5, Tel. 0473 66 80 36, wechselnde Öffnungszeiten, www.erlebnisbad.it) locken eine 75-m-Rutsche, Sprudel- und Massageliegen, sowie eine ausgedehnte Saunalandschaft.
Wem 18 Löcher zu viel sind oder wer überhaupt sein erstes »Hole-in-one« schlagen will, hat dazu Gelegenheit auf der schön gelegenen und gepflegten Anlage des Golfclub Lana (Gutshof Brandis, Brandisweg 13, Tel. 0473 56 46 96). Der Gutshof als Clubhaus mit Restaurant und Sonnenterrasse (Etschtalblick) eignet sich für die »Platzrunde danach« oder als Pausenfüller für nicht golfende Partner.
Nicht nur für Pferdeliebhaber ein Ereignis ist der Pferderennplatz in Meran-Untermais (Gampenstr. 37, Tel. 0473 44 62 22, www.meranomaia.it), einer der schönsten Europas. Der Kalender weist 25 Renntage von Mai bis Oktober auf. Neben den Wettbewerben über spektakuläre Hindernisparcours finden jeweils auch diverse Pferderennen statt. Folkloristische Highlights sind das Bauerngaloprennen am Ostermontag und das »Maia Oktoberfest«. Hier erwarten Sie Renn-, Wett- und Trainingsatmosphäre vom Feinsten.

THEATER/MUSIK

Um die 100 Aufführungen kommen im Meraner Theater in der Altstadt (Freiheitsstr. 27, Tel. 0473 21 16 23) jährlich auf die Bühne. Es gibt ein Theater mit 120 Plätzen und eine Studiobühne mit 60 Plätzen. Der Schwerpunkt liegt auf Eigenproduktionen.
Aktuelle Informationen zu den Musikalischen Sommerabenden in Meran erhalten Sie bei der Kurverwaltung (Freiheitsstr. 45, Tel. 0473 27 20 00, Juli/Aug.). Die Konzerte im Freien auf der Kurpromenade decken einen breiten Publikumsgeschmack ab und werden ergänzt durch Theater, Folklore und Modeschauen.

DISKOTHEKEN/MUSIK

Die Clublounge Sketch (Passerpromenade 40, Meran, Tel. 0473 21 18 00, Di–Sa 17–1, So bis 24 Uhr, bei Events bis 3 Uhr) gilt als aktuelle Topadresse für After-Work-Drinks und Cocktails, am Abend sorgt ein DJ für gute Stimmung.
Im Braugarten Forst (Vinschgauer Str. 9, Algund, Tel. 0473 44 77 27, Ende April–Sept. tägl. 10–24 Uhr) gibt es von Mai bis August donnerstags einen Dämmerschoppen mit Livemusik.

Der Burgenwanderweg verbindet Schloss Korb mit Schloss Boymont.

Bozen und der Süden

Die Landeshauptstadt fasziniert mit einem Kulturmix, die Dörfer der südlichen Weinstraße mit Burgen zwischen Weinbergen.

Seiten 86–119

Erste Orientierung

Sehr chic, sehr spannend und sehr europäisch gibt sich Bozen. In der Landeshauptstadt klappt die Harmonie zwischen Tiroler und italienischer Lebensart. Bäuerlich sind dagegen die Traditionen im ruhigen Sarntal, Wein und Sonne sind die Konstanten in den Dörfern der burgenreichen Weinstraße südlich von Bozen.

In der schönen Altstadt von Bozen, dem Handelszentrum der Region mit Universität, wird unter den Arkadengängen der Lauben exklusive Mode und trendiges Design, aber auch traditionelles Kunsthandwerk angeboten. Zwei Drittel der Hauptstädter sind italienischsprachig. Das schlägt sich im Bild der Altstadt nicht unbedingt nieder und auch nicht in den Sommerfrischegebieten oberhalb der Stadt. Wer das italienische Bozen finden will, geht über die Talferbrücke ins »neue Bozen«. Das traditionelle Tirol hat sich im Sarntal erhalten. Das südliche Unterland ab Terlan wird hauptsächlich von Weinbau und edlen Burgen und Ansitzen geprägt. Der Kalterer See vervollständigt dieses Paradies für Wanderer und Radfahrer mit einem kleinen, aber feinen Surf-, Segel- und Baderevier für Freunde des Wassersports.

TOP 10

2 ★★ Bozen

6 ★★ Eppan

Nicht verpassen!

28 Sarntal

29 Tramin

Nach Lust und Laune!

30 Tschögglberg

31 Ritten

32 Terlan

33 Kalterer See

34 Kurtatsch & Margreid

35 Salurn

36 Neumarkt

37 Castelfeder & Auer

38 Leifers & Branzoll

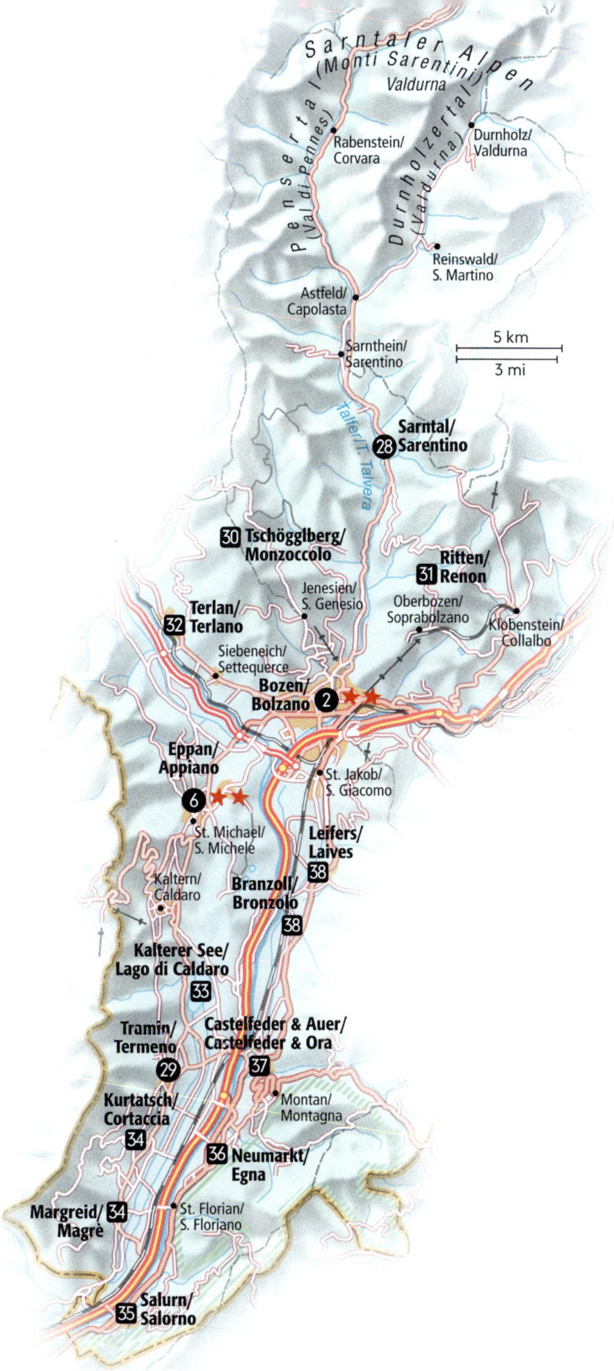
Sarntaler Alpen
(Monti Sarentini)
Valdurna
Penser tal
(Val di Pennes)
Durnholzertal
(Valdurna)
Rabenstein/
Corvara
Durnholz/
Valdurna
Reinswald/
S. Martino
Astfeld/
Capolasta
Sarnthein/
Sarentino
5 km
3 mi
Talfer/T. Talvera
28 Sarntal/
Sarentino
30 Tschögglberg/
Monzoccolo
Ritten/
31 Renon
Jenesien/
S. Genesio
Oberbozen/
Soprabolzano
Klobenstein/
Collalbo
Terlan/
32 Terlano
Siebeneich/
Settequerce
Bozen/
Bolzano 2
Eppan/
Appiano
6
St. Jakob/
S. Giacomo
St. Michael/
S. Michele
Leifers/
Laives
38
Kaltern/
Caldaro
Branzoll/
Bronzolo
38
Kalterer See/
Lago di Caldaro
33
Tramin/
Termeno
29
Castelfeder & Auer/
Castelfeder & Ora
37
Montan/
Montagna
Kurtatsch/
Cortaccia
34
36 Neumarkt/
Egna
Margreid/ 34
Magrè
St. Florian/
S. Floriano
Salurn/
35 Salorno

Mein Shoppingtag in Bozen

Die Landeshauptstadt gibt sich chic und traditionsbewusst. Die Läden bieten eine reiche Auswahl, man kann sich entspannt durch die schönen Gassen der Stadt treiben lassen und hin und wieder auch mal eine Erholungspause einzulegen.

9 Uhr: Luftig unterwegs mit dem Rad

Das Frühstück kann kaum leckerer beginnen als mit selbstgebackenen Kuchen von Bozner Hausfrauen, wie sie jeden Morgen im Hotel Greif (S. 114) aufgetischt werden. Und weil das Hotel seinen Gästen auch kostenlos Fahrräder zur Verfügung stellt, können Sie es den Boznern gleich tun und an heißen Sommertagen Ihre Shoppingtour durch ❷ ★★ Bozen sehr luftig gestalten. Einen Parkplatz direkt vor den Geschäften finden Sie so immer.

10 Uhr: Allwetter-Shoppen unter Arkaden

Aufdringliche Werbung? Fehlanzeige! In den Lauben trumpfen die Fassaden mit Fresken, Stuckverzierungen und Erkern auf. Geschützt vor Sonne oder Regen wird hier schon seit dem Mittelalter Handel betrieben und viele Geschäfte sind noch in Familienhand.

In Erinnerungen an alte Zeiten schwelgen können Sie in der Apotheke zur Madonna (1443) mit historischen Holzschränken voll von Töpfchen und Tiegelchen.

15 Uhr: Regionales Schlemmerparadies
10 Uhr: Allwetter-Shoppen unter Arkaden
15 Uhr
100 m
100 yd
Obstmarkt
Franziskanerg.
Dr.-Streiter-Gasse
10 Uhr
Rizzolli
Laubengasse
Rathausplatz
Bistro Thaler
Oberrauch Zitt
Südtiroler Werkstätten
Apotheke zur Madonna
13 Uhr
Kornplatz
Silbergasse
Laurinstr.
13 Uhr: Fast wie in Paris
Start
Mustergasse
Waltherplatz
Hotel Greif
Parkhotel Laurin
Jhr
9 Uhr
16 Uhr
Dominikanerplatz
talgasse
Pfarrplatz
Dompfarrkirche
Bahnhofallee
16 Uhr: Oase unter Baumriesen
9 Uhr: Luftig unterwegs mit dem Rad
18 Uhr: Kunst im Neon-Kubus

Das Familienunternehmen Thaler verbindet Tradition mit Lifestyle unter den Lauben, die Parfümerie gibt es seit 1763.

Auf dem Bozner Obstmarkt duftet es Montag bis Samstag nach Käse, Kräutern und Schinken.

Auf der Suche nach einem landestypischen Mitbringsel werden Sie bei den Südtiroler Werkstätten fündig. Das Traditionhaus Rizzolli ist für seine Filzpatschen bekannt.

Im Stammhaus von Oberrauch Zitt, einem renommierten Loden- und Trachtengeschäft, ist die Geschichte des Hauses an Gemälden und Fresken ablesbar.

13 Uhr: Fast wie in Paris

Eine kleine Pause legen Sie in der Parfümerie Thaler ein. In alten Apothekerschränken werden edle Duftflakons kleiner italienischer und französischer Manufakturen offeriert. Es gibt eine Champagnerbar mit mehr als 250 Sorten Perlweinen und ein Dachterrassen-Bistro mit herrlicher Aussicht auf den Waltherplatz, wo Sie auch eine Kleinigkeit essen können. Bei Champagner und edlen Düften fühlt man sich wie in Paris.

15 Uhr: Regionales Schlemmerparadies

Mehr als nur Obst und Gemüse gibt es am Obstmarkt gleich am Eingang zur Laubengasse. Die Marktstände sind ein Treffpunkt der Kulturen und ein Ort der kulinarischen Genüsse.

16 Uhr: Oase unter Baumriesen

Während der Nachmittagshitze findet sich mitten in der Stadt und doch völlig abgeschieden der traumhafte Privatpark des Hotels Laurin. Unter jahrhundertealten

Der futuristische Kubus voller bedeutender Gegenwartskunst erstrahlt nachts; die schwingenden Brücken setzen das architektonische Thema des Museums fort.

Zedern, dem Duft von Kamelien, wilden Orangen und Rosen lässt es sich im kühlen Schatten wunderbar rasten, an erlesenen Kunstobjekten vorbeiflanieren oder den Poolschwimmern beim Bahnenziehen zusehen. Der Park ist öffentlich und steht nicht nur Hotelgästen offen.

18 Uhr: Kunst im Neon-Kubus

Und wo man schon mal bei Kunst ist, kann man im modernsten Museum der Stadt, dem Museion (S. 97, 98), im Shop »Books & Things« ausgefallene Kunsteditionen und Designhandwerk kaufen. Jeden Do ab 18 Uhr ist der Eintritt in die Ausstellung frei. Wenn es dunkelt, wird die Museumsfassade in Neonfarben beleuchtet oder mit Videoinstallationen bespielt.

i

Apotheke zur Madonna
232 E2 Lauben 17, Bozen
0471 97 67 49
www.farmaciamadonna.com
Mo–Sa 8.30–24, So 9.30–16 Uhr

Südtiroler Werkstätten
232 D2 Lauben 39, Bozen
0471 97 85 90 www.werkstaetten.it
Mo–Sa 9.30–18.30 Uhr

Rizzolli
232 D2 Lauben 60, Bozen
0471 97 35 60
www.rizzolli.com
Mo–Fr 9.30–19, Sa 9.30–18 Uhr

Oberrauch Zitt
232 D2 Lauben 67, Bozen
0471 97 21 21
www.oberrauch-zitt.com
Mo–Fr 10–13.30 und 14.30–19, Sa 10–18 Uhr

Bistro Thaler
232 D2 Lauben 69, Bozen
0471 31 30 30
https://thaler.bz.it
Mo–Sa 9–23 Uhr

② ★★ Bozen (Bolzano)

Warum?	Multikulturelle Landeshauptstadt
Was?	Shoppen in den Lauben, Museion und »Ötzi« besuchen
Wie lange?	Ein bis zwei Tage
Wann?	Im Frühjahr oder Herbst, wenn es im Talkessel nicht mehr so heiß ist
Was noch?	Auf den Ritten in die Sommerfrische fahren
Resümee	La deutsche Vita

Wo Eisack, Etsch und Talfer im Talkessel zusammenfließen, liegt die Landeshauptstadt Südtirols, umgeben von 40 Burgen. Die Laubengasse aus dem 11. Jh. ist das Herz der Handels- und Einkaufsstadt, in der sich heute alle Vorzüge einer modernen multikulturellen Stadt erleben lassen.

Bozen liegt einem auf der Terrasse des Hotels Belvedere in Jenesien zu Füßen.

Vom Klima verwöhnt und von einer konfliktreichen Geschichte zusammengeführt, leben heute etwa 100 000 Menschen in Bozen. Das mittelalterliche Stadtzentrum ist ausgesprochen dynamisch und die Menschen sind vielsprachig – ein Umstand, der auch der Freien Universität und

ihren 4000 Studierenden zu verdanken ist. Die Studenten haben das Straßenbild verjüngt und die Zahl der Lokale und das Kulturangebot wachsen lassen. Sie haben dem Fahrrad zum Durchbruch verholfen, auch zum Nutzen der Touristen: Zahlreiche Fahrradwege erschließen die Stadt und nähere Umgebung, zudem bietet das Verkehrsamt Leihräder und geführte Touren an. Vor allem für die Erkundung der zu Mussolinis Zeiten großzügig ausgebauten Neustadt jenseits der Talfer empfiehlt sich ein Fahrrad.

Die Laubengasse ist die schickste Einkaufsmeile von Bozen.

Gotische Hallenkirche

Auf dem Waltherplatz im Zentrum der Altstadt wurde dem Minnesänger Walther von der Vogelweide ein Denkmal aus Laaser Marmor gesetzt. Am Rand des Platzes ragt der gotische Dom mit dem 62 m hohen Glockenturm aus dem 16. Jh. auf, dessen Fundamente (5. Jh.) und romanische Mauern auf eine noch ältere Historie hinweisen. Das Langhaus zeigt sich heute als dreischiffige gotische Hallenkirche (13. Jh.) mit einem barocken Hochaltar und einer schönen Sandsteinkanzel (1514). An der Westfassade beeindrucken besonders das romanische Portal mit der lombardischen Vorhalle und das wundertätige Fresko der Plappermutter von Friedrich Pacher (Brixner Schule).

Eine Legende besagt, dass dorthin gebrachte Kinder mit Sprachproblemen nach drei Tagen zu reden anfingen. Das »Weintor« oder »Leitacher Törl« finden Sie an der Nordseite; hier verkaufte der Pfarrer seinen Wein aus dem Leitacher Riedl. So klein die Dompfarrkirche auch ist, beim Blick von den die Stadt umgebenden Hängen wird deutlich, dass der Dom das Stadtbild prägt und zu Recht als Wahrzeichen von Bozen gilt.

Außergewöhnliche Wandmalereien

Die nach großen Bombenschäden ab 1950 wieder aufgebaute Dominikanerkirche aus dem 13. Jh. fasziniert hingegen vor allem von innen. Der Kreuzgang wurde um 1497 hauptsächlich von Friedrich Pacher mit einer Armenbibel voller Szenen aus dem Alten und Neuen Testament ausgemalt.

Ebenfalls erhalten geblieben sind die außergewöhnlichen Wandmalereien in der Johanneskapelle. Hier sehen Sie ausdrucksstarke Bildfolgen, darunter den Triumph des Todes mit individuellen Porträts in völliger Abkehr von dem bis dahin herrschenden, stark symbolisierenden byzantinischen Stil. Sie wurden von Künstlern der Bozner Schule geschaffen, der zweiten bedeutenden Südtiroler Malschule des Mittelalters. Die ersten Meister waren als Schüler des genialen Giotto di Bondone (1266–1337) durch die Bozner Bankiersfamilie de Rossi in die Stadt geholt worden.

Italienischer Chic und Tiroler Tracht

Die für derartige Kunstförderung nötigen Mittel stammten aus dem Handel, der schon seit 900 Jahren die exklusive Einkaufswelt der Laubengasse prägt: Italienischer Chic wechselt mit Tiroler Tracht, gemeinsam ist allen Produkten die hohe Qualität, Schnäppchenjäger werden hier weniger fündig. Viele Läden liegen oft auch in der zweiten Reihe in engen Gängen und Höfen.

Im Westen schließt der Obstmarkt (Mo–Sa 8–19 Uhr) mit seinem prächtigen Angebot an die Lauben an. Über ihn wacht mit strengem Blick der Meeresgott Neptun auf seinem Brunnen, der wegen seines Dreizacks volkstümlich Gabelwirt genannt wird. Gegenüber erinnern die »Fischbänke« an den Fischmarkt, der einst hier abgehalten wurde. Heute ist hier im Sommer eine beliebte Freiluftbar.

Fülle von Prachtbauten

Ruhiger ist es auf dem Kornplatz im ältesten Teil der Stadt mit dem Waaghaus, wo bis 1633 die Fronwaage stand. Von hier verläuft die Silbergasse mit dem Merkantilpalast (Lauben Nr. 39). Er wurde in der Renaissance für das Merkantilgericht der Messestadt gebaut, das über Handel und Finanzen entschied. Heute beherbergt er die museale Aufarbeitung der erfolgreichen Wirtschaftsgeschichte der Stadt, die Sie auch in der Mustergasse an der Fülle von Prachtbauten wohlhabender Bürger ablesen können. Oder Sie betrachten in der Bindergasse die historischen Wirtshausschilder.

So könnte »Ötzi« ausgesehen haben; das Original friert in der Kältekammer (links); zeitgenössische Entdeckungen im Museion (rechts)

Kunst-Kubus

Das Museion ist eines der bedeutendsten zeitgenössischen Kunstmuseen im Alpenraum. Seine transparente, futuristische Architektur bildet einen auffälligen Kontrast zu den Bürgerhäusern der Umgebung. Besonders eindrucksvoll ist das Museion am Abend, wenn es in Neonfarben leuchtet.

Hochalpiner Jäger

Zum Publikumsmagneten hat sich das Südtiroler Archäologiemuseum mit seiner bis ins Mittelalter reichenden Darstellung der Landesgeschichte entwickelt. Vor allem aber zieht der Mann aus dem Eis die Besucher an, die hier alles über das Leben in den Alpen vor 5300 Jahren erfahren. Die Mumie wird tiefgekühlt aufbewahrt, Kleidung und Werkzeuge detailliert erklärt sowie »Ötzis« Fundort anschaulich dargestellt. In seiner realistischen Nachbildung wird der hochalpine Jäger im Strohmantel mit Axt, Pfeil und Bogen sicher nicht nur durch Kinderträume geistern.

Schlösser rund um Bozen

Als Burg wie aus dem Bilderbuch gilt Schloss Runkelstein am Eingang zum Sarntal wegen seiner um 1400 gemalten Fresken, die u. a. Rittersagen und Jagdszenen darstellen. In

den Sälen und im Burghof werden Konzerte gegeben.

Nahe der Altstadt liegt Schloss Maretsch, heute ein Zentrum für Kongresse, Ausstellungen, Konzerte und Kulturabende. Hier lohnt sich der Spaziergang durch die Weingärten mit Blick auf den Rosengarten. Burg Sigmundskron machte Herzog Siegmund der Münzreiche von Tirol zur prächtigsten Festung des Landes. Hier eröffnete Reinhold Messner das Mountain Museum Firmian.

Der Schuh des verunglückten Bruders von Reinhold Messner im MMM Firmian

KLEINE PAUSE

In seiner **Gelateria Avalon** (Freiheitsstr. 44, www.officinadelgeloavalon.eu, im Sommer tägl. 11–22 Uhr) verwendet Paolo Coletto für das beste Bio-Eis der Stadt vor allem saisonales Obst. Ungefähr 30 Geschmacksrichtungen sind verfügbar.

---

i

228 B/C3/4

Verkehrsamt der Stadt Bozen
232 E3
Südtiroler Str. 60, 39100 Bozen
0471 30 70 00
www.bolzano-bozen.it
Leihfahrräder 5 € pro Tag

Dom
232 E3 Waltherplatz, Bozen
0471 97 86 76 Mo–Fr 7.30–18, So 8–20 Uhr; Domschatzkammer: Di–Sa 10–12.30 und 14–17 Uhr
Domschatzkammer 3 €

Dominikanerkloster
232 C/D3/4
Dominikanerplatz, Bozen
0471 97 31 33
Mo–Sa 9.30–17, So 12–18 Uhr; Kreuzgang: Mo–Fr 9.30–17.30, Sa nur bis 12.30 Uhr

Museion – Museum für moderne Kunst
232 B4 Dantestr. 6, Bozen
0471 22 34 13 www.museion.it
Di–So 10–18, Do bis 22 Uhr
7 €, Do ab 18 Uhr frei

Südtiroler Archäologiemuseum (Ötzi-Museum)
232 C2
Museumstr. 43, Bozen
0471 32 01 00
www.iceman.it
Di–So 10–18 Uhr, Juli/Aug., Dez. auch Mo 9 €

Schloss Runkelstein
228 C4
15 Sill, 39100 Renon
0471 32 98 08
www.runkelstein.info
Di–So 10–18 Uhr, Nov.–März bis 17 Uhr 8 €

Schloss Maretsch
228 C4
Cl.-de'-Medici-Str. 12, Bozen
0471 97 66 15 www.maretsch.info
Mo–Fr 9–12.45 und 14–17 Uhr 5 €

Mountain Museum Firmian
228 B3
Sigmundskronerstr. 43, Bozen
0471 63 12 64
www.messner-mountain-museum.it
3. So im März–Mitte Nov. tägl. außer Do 10–18 Uhr 10 €

Schlemmen in der Bimmelbahn

Nach alter Tradition entfliehen die Bozner dem heißen Talkessel der Hauptstadt im Sommer hinauf auf ihren Hausberg, den Ritten. Dort herrscht endlich Sommerfrische. Wenn dann noch die historischen Wagen der Rittner Schmalspurbahn von 1908 zu kulinarischen Nachtfahrten verkehren, steht auch Romantik unterm Sternenhimmel auf dem Programm, begleitet von Stopps an fünf Haltestellen zwischen Ritten und Klobenstein, wo Rittner Gastwirte die Passagiere mit Speisen, Wein und Musik verwöhnen.

Infos unter www.ritten.com

6 ★★ Eppan (Appiano)

Warum?	Größte Wein- und Burgenvielfalt in ganz Südtirol
Was?	Weinsafari
Wie lange?	Einen ganzen Tag
Wann?	Im Frühjahr, wenn der neue Wein ausgeschenkt wird, oder im Herbst zur Weinernte
Was noch?	In einem der vielen Ansitze oder Burgen Quartier beziehen
Resümee	Weinreben soweit das Auge reicht

Die größte Weinbaugemeinde Südtirols liegt im Tal der Etsch, eingebettet zwischen der Wand des Mendelkamms im Westen und abgeschirmt nach Osten durch den waldreichen Mitterberg. Die Gemeinde mit 200 kunsthistorisch wertvollen Bauten – Burgen, Schlössern, Ansitzen und Herrenhäusern – gilt als das burgenreichste Gebiet Europas.

Malerische Reblandschaften umgeben Eppan.

Der Zusammenschluss der Ortschaften St. Michael, St. Pauls, Berg, Missian, Perdonig, Gaid, Unterrain, Girlan, Frangart und Montiggl trägt den Namen Eppan; einen Ort dieses Namens selbst gibt es jedoch nicht. Zusätzlich verwirrend: In alter Zeit war Eppan ein Synonym für St. Pauls, heute ist St. Michael gemeint.

Von Frühjahr bis Herbst wirkt die Landschaft von Eppan dank nicht enden wollender Rebflächen und Apfelwiesen paradiesisch: Fast 2000 Sonnenstunden im Jahr sind hervorragend für den Wein, der später in den Fässern von mehr als 20 Kellereien reift. Viele Burgen kann man nicht besichtigen, da sie in Privatbesitz sind oder als Luxushotels dienen. Das mächtige Renaissanceschloss Gandegg im Ortsteil Pigen und Schloss Freudenstein bei Berg sind schöne Landmarken.

Steingerahmte Fenster geschützt von hölzernen Fensterläden in Eppan

Überetscher Stil

Dagegen ist das Volkskundemuseum auf Schloss Moos-Schulthaus ein hervorragendes Ziel für alle, die sich für einstige Wohnkultur und Tiroler Kunst des 20. Jhs. interessieren. Auch wenn die Ansitze dieser Region Zweckbauten waren, zu denen Scheunen, Ställe und andere Nebengebäude gehörten, haben viele von ihnen schlossähnlichen Charakter. Im sogenannten Überetscher Stil relativierten die Bauherrn in der Renaissance die Optik starker Mauern gefällig durch steingerahmte Doppelbogenfenster mit einer schlanken Mittelsäule, Ziergitter, Erker, anmutige Balkone, Laubengänge und Freitreppen.

Für einen Einkaufsbummel eignet sich am besten St. Michael mit seinen Bürgerhäusern aus der Renaissance und seinen schönen Lauben. In Girlan treffen sich Einheimische und Besucher alle vier Jahre zum Kellerfest (nächster Termin: 2021) und jährlich zu St. Martin am 11. November auf einem großen Markt. Näher noch zum Bozner Talkessel liegt Frangart, eine Oase der Ruhe und ein Paradies für Radfahrer mit wunderbarem Blick auf Schloss Sigmundskron.

Burg Hocheppan – Kunst hinter Mauern

Die Burg Hocheppan ist ab Missian auf einem promenadenartigen Fußweg erreichbar. Die Anfänge der Burg gehen auf das 12. Jh. zurück. Sie war einst Stammsitz der Grafen von Eppan, einer Seitenlinie der Welfen. Im 13. und 16. Jh. erfolgten Um- und Ausbauten der Wehranlage. Berühmteste Sehenswürdigkeit ist die Burgkapelle mit ihren Fresken.

1 Kreidenturm Talwärts steht der sogenannte Kreidenturm aus dem 12. Jh.; »Kreiden« bedeutete soviel wie »Rufen« oder »Schreien«, was auf seine einstige Bedeutung als Wachturm hinweist.

2 Zugbrücke Von der ehemaligen Zugbrücke sind nur noch die sogenannten Auflager erhalten.

3 Rondell Das vorgelagerte, offene Rondell ist eine Erweiterung aus dem 16. Jh.

4 Vorburg Zur gleichen Zeit wie das Rondell wurde auch die Vorburg mit Torzwinger und Batterietürmen als zusätzlicher Schutz angebaut.

5 Bergfried Der 30 m hohe Bergfried hat einen fünfeckigen Grundriss. Bei einer Belagerung sollten dadurch die Geschosse besser abprallen. Angeblich konnte man von hier aus 36 andere Burgen sehen.

6 Burgkapelle Die Entstehungszeit der Burgkapelle lässt sich nicht genau benennen und schwankt zwischen 1130 und 1300. Der einschiffige Raum hat drei Apsiden, was für seine Größe sehr ungewöhnlich ist. 1926 wurden hier die berühmten Fresken freigelegt.

Über Unterrain mit dem Kirchlein St. Nikolaus und seinen schönen Gebäuden wie dem Ansitz Hungerhausen gelangen Sie dann quer über einen bewaldeten Höhenzug nach St. Pauls. Der Ort beeindruckt mit einem historischen Ortskern, der von der auch »Dom auf dem Land« genannten Pfarrkirche Pauli Bekehrung (1460–1560) dominiert wird; zu ihr gehört die 3860 kg schwere Glocke Anna-Maria.

Burgenwanderung

Der nächste Ort in nördlicher Richtung ist Missian. Das Dorf ist Ausgangspunkt einer beliebten Wanderung zu den drei Burgen und Schlössern Hocheppan, Boymont und Korb.

Burg Hocheppan (S. 102) mit dem massigen fünfeckigen Bergfried und den starken Mauern war einst Stammsitz der Grafen von Eppan. Zu den Mittelaltertagen schlagen hier viele Vereine ihre Zelte auf und ein buntes Volk aus Rittern und Edeldamen, Spielleuten, Knechten, Handwerkern und Mägden entführt in die Zeit um 1400.

Die Burgkapelle mit ihren einzigartigen romanischen Fresken ist das Highlight von Hocheppan, sie gilt als Sixtinische Kapelle der Alpen: Biblische Szenen wechseln mit Jagdmotiven. Bei der Hochzeit von Kanaa gibt es Wurst, im Stall von Bethlehem Knödel. Das Bild der »Knödelesserin« gilt als erste Dokumentation eines Tiroler Knödels!

»Die Knödelesserin«, eine Wandmalerei aus dem 13. Jh. in der Burgkapelle von Burg Hocheppan, gilt als erster Beleg für den Tiroler Knödel.

Schloss Korb brilliert heute als Hotel (S. 117), während Schloss Boymont (1230) seit einem Brand (15. Jh.) nur noch eine Ruine ist.

Eisige Kälte im Sommer

Im Südwesten von Eppan wartet eine geologische Besonderheit: Am Fuß des Gandbergs liegen in einer 200 m langen und bis zu 50 m breiten Senke zahlreiche große Felstrümmer. Aus ihren Spalten, den Eppaner Eislöchern, weht eiskalte Luft aus einem im Berg verzweigten Röhrensystem, wo es

selbst im Hochsommer zu Eisbildungen kommt. Die Eislöcher sind auf einem gut markierten Wanderweg vom Hotel Stroblhof in einer halben Stunde zu erreichen und sorgen in heißen Sommern für angenehme Kühle.

Der 89 m hohe Pfarrkirchturm von St. Pauls ist schon von Weitem zu sehen.

KLEINE PAUSE

In der modernen Vinothek der **Kellereigenossenschaft St. Pauls** (Schloss-Warth-Weg 21, Mo–Fr 9–12.30 und 15–19, Sa 9–12.30 Uhr) können Sie einen köstlichen Exkurs in die lokalen Genusswelten unternehmen.

228 B3

Tourismusverein Eppan
Rathausplatz 1, 39057 Eppan
0471 66 22 06
www.eppan.com

Schloss Moos-Schulthaus
Schulthauserweg 4, Eppan
0471 66 01 39
Führungen: Ostern–Okt. Di–Sa 10, 11, 16, 17 Uhr 7 €

Burg Hocheppan
Hocheppanerweg 16
39050 St. Pauls-Missian
0471 63 60 81
www.hocheppan.it
März–Anfang Nov. Do–Di 10–18 Uhr; Führungen Kapelle: tägl. außer Mi 11–16 Uhr
Kapelle: 7 €, Burgschänke tägl. außer Mi 10–18 Uhr

㉘ Sarntal (Sarentino)

Warum?	Unberührte Landschaft von Burgen bewacht
Was?	Brauchtum und mehr als 100 Steinfiguren entdecken
Wie lange?	Einen ganzen Tag
Wann?	Im Frühsommer
Was noch?	Der geografische Mittelpunkt Südtirols
Resümee	Hier werden noch alte Traditionen gepflegt

Das Sarntal zieht sich von Bozen über fast 50 km – zunächst als enge Schlucht zwischen dem Ritten und dem Tschögglberg, dann immer weiter werdend – bis hoch zum Penser Joch (2215 m). Durch die Abgeschiedenheit haben sich im Sarntal Tracht, Brauchtum und Kunsthandwerk über die Jahrhunderte in ganz besonderer Weise erhalten.

22 Tunnel waren nötig, um die Straße entlang der Talfer durch die enge Schlucht hinauf ins Sarntal zu führen. Erst um 1900 gab es die erste wagentaugliche Verbindung. Hoch über der Straße sieht man die Ruinen zahlreicher Burgen, die wie Adlerhorste zum Teil sogar völlig unzugänglich sind. Aber bald schon öffnet sich das Tal auf eine weit ausladende Wiesenlandschaft mit bewaldeten Hängen und eingestreuten Bauernhöfen.

Lebendige Werkstatt

Aufgrund der Abgeschiedenheit hat sich hier manche Eigenheit erhalten. So tragen die Sarner an Sonntagen und oft auch unter der Woche ihre Tracht. Prunkstücke daran sind die breiten Ledergürtel und die mit den Kielen von Pfauenfedern bestickten Hosenträger, die zu engen, kurzen Hosen getragen werden. Neben dem Beruf des Federkielstickers haben sich auch die Berufe des Korbmachers, des »Reggele«-Machers (Pfeifenschnitzer) und des Handwebers erhalten.

Auch die Kunst, Bauernmöbel zu bauen, sie mit Schnitzwerk zu verzieren und zu bemalen, lebt weiter. Mehrmals im Jahr wird eine »Lebendige Werkstatt« organisiert, bei der Sie den Kunsthandwerkern über die Schulter schauen können.

Im Sarntal trägt man nicht nur zur Fronleichnamsprozession Tracht.

Rätselhafte Steinfiguren

Hauptort des Tals ist Sarnthein, dessen alte einfache Häuser ganz besonders schön sind. Ungewöhnlich ist, dass bereits um 1300 alle Dörfer, Nachbarschaften (Fraktionen) und mehr als 90 % der heute bestehenden Höfe namentlich dokumentiert waren. Von Schloss Reinegg (13. Jh., Privatbesitz) wurde über Jahrhunderte das Leben im Tal bestimmt. Heute pendelt jeder dritte Berufstätige nach Bozen.

Das fast am Talende gelegene Bergdorf Reinswald (1492 m) verfügt über ein feines Skigebiet. Hinter Pens geht es in den Sommermonaten hinauf zum Joch und hinüber ins Wipptal. Von der Straße zum Penser Joch zweigt eine gut ausgebaute Straße ab zum Dorf Durnholz (1558 m) mit dem zauberhaften Durnholzer See. In der Pfarrkirche zum Heiligen Nikolaus wurden farbenprächtige Fresken freigelegt.

Den Schöneck (2003 m) kennt kaum jemand, obwohl vermutlich schon viele am Gipfelkreuz gestanden haben. Die Bergkuppe ist sagenumwoben und bekannt als der Platz der »Stoanernen Mandln«. Mehr als 100 Steinfiguren geben Rätsel auf.

KLEINE PAUSE

Im **Weißen Rössl** (S. 117) bekommt man alles, was ein Traditionsgasthaus von 1876 in einem typischen Wandergebiet an Tiroler Küche auf den Tisch bringen kann. Es befindet sich in Astfeld, wo sich die Straße gabelt.

---

228 C4/5

Tourismusverein Sarntal
Kirchplatz 9, 39058 Sarnthein
0471 62 30 91
www.sarntal.com

㉘ Tramin
(Termeno)

Warum?	Heimat des aromatischen Weißweins Gewürztraminer
Was?	Weintasting in der Genossenschaftskellerei
Wie lange?	Einen ganzen Tag
Wann?	Im Frühjahr, wenn der neue Wein ausgeschenkt wird oder im Herbst zur Weinernte
Was noch?	Egetmann-Faschingsumzug (ungerade Jahre)
Resümee	In vino veritas

Schmal sind die Gassen, traditionsreich die Ansitze und behäbig die alten Weinhöfe am westlichen Rand des Etschtals. In der Heimat der namensgebenden, weltbekannten Rebsorte des Gewürztraminers dreht sich vieles um Wein und um den Egetmann-Umzug – uraltes Südtiroler Brauchtum, das nur noch hier gepflegt wird.

Unter Tramins Kulturdenkmälern nimmt das Kirchlein St. Jakob in Kastelaz, auf einem kleinen Weinberg oberhalb des Dorfs gelegen und weithin sichtbar, eine besondere Rolle ein. Es birgt in seinem Inneren die ältesten romanischen Fresken im deutschen Sprachraum, die eine unheimliche Sammlung von Fabelwesen zeigen.

Größer und vor allem höher ist die am Rathausplatz aufragende Pfarrkirche, deren gotischer Turm mit 93 m der höchste gemauerte Kirchturm Südtirols ist. Einer der beiden Freskenzyklen schildert das Martyrium der Kirchenpatrone, des hl. Quiricus und der hl. Julitta. Im ältesten Viertel von Tramin finden sich in die Jahre gekommene »Grafenhäuser«, die der Brand von 1796 stark beschädigte. Damals wurde fast das ganze Dorf von den Flammen erfasst. Besonders das nicht zugängliche Haus Nr. 6–12 fällt mit einem schönen wappengeschmückten Torbogen ins Auge. Es war einst der Sitz eines Augsburger Kaufmannsgeschlechts.

Das Dorfmuseum am Rathausplatz gibt einen guten Einblick in das Leben und den Alltag von Tramin – auch über den wilden Egetmann-Umzug.

Vinothek der Traminer Kellerei: Architekt Werner Tscholl entwarf den Rebstock aus grünem Stahl.

Lebendiges Brauchtum

Der Egetmann-Umzug (S. 18) mit seinen Wagen und historischen Figuren geht auf einen uralten Tiroler Fasnachtsbrauch (seit 1591) zurück, der früher im Etschtal verbreitet war, so in Nals, Neumarkt, Altrei, Salurn und Kurtinig. Er zieht jeweils am Faschingsdienstag der ungeraden Jahre durch die Straßen: Tausende Zuschauer folgen dem Schauspiel, in das der Egetmann, seine Braut und die Ratsherren verwickelt sind und bei dem auch manch Zuschauer mit Mehl, Senf oder Ruß beworfen oder auch schon mal in den Dorfbrunnen getaucht wird.

KLEINE PAUSE

In der **Genossenschaftskellerei Tramin** von Stararchitekt Werner Tscholl hat man von der Vinothek (Weinstr. 144, April–Okt. Mo–Fr 9–19, Nov.–März bis 18, Sa 9–17 Uhr) einen fantastischen Ausblick auf die umliegenden Rebfelder und kann aromatischen Gewürztraminer probieren.

---

228 B2

Tourismusverein Tramin
✉ Mindelheimerstr. 10 A
39040 Tramin
☎ 0471 86 01 31 🌐 www.tramin.com

St. Jakob in Kastelaz
Mitte März–Mitte Nov. tägl. 10–18 Uhr, Führung auf Anfrage 2 €

Dorfmuseum
✉ Rathausplatz 9
☎ 328 560 36 45
🌐 www.dorfmuseum-tramin.com
Ostern–Okt. Di–Fr 10–12, Di, Do auch 16–18 Uhr, Führungen nach Anmeldung: Di 16, Mi 10.30 Uhr
3 € mit Führung 10 €

Nach Lust und Laune!

30 Tschögglberg (Monzoccolo)

Steil fallen die Wände des Salten am Nordrand von Bozen zu den Flüssen Etsch im Westen und Talfer im Osten ab. Das Hochplateau gehört zu den schönsten Wanderparadiesen Südtirols. Am weitläufigen Wegenetz liegen Almhütten und Jausenstationen, die meist auch im Winter geöffnet haben.

Von Bozen führt eine Seilbahn zum Ort Jenesien auf 1080 m; alternativ gibt es auch eine Panoramastraße hinauf. Reich an Malereien im Nazarener-Stil ist die Pfarrkirche aus dem 19. Jh. und das alte Pfarrhaus mit dem zinnenbewehrten und fratzengeschmückten gotischen Turm beherbergt heute das Rathaus. Ganzjahrestreffpunkt sind die Tennisplätze, im Sommer für Ballsportler, im Winter für Eisläufer. Klassiker sind die Trekking-Touren im Sattel gutmütiger Haflinger und Kutschenfahrten über die Lärchenwiesen, besonders im Herbst, wenn die Bäume golden leuchten.

228 B4

Tourismusverein Jenesien
Schrann 7, 39050 Jenesien
0471 35 41 96 www.jenesien.net

31 Ritten (Renon)

Der sanfte Höhenzug (1200–2260 m) mit schönen alten Villen im alpinen Jugendstil samt Gärten ist das bevorzugte Sommerurlaubsgebiet

Die Erdpyramiden am Ritten gelten als die höchsten Europas.

wohlhabender Bozner. Seit mehr als 400 Jahren geht es an Peter und Paul, dem 29. Juni, in die Sommerfrische, um dem heißen Talkessel zu entfliehen. Heute hat man die Wahl zwischen der Autostraße und einer direkten Seilbahnverbindung hinauf nach Oberbozen (1200 m). Früher wurden die Kinder in geflochtene Tragkörbe gepackt, der Hausrat kam in Truhen und Schachteln und alles wurde von Tragtieren auf den Ritten befördert.

Oben angekommen, verteilen sich noch heute die »Sommerfrischler« auf die Ortschaften inmitten von Weingärten, Wiesen und Wäldern mit atemberaubenden Aussichten auf die Zauberwelt der Dolomiten. Am »Bartlmas«-Tag (24. Aug.) wird der Almabtrieb ausgelassen gefeiert.

Im über 500 Jahre alten Plattner Bienenhof dreht sich alles um Bienen und ihr köstliches Produkt, den Honig. Wer mag, darf den Tierchen in einer stechsicheren Imkerausrüstung aus der Nähe zuschauen.

Spektakulär sind auch die Rittner Erdpyramiden: Erosion hat bis zu 30 m hohe Erdsäulen aus dem Moränenlehm gewaschen.

⌖ 228 C4

Tourismusverein Ritten
✉ Dorfstr. 5
39054 Klobenstein/Ritten
☎ 0471 35 61 00 🌐 www.ritten.com

Plattner Bienenhof
✉ Wolfsgruben 15 ☎ 0471 34 53 50
🌐 www.museo-plattner.com
🕘 Ostern–Okt. tägl. 10–18 Uhr 🎟 7 €

32 Terlan (Terlano)

Im April und Mai gibt es in Vilpian, Terlan und Siebeneich nur ein Thema: den Spargel. Frisch gestochen kommt er in die Restaurants. Schon Wochen zuvor verwandelt sich die Talsohle in ein buntes Blumenmeer.

Der Abbau silberhaltigen Erzgesteins verhalf der Region zu Reichtum und damit auch zur schönen Pfarrkirche Mariä Himmelfahrt mit Fresken der Bozner Schule. Klein, aber fein ist die barocke Antoniuskirche in der Fraktion Siebeneich.

An der Ruine Neuhaus im Hang darüber, einst Lieblingssitz der Margarethe Maultasch (S. 24), beginnt die nach der einstigen Landesherrin benannte aussichtsreiche Promenade.

⌖ 228 B4

Tourismusverein Terlan
✉ Dr.-Weiser-Platz 2, 39018 Terlan
☎ 0471 25 71 65
🌐 www.terlan.info

33 Kalterer See (Lago di Caldaro)

Als Paradies für Segler und Surfer und wärmster Badesee der Alpen gilt der Kalterer See. Drei Strände und ein beheiztes Freibad mit Minigolf-Anlage sorgen für Sommerspaß. Naturfreunde beobachten am südlichen Schilfufer seltene Vögel.

Und zum Bummeln lädt Kaltern mit stattlichen Ansitzen im Überetscher Stil (S. 101) ein. Wo einst billigster Rotwein hektoliterweise in Flaschen gefüllt wurde, hat heute das Südtiroler Weinmuseum sein Zuhause gefunden. Und nach einer Qualitätsoffensive liegt längst wieder Wahrheit im örtlichen Roten.

⌖ 228 B3

Tourismusverein Kaltern
✉ Marktplatz 8, 39052 Kaltern
☎ 0471 96 31 69 🌐 www.kaltern.com

Südtiroler Weinmuseum
✉ Goldgasse 1, Kaltern
☎ 0471 96 31 68
🌐 www.weinmuseum.it 🕘 April–Mitte Nov. Di–Sa 10–17, So 10–12 Uhr 🎟 5 €

Der Kalterer See ist der wärmste Badesee der Alpen.

34 Kurtatsch & Margreid (Cortaccia & Magrè)

In Kurtatsch, Margreid und Kurtinig, den südlichsten deutschsprachigen Dörfern rechts der Etsch, erzählen Edelansitze und Höfe von jahrhundertealtem Weinbau. Die 1601 in der Grafengasse in Margreid gepflanzte Weinrebe ist eine der ältesten Europas. Sie trägt noch heute bis zu 80 kg Trauben.

Von Kurtatsch, mit steilen Dorfgassen und alten Gasthöfen, führen kleine Wege zu den Rebhügeln und weiter zu den Mittelgebirgsterrassen von Penon (südl.) und Graun (nördl., mit dem St. Georg-Kirchlein). Vor den beiden Dörfern liegt Kurtinig, das vor der Regulierung der Etsch regelmäßig überschwemmt wurde und deshalb den Beinamen Klein-Venedig erhielt.

Oberhalb von Salurn: die Ruine der Haderburg

228 B2

Tourismusverein Südtiroler Unterland
Hauptmann-Schweiggl-Platz 8
39040 Kurtatsch ☎ 0471 88 01 00
www.suedtiroler-unterland.it

35 Salurn (Salorno)

Der Ort an der deutsch-italienischen Sprachgrenze bezaubert mit stattlichen Häusern, vorwiegend aus der Renaissance, und wirkt fast städtisch. Hier, an der Engstelle der Salurner Klause, wurde die Grenze Südtirols im Grunde schon im Jahr 590 festgelegt. Damals stoppten Langobarden den Vorstoß germanischer Gruppen. Aber erst im 20. Jh. wurde aus diesem Übergangsraum nach Welschtirol (Trentino) eine trennende Grenze. Die Ruine der Haderburg auf einem Felssporn über Salurn ist über den recht steilen Visionenweg zu erreichen.

228 B1

Tourismusverein Salurn
Adresse siehe Castelfeder (S. 113)

36 Neumarkt (Egna)

Im italienischen Namen Egna hat das lateinische Endidae der römischen Militärstation überlebt. Was uns heute mit malerischen Laubengängen im Ortszentrum begegnet, ist die Neugründung (1189) des durch Hochwasser untergegangenen Orts. Sie sicherte sich Handelsprivilegien als Umschlagplatz am

Neumarkt wird von malerischen Lauben geprägt.

Nord-Süd-Fernhandelsweg. Im Museum für Alltagskultur (19./20. Jh.) begegnet man dem Leben der Großeltern. Neumarkt ist auch Ausgangspunkt einer anspruchsvollen Radtour entlang der stillgelegten Trasse der Fleimstalbahn.

228 B2

Tourismusverein Neumarkt
Adresse siehe Castelfeder

Museum für Alltagskultur
Andreas-Hofer-Str. 50
www.museum-alltagskultur.it
Ostern–Ende Okt. So, Di, Fr 10–12, Mi/Do 16–18 Uhr Spende

37 Castelfeder & Auer (Castelfeder & Ora)

Viel wird über den kargen Berghügel spekuliert, der mit seinen prähistorischen Siedlungsspuren, antiken Mauern und frühmittelalterlichen Wallresten als der rätselhafteste Ort Südtirols gilt. Zu erreichen ist das Castelfeder Ruinenfeld von Auer aus. Dort ist die Idylle der verwinkelten Gassen und alten Ansitze heute stark vom Verkehr bedrängt. Im Osten liegt der Ort Montan, unmittelbar am Naturpark Trudner Horn, mit den besten Blauburgunder-Reben des Landes.

228 B2

Feriendestination Castelfeder (Auer, Montan, Neumarkt, Salurn)
Hauptplatz 4, 39040 Auer
0471 81 02 31
www.castelfeder.info

38 Leifers & Branzoll (Laives & Bronzolo)

Leifers ist die jüngste der acht Südtiroler Städte und vorwiegend italienisch geprägt. Höhepunkt des Jahres ist der Karnevalsumzug, der Tausende anlockt. Dagegen wirkt das viel ältere Branzoll mit seinen Obsthöfen richtig dörflich. Dabei war der Ort bis zum Bau der Eisenbahn (19. Jh.) und der Entsumpfung der Talebene (20. Jh.) ein wichtiger Umschlagplatz für das Porphyrgestein aus den Steinbrüchen und für das Holz vom Regglberg, das nach Venedig geflößt wurde. Das sommerliche Unterlandler Flößerstechen, bei dem Teams aus Leifers, Branzoll und Pfatten antreten, erinnert daran.

228 B3

Tourist Info Leifers/Branzoll/Pfatten
J.-F.-Kennedy-Str. 88
39055 Leifers
0471 95 04 20 www.leifers-info.it

Wohin zum ... Übernachten?

Preise pro Nacht für ein Doppelzimmer mit Frühstück:

€ bis 80 €
€€ 80–150 €
€€€ über 150 €

BOZEN UND UMGEBUNG

Erbhof Kandlerhof €

Beim Urlaub auf diesem familiär geführten Wein-Bauernhof, der erstmals 1278 erwähnt wurde, wohnt man im schönen Weindorf St. Magdalena. Die Zimmer im alpinen Landhausstil liegen im 1. Stock. Von einem schattigen Platz im Hof aus können Sie das dörfliche Leben beobachten. Zum Frühstück gibt es regionale Produkte.

228 C4
Untermagdalena 30, 39100 Bozen
0471 97 30 33 www.kandlerhof.it

Gasthof Kohlern €€€

Das feine Ambiente des Hauses aus dem 19. Jh. mit schönen Veranden und hohen Räumen wird durch eine gutbürgerliche Küche und eine beachtliche Auswahl an guten Weinen perfektioniert. Der Gasthof ist an einem der schönsten Aussichtspunkte über Bozen gelegen.

228 C4
Kohlern 11, 39100 Bozen
0471 32 99 78 www.kohlern.com

Blick auf die Landeshauptstadt Bozen

Hotel Greif €€–€€€

Das bereits seit 1816 existierende Hotel wurde 1999 in ein Designhotel umgebaut und die 33 Zimmer von verschiedenen zeitgenössischen Künstlern gestaltet. Ein kleines Booklet am Zimmerschlüssel gibt Auskunft über die Kunstidee des jeweiligen Raumes. Die stylische Grifoncino Bar (im Sommer auch auf dem Rooftop) gilt als Hotspot für Cocktails in Bozen.

232 E3 Waltherplatz, 39100 Bozen
0471 31 80 00 www.greif.it

Hotel König Laurin €€

Ihre Urlaubstage in diesem Haus auf dem Sonnenbalkon des Salten, hoch über dem Bozner Talkessel, können Sie mit einem opulenten Frühstück im Garten beginnen. Alle Zimmer und Suiten sind individuell eingerichtet, wobei sich die geräumigen Doppelzimmer auch als Mehrbettzimmer nutzen lassen. Abends erwartet Sie ein Vier-Gänge-Menü mit knackigem Salatbuffet. Zum Haus gehören Haflinger, Reitlehrer und eine Kutsche.

228 B4 Simml 5, 39050 Jenesien
0471 35 41 57
www.hotel-koeniglaurin.com

Parkhotel Holzner €€€

Sommerfrische vom Feinsten: In Oberbozen wohnt man in einem behutsam restaurierten Jugendstiljuwel von 1908. Thonet-Bestuhlung, Jugendstilleuchter und federndes honigfarbenes Parkett. Jedes Zimmer ist anders; im Park gibt es seit Kurzem auch moderne Junior-Suiten mit Terrasse. Familienfreundliches Haus mit Wellnessbereich und beheiztem Außenpool sowie einem historischen Aussichtsturm für Sterngucker.

222 C4
Dorf 18, 39054 Oberbozen/Ritten
0471 34 52 31
www.parkhotel-holzner.com

SARNTAL

Rabensteinerhof €€

Natururlaub ist das Thema dieses an einem sanft-sonnigen Wiesenhang gelegenen

Hauses mit gemütlichen Zimmern. Ein schöner Panoramaweg führt direkt am Hof vorbei, zu dem zehn Pferde – Araber, Quarter, Haflinger – gehören. Erfrischen Sie sich im hauseigenen Schwimmbad, stärken Sie sich bei einer kleinen Jause im Garten und freuen Sie sich auf die leckere Küche, in der u. a. täglich frische Forellen zubereitet werden.
228 C4/5
Muls 6, 39058 Sarntal
0471 62 71 47 www.rabensteinerhof.com

ÜBERETSCH

Seehotel Ambach €€€
Der gelungene Bau im Stil der frühen 1970er Jahre mit 60 Zimmern mit direktem Seezugang zählt zu den herausragenden Hotelbauten der neueren Südtiroler Architektur. Die Zimmer mit klassischen Designermöbeln haben nicht einsehbare Balkone mit Ausblick auf den Kalterer See und die das Hotel umgebenden Weinberge und Obstgärten. Dazu lädt eine windgeschützte Sonnenterrasse zum Entspannen ein. Die leichte Küche macht einen erholsamen Urlaub perfekt.
228 B3
Klughammer 3, 39052 Kaltern
0471 96 00 98
www.seehotel-ambach.com

Seehotel Sparer €€–€€€
Direkt am idyllischen Montiggler See liegt dieses Spitzenhotel inmitten unberührter Natur. Die luxuriösen Suiten und Komfortzimmer haben Seeblick, Ihren Aperitif nehmen Sie am hauseigenen Boots- und Badesteg ein. Dorthin können Sie allerdings Ihren ansonsten gern gesehenen Hund ebenso wenig mitnehmen wie in den Speisesaal oder in die Wellnessanlagen. Diese bestehen aus Hallenbad, Whirlpool, Schwallbrause für Nackenmassage, finnischer Sauna, türkischem Dampfbad, Kneipptretbecken, Erlebnis-Duftaromadusche, Ruheraum, Solarium und Massagen. Dass sich die Gaumenfreuden auf hohem Niveau bewegen, versteht sich fast von selbst.
228 B3
Montiggl 53, 39057 St. Michael/Eppan
0471 66 40 61 www.seehotel-sparer.it

Villa Weingarten €€
Diese Villa wird Architekturfans entzücken: In Anklang an moderne Bauhausarchitektur fügt sich diese Frühstückspension mit acht hellen Zimmern als lang gestreckter weißer Bungalow passend in die sie umgebenden Weinterrassen inmitten von Kaltern.
228 B3
Unterwinkel 24, 3952 Kaltern
0471 188 65 07 www.villaweingarten.it

Weingut Stuck €–€€
Nach einer Wanderung auf Schloss Eppan zieht man im Naturschwimmteich mit Blick auf Bozen ein paar Runden. Die vier Ferienwohnungen unter Lauben liegen in einem modernen Kubus, der sich stringent in die Rebreihen fügt.
228 B3
Missianerweg 8 C, 39057 St. Pauls/Eppan
0348 373 66 78 www.stuckhof.it

Wohin zum … Essen und Trinken?

Preise pro Person für ein Essen ohne Getränke:

€	unter 10 €
€€	10–20 €
€€€	über 20 €

BOZEN UND UMGEBUNG

Landgasthof zum Hirschen €–€€
Im Zentrum Jenesiens liegt der Landgasthof mit seiner typischen Südtiroler Küche, die mit hauseigenen Fleischprodukten und knackigen Gemüsen punktet. Auf der Sonnenterrasse des Cafés wird leckerer Kuchen serviert. Eine weitere Spezialität wird Pferdeliebhabern seit mehr als 35 Jahren geboten: ganzjährig geführte Ausritte, Schnupperreiten und auch romantische Kutschfahrten.
228 B4
39050 Jenesien
0471 35 41 95 www.hirschenwirt.it
Mitte März–Mitte Feb. Do–Di 12–14 und 18.30–21 Uhr

Sommerliche Weinzeit im Dorfkern von Kaltern

Löwengrube €€€
Das alte Wirtshaus Löwengrube, das bereits seit 1543 existiert, lag einst an der Stadtgrenze, ist aber heute in wenigen Gehminuten vom Zentrum aus zu erreichen. Man sitzt angenehm auf der Terrasse oder in minimalistischem wie gemütlich gestalteten neugotischen Stuben mit Jugendstilkachelofen. Serviert werden regionale Gerichte mit leichtem mediterranen Einschlag. Die Enothek führt mehr als 1000 Weine.
228 C4
Zollstange 3, 39100 Bozen
0471 97 00 32
www.loewengrube.it
Mo–Sa 11–15 und 18–24 Uhr

Vögele €€–€€€
Erstmals 1277 erwähnt und früher noch unter dem Namen »Roter Adler« bekannt, ist das Vögele eine Bozner Institution. Traditionsgerichte aus der Südtiroler Küche wie das leckere Knödel-Trio aus Spinat, Käse und Roten Beeten werden in verschiedenen Gewölbestuben im Biedermeierlook oder draußen unterm Arkadengang serviert.
232 D3
Goethestr. 3, 39100 Bozen
0471 97 39 38
www.voegele.it
Mo–Sa 11–16 und 18–23 Uhr

SARNTAL

Auener Hof
mit Gourmetrestaurant Terra €€€
Auf 1620 m ist das Terra das höchstgelegene Sternelokal Italiens mit zwei Michelin-Sternen. Serviert wird moderne Naturküche auf von verschiedenen Künstlern handgetöpferten Tellern. Auch die Gerichte sehen wie kleine Kunstwerke aus. Heinrich Schneider und seinem Team kann man vom Tisch aus wie in einer großen Wohnküche beim Kochen zusehen. Es gibt 10 Komfortzimmer.
228 C4/5 Auen, Prati 21, 39058 Sarntal
0471 62 30 55
www.auenerhof.it
So/Mo sowie Mitte März–Ende April, Anf. Nov.–Ende Dez. geschl.

Hotel Bad Schörgau
mit Gourmetrestaurant Alpes €€–€€€
Eigenwillig und dabei einfach, schmackhaft und gesund ist die Küche im Hauben-Restaurant am Anfang des Sarntals. Im Restaurant von Egon Heiss und Gregor Wenter kann man wählen zwischen Tradition (Speckplatte) oder Zeitgeist (Bretonische Seezunge). Immer werden heimische Lebensmittel mit Delikatessen von Weltrang kombiniert. Dazu kann man die passende Begleitung aus 400 edlen Weinen wählen. Appetit holen kann man sich beim Baden in eisen-, schwefel- und mineralhaltigem Quellwasser.
228 C4/5
Bad Schörgau-Str. 24, 39058 Sarntal
0471 62 30 48
www.bad-schoergau.com
Mitte April–Mitte März Mi–So 19–21 Uhr

ÜBERETSCH

Landgasthof Bad Turmbach €€–€€€
Die selbst gekelterten Weißweine zu den fangfrischen Forellen und eine herzliche Gastlichkeit zeichnen das sehr persönlich geführte Haus aus, das inmitten von Wein- und Obstgärten liegt. Für Fleischesser stehen auch Praline vom gebackenen Kalbskopf oder geschmorte Rinderwange auf dem Menü.
228 B3
Turmbachweg 4, 39057 Eppan/Berg

☎ 0471 66 23 39 🌐 www.turmbach.com
◑ Juli–Mitte Dez., Mitte März–3. Juniwoche Mi–Mo ab 17 Uhr

Paulser Hof €–€€
Die Weinstube des Traditionsgasthofs im Zentrum des Weinorts St. Pauls ist ein Treffpunkt für Einheimische und Gäste. Im Restaurantstübel wird Ihnen verfeinerte Tiroler Hausmannskost serviert, in deren Mittelpunkt Nudeln, Wild und Fisch stehen. Zu den wechselnden Spezialitäten gehört der Spargel, den Sie hier unbedingt probieren sollten. Von Ostern bis in den Herbst schmeckt der Wein im sonnigen Gastgarten noch einmal so gut.
228 B3
✉ Unterrainer Str. 21, 39050 Eppan/St. Pauls
☎ 0471 66 24 22 🌐 www.paulserhof.com
◑ ganzjährig Mi–Mo 12–14 und 17.30–21 Uhr

Schloss Korb €€–€€€
Ein stimmungsvolles Haus, wie Sie es nicht oft finden, ist Schloss Korb, dessen nobles Gourmetrestaurant Hotelgäste aus aller Welt gerne genießen. Der zwischen Weinbergen und Obstgärten eingebettete Stammsitz der Familie Dellago diente bereits mehrfach als Filmkulisse. Hinter wuchtigen Mauern wird mit Herz und Leidenschaft gekocht. Im »Weinbunker« lagern die edlen Tropfen des schlosseigenen Weinguts.
228 B3/4 ✉ Hocheppaner Weg 5
39057 Eppan/Missian
☎ 0471 63 60 00
🌐 www.schloss-hotel-korb.com
◑ Ostern–Nov. tägl. 12–14 und ab 19 Uhr

Siegi's €–€€
Bei Siegi's gibt es Südtiroler Gerichte aus einheimischen Produkten, z. B. Kartoffelnocken mit Lammragout und Minzpesto, dazu Weine aus der Region Kaltern.
228 B3
✉ Oberplanitzing 56, 39052 Kaltern
☎ 0471 66 57 21 🌐 www.siegis.it
◑ Mo–Sa 17.30–24 Uhr

Weißes Rössl €
Deftig und lecker sind die einheimischen Gerichte, die in der Bauernstube im 1. Stock auf den Tisch kommen. In diesem traditionellen Gasthof in St. Michael kann es auch recht lebhaft zugehen, was Küche und Service aber gut meistern. Im Parterre gibt es eine Pizzeria, die mehr als 50 Pizzavariationen anbietet.
228 B3
✉ Joh.-G.-Plazer-Str. 15
39057 Eppan/St. Michael
☎ 0471 66 29 84
🌐 www.weisses-roessl.it
◑ Mitte Juli–Mitte Juni Mi–Mo 12–14 und 17.30–21.30 Uhr; Pizzeria 17–23 Uhr

Zur Rose €€€
Das mit einem Michelin-Stern ausgezeichnete Restaurant mit Rosenstübele und Gewölbesaal befindet sich im alten Gericht in der Fußgängerzone von St. Michael. Der Chef Herbert Hintner hat einen Ruf als kompromissloser Verfechter von Frische und Qualität. Zu seinen Spezialitäten gehören Salate mit Steinpilzen und Ziegenfrischkäse, Entenbrust oder Spanferkelrücken mit delikaten Saucen und extravagant gefüllte Cannelloni.

228 B3
✉ Josef-Innerhofer-Str. 2
39057 Eppan/St. Michael
☎ 0471 66 22 49 🌐 www.zur-rose.com
◑ Di–Sa 12–14, 19–21.30, Mo 19–21.30 Uhr

Wohin zum … Einkaufen?

BOZEN

Knapp 100 Brot- und Brötchensorten werden in der **Franziskaner Bäckerei** (Franziskanergasse 3, Tel. 0471 05 29 35, www.franziskanerbaeckerei.it) und ihren Filialen produziert. Neben Vollkorn- und italienischen Weißbroten (Ölbrot, Mantovane, Pane Toscano) gibt es natürlich auch Südtiroler Brotspezialitäten wie Vinschgauer, Loabn und Vorschlag.
Einen Überblick über das traditionelle Kunsthandwerk erhalten Sie bei der **Genossenschaft Südtiroler Werkstätten** in den Lauben 39 (siehe »Mein Tag«). Neben kunsthandwerklichen Dekorations- und Geschenkartikeln führt der **Familienbetrieb Tschager** (Laubengasse 2, Tel. 0471 97 36 74, www.tschagerart.com) handgeschnitzte Holzfiguren, Krippen und die wunderschönen Krippenfiguren aus Terracotta der sizilianischen Künstlerin Angela Tripi.
Bekannt für ihre pausbäckigen Engel aus Ton ist die Unternehmerfamilie Thun, die im **Thuniversum** auch Dekoartikel und Geschirr in einem modernen Riesenkomplex mit Panoramaaussicht auf die Dolomiten anbietet, den der berühmte Sohn des Hauses, der Architekten Matteo Thun, konzipiert hat (Galvani-Str. 29, Tel. 471 24 52 72, www.thun.it).
Das Stammhaus von **Oberrauch Zitt** in den Lauben 67 (siehe »Mein Tag«) bietet eine große Auswahl an Loden- und Trachten. Das gilt auch für den Sport- und Freizeitspezialisten **Sportler** (Lauben 1, Tel. 0471 97 77 19, http://my.sportler.com), der auf sechs Etagen alles hat, was Sie für Ihre Aktivitäten benötigen: von Rädern über Ski bis hin zur Segel-, Tauch- oder Golfausrüstung.
Bei **Sportler Alpin** (Lauben 37, Tel. 0471 97 40 33; www.sportler.com) geht es um die richtige Ausrüstung und Kleidung für den Bergsport und den Aufenthalt im Freien.
Auch die Hauptzentrale des Südtiroler Outdoorgiganten **Salewa** an der Autobahnausfahrt Bozen-Süd (Waltraud-Gerbert-Deeg-Str. 4, Tel. 0471 188 14 32, www.salewa.it) ist nicht architektonisch zu übersehen. Der Salewa Cube mit Shop, öffentlicher Kletterhalle und Bistro wirkt wie ein Bergmassiv, in dessen Glasfassade sich die umliegende Landschaft spiegelt.

AUF DEM RITTEN

Auf dem **Erschbaumerhof** (Gastererweg 2, Unterinn-Ritten, Tel. 0471 35 91 17) finden Sie großartige Schnittkäse- und Frischkäsesorten. Der Hof ist der erste, rund 1 km hinter dem Ort.
Im **Plattner Bienenhof** (Wolfsgruben 15, www.museo-plattner.com) gibt es neben Honig auch Kosmetikprodukte wie Shampoo, Duschgel oder Cremes aus Honig.

ÜBER- UND UNTERETSCH

Die ehemalige Architektin **Elena Walch** ist die erste und bisher einzige Winzerin Südtirols, die seit Jahren allerhöchste Lorbeeren einheimst. Die gab es u. a. für den weißen »Beyond the Clouds«, den »Gewürztraminer Kastelaz« oder den »Kermesse«, eine Cuvée aus fünf Rotweinen (Andreas-Hofer-Str. 1, Tramin, www.elena walch.com).
Seit mehr als 50 Jahren besteht die **Hofbrennerei Fischerhof** (Schreckbichl 12, www.fischerhof-mauracher.it) bei Eppan-Girlan. Traditionell wird hier hochwertiger Grappa gebrannt. Hergestellt und im Hofladen verkostet und verkauft (Mo–Sa 8–18 Uhr) werden auch Obstbrände und Liköre.

Elena Walch: Italienische Weinelite

Wohin zum ... Ausgehen?

KNEIPEN UND DISKOTHEKEN

Bier trinken gehen in der Weinstadt? Das ist eine Frage des Geschmacks, nicht der Gelegenheit, seit 1997 eines der ältesten Bozner Wirtshäuser im Herzen der Altstadt zur ersten **Bozner Wirtshausbrauerei Hopfen & Co** (Obstplatz 17, Tel. 0471 30 07 88, www.boznerbier.it, Mo–Sa 9.30–1, So 10.30–24 Uhr) umgebaut wurde.
Hier wie im **Batzen Häusl** (Andreas-Hofer-Str. 30, Tel. 0471 05 09 50, www.batzen.it, tägl. 11–1 Uhr), das auch ein vielfältiges, jazzorientiertes Kulturprogramm bietet, finden Sie exklusiv das frische, herbwürzige Bier, das ungefiltert aus dem Keller auf den Tisch kommt. An Sorten gibt es Helles, Dunkles und je nach Jahreszeit auch ausgefallenere Kreationen.
Wenn die zahlreichen Kneipen und Lokale in der Stadt Bozen und den Gemeinden an der Weinstraße schließen, beginnt das Leben in fast ebenso vielen kleinen Diskotheken der Landeshauptstadt und des Umlands. Die Szene ist vom ständigen Wechsel geprägt. Wer neugierig ist und auch schon mal eine Enttäuschung wegstecken kann, hat bei spontanen Entscheidungen dennoch Spaß. Eine zuverlässige Adresse ist der **Mirò Club mit der Disco Okay** (Gilmstr. 7, Tel. 338 342 23 05; http://disco-okay.com, Do–Sa 22.30–3.30 Uhr) im Zentrum von Bozen. Bei freiem Eintritt finden Sie abendlich wechselnde Programme mit unterschiedlichem Publikum.
Ein trendiger, gemütlicher Pub – vornehmlich für ein jüngeres Publikum – ist das **Nadamas** (Obstplatz 44, Tel. 0471 98 06 84, www.ristorante-nadamas.it, Mo–Sa 9–1 Uhr) mit großer Getränkekarte und kleinen Tapas-Gerichten.
Liveauftritte und Flambiertes erwarten Sie in **Papa Joe's Club** in Neumarkt (Villnerstr. 38, Tel. 0471 168 29 02, www.pjegna.com, Di–Fr 17.30–1, Sa/So 9.30–2 Uhr). Themenpartys und karibische Drinks sind ebenfalls im Angebot.

Restaurant und Pub Nadamas in Bozen

THEATER UND MUSIK

Herz und Kopf wollen die vielfältigen Programme der **Vereinigten Bühnen Bozen** (Verdiplatz 40, Theaterkasse Tel. 0471 06 53 20, www.theater-bozen.it) ansprechen. Große Stücke der Weltliteratur kommen hier genauso zur Aufführung wie erfolgreiche Musicals und lustige Theaterstücke für Kinder.
Mit rund 100 Veranstaltungen pro Saison bietet das Bozner **Kleinkunsttheater Carambolage** (Silbergasse 19, www.carambola ge.org; Kartenreservierung Tel. 0471 98 17 90, Abendkasse Tel. 0471 32 41 29) seinem Publikum ein vielfältiges und abwechslungsreiches Programm. Seit 1996 ist es im schlauchförmigen Kellergewölbe eines früheren Eisenwarenlagers in der Bozner Altstadt zu Hause. Im Programm finden sich, der Zweisprachigkeit der Landeshauptstadt entsprechend, deutsch- wie italienschsprachige Stücke, Kabarett- und Comedy-Aufführungen, Konzerte und Lesungen.
Durch die altehrwürdigen Mauern des Dominikanerklosters klingen moderne Klänge: Hier hat das **Musikkonversatorium Claudio Monteverdi** (Dominikanerplatz 19, Tel. 0471 97 87 64; http://cons.bz.it), die Bozner Musikhochschule, ihren Sitz mit Probenräumen und einem Saal, in dem regelmäßig Konzerte stattfinden. In den umliegenden Cafés haben Sie die Gelegenheit, mit jungen Musikern ins Gespräch zu kommen.

Blick vom Grödner Joch auf den Sellastock

Dolomiten

Vor Jahrmillionen erhoben sich die Dolomiten aus den Tiefen des Meeres und bilden heute eine einzigartige, Gebirgslandschaft.

Seiten 120–145

Erste Orientierung

Die markanten Gipfel und Zinnen der Dolomiten spiegeln sich in klaren Bergseen, Hochalmen bilden im Sommer Blütenteppiche, die Skipisten sind zu einem dichten Netz verknüpft. Holzschnitzer entwickeln ihre Kunst weiter und in den ladinischen Dörfern überlebt eine alte Kultur.

Das Grödner Tal und die Seiser Alm sind fast pausenlos im touristischen Ausnahmezustand. Nirgendwo sonst in Südtirol wird das Spannungsverhältnis zwischen der Nutzung und dem Schutz einzigartiger Landschaften so deutlich wie hier. Die Seiser Alm ist inzwischen Landschaftsschutzgebiet und autofrei.

Entspannter geht es im ladinischen Gadertal zu, wo Liebhaber der feinen Küche auf ihre Kosten kommen. Unerschütterlich wirken die hoch gelegenen bäuerlichen Siedlungen der Viles, bei denen jede Familie zwei Gebäude besitzt: eines mit Wohnung über Werkstatt und Speisekammer, das zweite mit Heuschober über dem Stall.

Alta Badia im oberen Gadertal ist hingegen vor allem im Winter stark vom Tourismus geprägt.

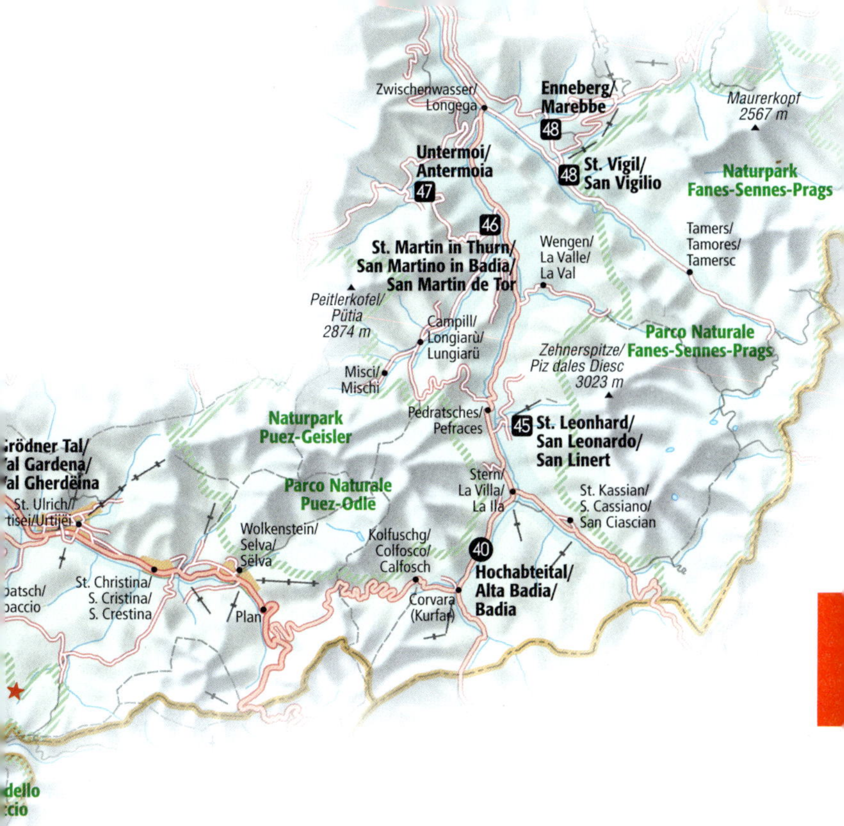

TOP 10

❼ ★★ Seiser Alm & Schlerngebiet

Nicht verpassen!

㊴ Grödner Tal

㊵ Hochabteital

Nach Lust und Laune!

41 Aldein & Radein

42 Deutschnofen

43 Welschnofen

44 Tierser Tal

45 St. Leonhard

46 St. Martin in Thurn

47 Untermoi

48 Enneberg & St. Vigil

Mein Tag beim Genusswandern in den Dolomiten

In der Heimat von Bergsteigerlegende Luis Trenker herrscht wahrlich Hüttenzauber auf der Seceda. Denn keine andere Alm lädt mit so vielen urigen Hütten zum Einkehren und Schlemmen ein. Gleichzeitig bietet die Genusswanderung nach St. Ulrich im Grödner Tal auch noch fantastische Ausblicke auf die Dolomiten.

9 Uhr: Frühstück mit Dolomiten-Panorama

Mit einem besseren Ausblick kann der Tag kaum beginnen. Von St. Ulrich in Gröden bringt Sie die Seceda-Seilbahn zügig hinauf auf 2500 m ins Restaurant der Bergstation.

Hier auf der Sonnenterrasse frühstückt es sich mit einem herrlichen 360°-Blick vom Grödner Tal über die Seiser Alm bis zum Lang- und Plattkofel, den Sellastock, die Puez-Geisler-Gruppe, das Villnösstal mit den Aferer Geislern und den Peiterkofel. Jetzt geschwind die Sonnenbrille aufgesetzt, hinein in einen der Liegestühle, um noch eine Weile entspannt dieses gigantische Panorama zu genießen.

Wenn Sie lieber aktiv die Gegend erkunden, lohnt ein kurzer Abstecher hinauf zum Gipfelkreuz der 2519 m hohen Seceda.

11 Uhr: Höchstgelegener Weinkeller

Für den langsamen Abstieg (1200 Höhenmeter) nach St. Ulrich ist es

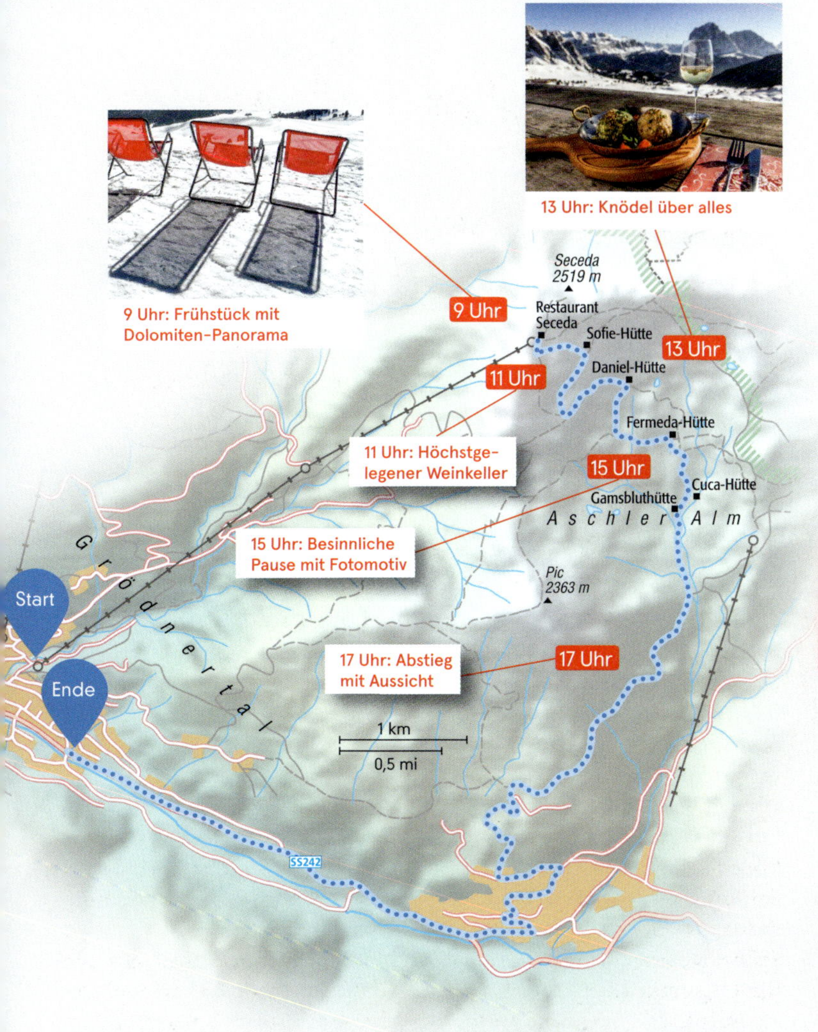

vielleicht nicht verkehrt, ein paar Wanderstöcke dabeizuhaben, denn auf Dauer kann der Weg nach unten ganz schön in die Beine gehen. Doch zum Glück gibt es hier jede Menge Almhütten für einen Einkehrstopp.

Von der Bergstation der Seceda-Seilbahn folgen Sie deshalb zunächst dem Weg Nr. 6 in südöstlicher Richtung zur Sofie-Hütte. Hier hat Markus Prinoth, Hüttenbetreiber in der dritten Generation, etwas

Einkehr in der Daniel-Hütte auf der Seceda-Alm in 2240 m Höhe. Familie Daniel serviert hervorragende Knödel-Spezialitäten.

Der höchste Weinkeller der Dolomiten befindet sich in der Sofie-Hütte. Die Weinkarte von Familie Prinoth listet über 300 Etiketten.

ganz Besonderes zu bieten: den höchstgelegenen Weinkeller der Dolomiten auf 2400 m. Neben dem selbst destillierten »Gin 8025« gibt es exquisite Weine mit mehr als 300 Etiketten heimischer und internationaler Weine oder Champagner. Für eine gute Grundlage sorgen kulinarische Spezialitäten wie die berühmten *primi di pasta*, Nudelvorspeisen in verschiedenen Variationen.

13 Uhr: Knödel über alles

Vorbei an der Mastle-Hütte (2290 m) führt der Weg unterhalb des Fermeda-Sessellifts durch saftig grüne Almwiesen, die einen spannenden Kontrast zu den schroffen Felsen bieten. Spätestens bei der Daniel-Hütte (2240 m) ist es dann Zeit für eine Essenspause. Samuel Daniel betreibt mit seiner Familie die 1971 von seinem Vater, dem Holzschnitzer Demez Daniel, erbaute urige Hütte.

Je nach Saison gibt es als Spezialität des Hauses Knödel-Variationen: längliche Knödel mit Spinat, Käse oder Kräutern, runde Knödel mit Champignons, Speck oder Buchweizen. Und zum Dessert Schokolade-Topfen-Knödel oder Pflaumen-, Erdbeer- und Aprikosenknödel aus Kartoffelteig.

15 Uhr: Besinnliche Pause mit Fotomotiv

Unterhalb der Daniel-Hütte finden Sie in Sichtweite auf der idyllischen

Fotostopp auf dem Weg nach St. Ulrich an der kleinen, aus Feldstein errichteten Fermeda-Kapelle

Aschgleralm anschließend einen idealen Ort für eine besinnliche Ruhepause bei der Fermeda-Kapelle. Das kleine, aus Feldsteinen errichtete Kirchlein ist obendrein ein sehr schönes Fotomotiv.

Beim jährlichen Almfest auf Col Raiser lädt man hier Ende September zum Gottesdienst ein und anschließend spielen einheimische Musikgruppen. Wenn es dann spät wird, hat die Fermeda-Hütte (2111 m) gleich ums Eck gemütliche Almzimmer zum Übernachten.

17 Uhr: Abstieg mit Aussicht

Doch jetzt ist es erst Nachmittag und noch jede Menge Zeit, um zurückzuwandern. Vorbei an der Cuca-Hütte geht es nun auf dem Weg Nr. 4 zurück bis ins Zentrum von St. Ulrich.

Letzte Einkehrmöglichkeit ist die Gamsbluthütte. Und auch wenn Sie sich nun dem Tal immer mehr nähern, bleibt Ihnen der fantastische Ausblick auf die mächtigen Dolomitengipfel fast während des ganzen Abstiegs erhalten.

i

Start: ✢ 229 E5 Talstation Seceda-Gondelbahn in St. Ulrich, Parkplätze vorhanden
Wanderanforderung:
leicht bis mittel, gut ausgebaute Wege
Höhenmeter: 1200 m (nur im Abstieg)
Reine Gehzeiten: ca. 3,5 Std.
Beste Jahreszeit: Juni–Anf. Okt.
Verzeichnis aller Hütten:
www.seceda.it/deu/baite-s.htm

❼ ★★ Seiser Alm & Schlerngebiet (Alpe di Siusi & Altoplano dello Sciliar)

Warum?	Die größte Hochalm Europas autofrei erleben
Was?	Wandern, faulenzen oder eine Kutschfahrt genießen
Wie lange?	Wer entspannen will muss schon zwei, drei Tage bleiben
Wann?	Jede Jahreszeit hat hier ihre eigene schöne Stimmung
Was noch?	Zum Wohlfühlen ein original Heubad nehmen
Resümee	Kulturlandschaft pur

Schier endlos breiten sich die Blumenwiesen zu Füßen der mächtigen Felsen auf der Seiser Alm, der größten Hochalm Europas, aus. Sie umfasst eine Fläche von 56 km² zwischen dem Grödner Tal im Norden, dem gewaltigen Gebirgsstock des Schlern im Süden und der Langkofelgruppe im Osten. Rund um das Almgebiet liegen schmucke Orte, von denen aus täglich tausende Touristen auf die Hochfläche strömen.

Die Seiser Alm ist eine Kulturlandschaft, denn schon seit Jahrhunderten werden die Bergwiesen gemäht und beweidet, was ganz besonderen Pflanzengesellschaften Raum und Licht gibt. So findet man vor allem zwischen Mitte Juni und Mitte Juli eine vielfältige Blütenpracht mit Myriaden emsiger Insekten vor. Die Vielgestaltigkeit der Pflanzenwelt entdeckt man am besten zu Fuß: Das Gebiet ist von einem ausgedehnten Wanderwegenetz überzogen.

Bereits in den 1960er Jahren war die landschaftlich reizvolle Alm ein beliebter Schauplatz für Filmproduktionen, von denen die bekannteste »Tanz der Vampire« von Regisseur Roman Polanski ist. Die wunderbar mystischen Szenen der Lang- und Plattkofelgruppe und der Seiser Alm im Mondlicht gingen damals um die Welt.

Geschützte Hochalm

Mit dem unaufhaltsamen Ansturm von Sommer- und Wintergästen wuchs die touristische Infrastruktur so stark an, dass die Seiser Alm ihr bäuerliches Gesicht beinah verloren

Almwiesen vor Zackenbergen – in dem Naturjuwel Seiser Alm lässt sich urlauben wie im Bilderbuch.

hätte. Gegen anfängliche Widerstände aber wurde der Schutz der Natur durchgesetzt. Der Naturpark Schlern-Rosengarten, der erste in Südtirol, erstreckt sich über rund 6800 ha und schützt die meisten Weidegebiete. Dazu gehören Flächen der Gemeinden Kastelruth und Völs samt ihrer Bergwälder, sowie das Tschamintal. Im Jahr 2003 wurde der Naturpark im Gemeindegebiet von Tiers erweitert und erstreckt sich jetzt auch auf das Rosengartenmassiv. Im Naturpark sind alle Straßen ab Compatsch gesperrt (bis Compatsch starke Einschränkungen).

Am bequemsten erreicht man die Hochalm mit der Alm-Bahn von Seis aus oder mit der Gondel von der Bergstation beim Hoteldorf Compatsch. Wer innerhalb des Schutzgebiets Urlaub macht, kann übers Hotel eine Zufahrtsgenehmigung mit dem Auto beantragen.

Wissenswertes in der Säge

Wenn Sie die Wechselbeziehungen der Natur auf der Alm verstehen wollen, nehmen Sie an einer geführten Wanderung teil (April–Anf. Nov., Infos bei den Tourismusvereinen). Mit weniger Zeit ist man im Naturparkhaus in Weißlahnbad gut aufgehoben; es widmet sich der hiesigen Geologie und veranstaltet Themennachmittage auch für Kinder. Eingerichtet wurde es in der ehemaligen Steger Säge, deren wasserbetriebenes Sägewerk ebenfalls besichtigt werden kann.

Kastelruth – am Fuße der Alm

Die Landschaft um die Seiser Alm und den Schlern ist reich an Kirchen, Burgen, alten Höfen und Spuren menschlicher Besiedlung aus 4000 Jahren. Zur Gemeinde Kastelruth gehören zwölf malerische Fraktionen, darunter die ladinischen Orte Pufels, Runggaditsch und Überwasser. Kastelruth ist der Hauptort mit einem verkehrsberuhigten Ortskern, der von stattlichen Häusern gesäumt wird.

Von der auf dem nahen Kofel über einem Römerkastell errichteten Burg (1200) blieb der mächtige Burgfried, in den später zwei Kapellen hineingebaut wurden, erhalten. Er ist heute Teil einer einzigartigen Kalvarienberganlage. Wahrzeichen des Orts ist der 1756–1758 erbaute Glockenturm. Die Kastelruther Frömmigkeit manifestiert sich u. a. in der größten Fronleichnamsprozession Südtirols. Auch das Volksmusikevent mit den Kastelruther Spatzen als Openair im Juni oder das Fest der Volksmusik im Oktober zieht Tausende von Besuchern an (www.kastelrutherspatzen.de).

Wolkensteins Heimat: Seis

Seis, ein Bauernort zwischen drei Burgen, ist heute ein renommierter Fremdenverkehrsort, in dem auch Prominenz vorfährt. Aber ganz gleich, ob Könige, Dirigenten, Schriftsteller oder Nobelpreisträger – sie alle stehen im Schatten des ortsansässigen »Promis« und Minnesängers Oswald von Wolkenstein (1377–1445). Der war Herr auf Schloss Hauenstein und Besitzer zinspflichtiger Höfe in der Gegend. Hauenstein, die Nachbarburg Salegg und Burg Aichach am Schwarzgriesbach sind auch als Ruinen sehenswert.

Lieblich zeigt sich die Kapelle St. Valentin inmitten von Wiesen und Feldern mit einer Fülle von Fresken (14./15. Jh.), darunter die Heiligen Drei Könige vor heimischer Landschaft.

Mystisches Alpenglühen

Unvergleichlich ist das Naturschauspiel, wenn die auf- oder untergehende Sonne das Bergmassiv des Rosengartens rot bis zartrosa leuchten lässt. Enrosadira wird dieses Alpenglühen auch genannt, das eigentlich durch Streulicht entsteht, das wegen des hellen Dolomitengesteins als rötliches Licht reflektiert wird. In der Mythologie wird das Leuchten dem Zwergenkönig Laurin zugeschrieben, der den Rosengarten aus Rache verzaubert haben soll, doch dabei die Dämmerung vergaß, in der das Rot der Rosen nun die Berge erstrahlen lässt.

Reitspektakel und Hexentreff

Unter der Santnerspitze (2413 m) liegt Völs am Schlern um die Pfarrkirche Zu Unserer Lieben Frau. Um Kunstgegenstände aus den Kirchen und Kapellen des Völser Gemeindegebiets vor Dieben zu sichern, wurden sie im Pfarrmuseum in der Michaelskapelle am Kirchplatz zusammengetragen. Im Schlerngebiet wird der sanfte Tourismus mit traditionellen Heubädern und Gastronomiewochen gepflegt. Der Oswald-von-Wolkenstein-Ritt Anfang Juni ist ein zweitägiges Spektakel auf Haflingern.

In Erinnerung an den Ritter, Abenteurer und Minnesänger findet jährlich der Oswald-von-Wolkenstein-Ritt in Völs statt.

Zum Ort gehört auch Schloss Prösels; aus der Burg von 1279 wurde um 1500 ein schönes Renaissanceschloss mit einem Arkadengang und spätgotischen Fresken. Während der Sommermonate finden hier Konzerte und Ausstellungen sowie Freilichttheateraufführungen und Hochzeitsfeiern statt.

Die Hexenbänke auf dem Puflatsch gelten als Treffpunkt der durch die Sagen geisternden Schlernhexen, die hier auf bankähnlichen Steinen Platz genommen haben sollen. Auf Schloss Prösels fanden in der Tat um 1510 Hexenprozesse statt, denen neun Völser Bäuerinnen zum Opfer fielen.

KLEINE PAUSE

In der **Dorfschenke von Kastelruth** (Marinzenweg 4, tägl. 7–1 Uhr) bekommen Sie einen guten Kaffee, leckeres Eis oder einen warmen Snack.

---

i

229 D/E4

Tourismusverband Seiser Alm/ Schlerngebiet
✉ Dorfstr. 15, 39050 Völs
☎ 0471 70 96 00
🌐 www.seiseralm.it (weitere Informationsstellen im Schlerngebiet: Kastelruth, Seis, Seiser Alm)

Naturparkhaus Schlern-Rosengarten
✉ Weißlahn 14, 39050 Tiers
☎ 0471 64 21 96 🌐 http://naturparks.provinz.bz.it/schlern-rosengarten/naturparkhaus.asp

Anf. Juni–Mitte Okt. Di–Sa 9.30 bis 12.30 und 14–17.30 Uhr, Juli/Aug. auch So; Sägevorführungen: Mi 11, 15 und 16.30 Uhr frei

Tourismusverein Kastelruth
✉ Krausplatz 1, 39040 Kastelruth
☎ 0471 70 63 33 🌐 www.kastelruth.com

Schloss Prösels
✉ Prösels 2 ☎ 0471 60 10 62
🌐 www.schloss-proesels.it
Führungen: Mai–Okt. 11, 14, 15, 16 Uhr, Juli/Aug. auch 10 und 13 Uhr
9 €

39 Grödner Tal
(Val Gardena, Val Gherdëina)

Warum?	Zentrum der Holzschnitzkunst und Heimat von Luis Trenker
Was?	Wandern und Skifahren
Wie lange?	Einen ganzen Tag
Wann?	Im Sommer und im Winter
Was noch?	Sella-Ronda auf Skiern oder dem Mountainbike umrunden
Resümee	Wahre Kunstwerke aus Holz und grandioser Pistenspaß

1856 wurde das Tal durch den Bau der Grödner Straße aus der Abgeschiedenheit geholt. Heute ist das ladinische Grödner Tal mit den Orten St. Ulrich, St. Christina und Wolkenstein der Inbegriff für den Dolomitentourismus.

Bürgermeister Johann Baptist Purger (1805–72) begrüßt in Bronze die Besucher an der Kreuzung Purgerstraße/Bahnhofstraße in St. Ulrich. Schließlich war es Purger, der die Straße von Waidbruck (S. 165) ins Grödner Tal bauen ließ, wohin bis dahin nur Höhenwege führten. Über diese Straße

Das gold gefärbte Grödner Tal im Herbst an der Juac-Alm mit Blick auf den Langkofel

kamen dann die Besucher ins Tal und die traditionellen Schnitzkunstwerke in die Welt. Heute hat eine perfekte Tourismusindustrie Berg und Tal fest im Griff. Und doch hat sich das knapp 30 km lange Tal in weiten Teilen seine Natürlichkeit bewahrt. Krönender Talabschluss sind der Langkofel und die Sellagruppe.

Skigebiet der Superlative

Die Grödner Pisten locken die Stars des internationalen Skizirkus an und sind für Freizeitsportler echte Herausforderungen. Die Umrundung des Bergmassivs der Sella hat als Skitour begonnen. Heute wird der Gebirgsstock im Sommer auch von Mountainbikern umfahren. Überquert werden dabei die Pässe Grödner Joch, Sellajoch, Pordoijoch und der Campolongo-Sattel. Bereits große Tradition haben die Ski-Weltcup-Rennen Mitte Dezember in Gröden und Alta Badia. Beim Sella-Ronda-Skimarathon, einem Nachtrennen über vier Pässe und 42 km, starten bis zu 300 Zwei-Personen-Teams. Aber auch für durchschnittliche Langläufer ist Gröden mit 98 km Loipen vor fantastischer Kulisse ein Paradies. Der Sommer gehört den Wanderern, Bergsteigern und besonders den Mountainbikern, für die der Sella-Ronda-Bike-Day im Juli das Highlight ist, bei dem alle Dolomitenpässe für Autos gesperrt sind.

Heimat einer Legende

St. Ulrich (Ortisei, Urtijëi) liegt in einer Talmulde unterhalb der Seiser Alm auf 1236 m. Dem hier geborenen Bergsteiger, Schauspieler und Regisseur Luis Trenker (S. 15) wurde neben der alten Lokomotive der Grödner Bahn ein Denkmal gesetzt. Seceda und Seiser Alm werden von hier über die Kabinenumlaufbahn erreicht. Weltberühmt sind die Holzschnitzer des Grödner Tals, deren Kunst bis ins 17. Jh. zurückreicht. Aus den zunächst aus der Not heraus geschnitzten Gegenständen wie Spielzeug, Löffel oder andere Gebrauchsgegenstände wurden im Lauf der Zeit kunstvoll geschnitzte Kruzifixe und Heiligenfiguren. Heute wird auch mit Maschinen gearbeitet. Handarbeiten erkennen Sie an einer Schutzmarke

Nachlass von Luis Trenker im Museum Gröden

und einem Zertifikat. Eine ständige Ausstellung von Schnitzkunst ist im Kongresshaus zu sehen. Das Museum Grödner ist in der Cësa di Ladins untergebracht. Dort erhalten Sie einen Überblick über die Holzschnitzkunst, die Kultur des Tals sowie über Mineralien, Fossilien und prähistorische Funde. Eine Sektion widmet sich dem Leben Luis Trenkers.

Perfekte Verhältnisse: Blick auf die Skipisten des Grödner Tals vom Sessellift Città dei Sassi

In St. Christina (Santa Cristina Valgardena, S. Crestina Gherdëina; 1428 m) ist die bäuerliche Vergangenheit im Ortskern trotz moderner Hotels noch zu erkennen. Hier starten die Lifte hinauf zum Monte Pana, zur Station Ciampinoi, zum Col Raiser und zur Seceda. Die Fischburg am Fuß des Langkofels, ein Renaissance-Jagdschloss in Privatbesitz, ist ein beliebtes Fotomotiv. Das umtriebige Wintersportzentrum von Wolkenstein (Selva, Sëlva; 1563 m) besteht aus den Ortsteilen Plan und Plan de Gralba, die von Sellastock und Langkofel eingerahmt werden.

KLEINE PAUSE

Im **Restaurant L'Fudle** (Dursanstr. 86, St. Christina, tägl. 12–14 und 18–23.30 Uhr) haben Sie die Möglichkeit, schnell und lecker etwas gegen den kleinen und auch den großen Hunger zu tun.

---

229 E/F4

Tourismusverband Gröden
Dursanstr. 80 C, 39047 St. Christina, Infobüro auch in Wolkenstein
0471 77 77 77
www.valgardena.it

Kongresshaus
Reziastr. 1, St. Ulrich
0471 79 63 28
www.art52.it
tägl. 9–22 Uhr frei

Museum Gröden
Rezia Str. 83, St. Ulrich
0471 79 75 54
www.museumgherdeina.it
Mitte Mai–Mitte Okt. Mo–Fr 10–12.30 und 14–18 Uhr, Juli/Aug. Mo–Sa 10–18, Dez.–März Di–Fr 10–12.30 und 14–18.30 Uhr 7 €

40 Hochabteital
(Alta Badia, Badia)

Warum?	Hier ist man im Herzen der ladinischen Kultur
Was?	Wandern, Skifahren und kulinarisch Schlemmen
Wie lange?	Mindestens einen ganzen Tag
Wann?	Im Sommer und im Winter
Was noch?	Bei Norbert Niederkofler in St. Kassian, dem einzigen Drei-Sterne-Koch Südtirols, speisen
Resümee	Schlemmen ohne Reue dank ausgiebigem Skifahren

Im Hochabteital liegt das Zentrum der ladinischen Kultur, wo Sprache, Sitten und traditionelle Küche bis heute gepflegt werden. Die Hauptorte Corvara, Kolfuschg, Stern, St. Kassian, Predratsches und Wengen haben sich zum familienfreundlichen Skigebiet Alta Badia im »Herzen der Dolomiten« zusammengeschlossen.

Im Hochabteital erschließen 50 Aufstiegsanlagen (offen bis Anfang April) 500 km Pisten. Attraktiv ist aber vor allem die Einbindung in das Netz von Dolomiti Superski, das 1220 km Pisten mit 450 Aufstiegsanlagen mit einer Beförderungskapazität von 620 000 Menschen pro Stunde miteinander verknüpft. Dazu kommen 1177 km Langlaufpisten. Ganzjährig bleiben die Gondelbahn Kolfuschg, die Lifte zur Sella Ronda und zum Marmolada-Gletscher in Betrieb.

Tierische Begegnung am Wegesrand: Gebirgsziege

Wiege des Wintertourismus

Touristische Schwergewichte sind die Orte Corvara und Kolfuschg (Colfosco, Calfosch), mit 1645 m die höchste Siedlung Alta Badias, die von der Sellagruppe und dem Sassongher Berg (2665 m) flankiert wird. Dabei kommt Corvara die Auszeichnung zu, Wiege des italienischen Wintertourismus zu sein. Schon im 18. Jh. bestiegen Jugendliche hier die Berge und führten Gäs-

te herum. Weiter nördlich liegt Stern (La Villa, La Ila), von wo aus Sie nach Pedratsches (Pedraces) und ins untere Gadertal gelangen. St. Kassian (San Cassiano, San Ciascian), am Fuß der mächtigen Felswände des Conturines, ist mit seinen zahlreichen Vier-Sterne-Hotels ein perfektes Domizil für Skilangläufer.

In Alta Badia, das Land der Ladiner, ist das Angebot an Winteraktivitäten vielfältig.

Die Entdeckung der Conturines-Höhle Ende der 1980er Jahre mit den fossilen Resten von Bären war eine Sensation. Bei einer Führung zur Fundstelle des Ursus Ladinicus (Tourismusverein St. Kassian) erfahren Sie Wissenswertes über den Ladinischen Bär, der hier vor ca. 60 000 Jahren lebte.

KLEINE PAUSE

Unter dem Motto **Skifahren mit Genuss** bieten Berghütten in der Wintersaison zusätzlich zu ihrer Speisekarte auch ein Gericht von einem Sternekoch an. Liste der teilnehmenden Hütten unter: www.altabadia.org.

---

230 B3

Tourismusverband Alta Badia
Col-Alt-Str. 36, 39033 Corvara
0471 83 61 76
www.altabadia.org
Infobüros auch in den anderen Dörfern

Nach Lust und Laune!

41 Aldein & Radein (Aldino & Redagno)

Reizvoll ist die Annäherung an die Dolomiten über den Höhenzug des Regglbergs mit den Bergdörfern Aldein und Radein. Die Hügellandschaft wird von der südlichsten Dolomitenspitze, dem Weißhorn (2316 m), überragt. Dort entspringt der Bletterbach und fräst seit 15 000 Jahren auf 8 km Länge ein erdgeschichtliches Schaufenster ins Gestein. Über Bozner Quarzporphyr liegt Grödner Sandstein, der es in sich hat: Dino-Spuren und Pflanzenabdrücke haben sich hier erhalten. Die jüngste Schicht bildet Sarl-Dolomit (240 Mio. Jahre) aus einem tropischen Meer, heute als Gipfel des Weißhorns sichtbar.

Die spannende Erdgeschichte wurde in unterschiedlicher Weise erfahrbar gemacht: Im Radeiner Geomuseum finden Sie Dino-Spuren und Fossilien. Das Besucherzentrum des Geoparc Bletterbach ist hingegen in Aldein zu Hause. Faszinierend ist auch eine Wanderung entlang des Bachs auf dem Geo-Weg, der mit 16 Infotafeln bestückt ist. Wer mehr wissen will, kann an einer geführten Tour teilnehmen. Gestartet wird beim Besucherzentrum oder beim Geomuseum.

Der Grand Canyon Südtirols: der Geoparc Bletterbach

228 C2

Tourismusverein Aldein/Radein
Dorf 34, 39040 Aldein
0471 88 68 00
www.aldein-radein.it

Besucherzentrum Geoparc
Lerch 40, Aldein
0471 88 69 46
www.bletterbach.info
Mai–Okt. tägl. 9.30–17 Uhr; Geo-Wegführungen (3,5 Std.) Mai bis Okt. tägl. 10.30 Uhr (Anmeldung im Besucherzentrum)
6 €, mit Führung 13 €

Geomuseum Radein
Peter-Rossegger-Haus
Oberradein
Mai–Okt. tägl. 9.30–18 Uhr; Geo-Wegführungen (4,5 Std.) Mitte Mai–Okt. So 10.30 Uhr (Anmeldung im Besucherzentrum) Führung 13 €

42 Deutschnofen (Nova Ponente)

Am Weg von Aldein nach Deutschnofen liegt der Wallfahrtsort Maria Weißenstein, Südtirols bedeutendste Pilgerstätte mit zahllosen Votivtafeln im Kloster. Die Deckenfresken der Barockkirche stammen von Joseph Adam Mölk. In Deutschnofen begeistert der weite Blick vom

Wallfahrtsort: Kloster Maria Weißenstein

Hochplateau auf die Gebirgsketten. Östlich des Orts birgt das Hügelkirchlein St. Helena einen Schatz gotischer Fresken mit Heiligendarstellungen.

↬ 228 C3

Tourismusverein Eggental, Deutschnofen
✉ Dolomitenstr. 4
39056 Welschnofen
☎ 0471 61 95 00
🌐 www.eggental.com

Wallfahrtskirche Maria Weißenstein
☎ 0471 61 51 24
www.weissenstein.it
◷ tägl. 7.30–19 Uhr

St. Helena
◷ Falls geschl., Schlüssel beim benachbarten Kreuzhof (☎ 0471 61 01 71) holen.

43 Welschnofen (Nova Levante)

Der Ferienort im Eggental an der Großen Dolomitenstraße, unmittelbar unter dem Rosengarten, ist ladinischen Ursprungs. Im nahen Karersee spiegeln sich die Türme des Latemar (2846 m). Der Lieblingsweg von Kaiserin Elisabeth am See ist ausgeschildert.

In der Dolomitenregion herrschte einst der Sage nach der Zwergenkönig Laurin, dessen blühender Rosengarten von Dietrich von Bern und seinen Männern zerstört wurde. Aus Wut darüber, dass einst sein prachtvoller Rosengarten sein Versteck verriet, ließ der Zwergenkönig diesen bei Tag und Nacht unsichtbar werden. Nur die Dämmerung vergaß er und so werden noch heute im Zwielicht zwischen Tag und Nacht die Rosen wieder sichtbar und die Berge leuchten in rotem Glanz (S. 131).

↬ 229 D3

Tourismusverein Welschnofen und Karersee
✉ Dolomitenstr. 4
39056 Welschnofen
☎ 0471 61 95 00
🌐 www.eggental.com

44 Tierser Tal (Val di Tires)

Als Refugium für Gämsen, Steinadler und seltene Bergpflanzen hat sich das Tierser Tal im Naturpark Schlern-Rosengarten erhalten. Es ist über einen Abzweig kurz vor dem Karerpass, dann am Rosengarten entlang und über den Nigerpass anzufahren oder alternativ von Völs aus. Für Kletterer sind die Steige auf die Vajoletttürme und zur Laurinswand besonders attraktiv.

↗ 229 D3

Tourismusverein Tiers
✉ St.-Georg-Str. 79, 39050 Tiers
☎ 0471 64 21 27 🌐 www.tiers.it

45 St. Leonhard (San Linert)

Am Kreuzkofel über St. Leonhard kann man bei Sonnenuntergang oft das Alpenglühen bewundern. Das Dorf ist eine von 15 Siedlungen des ladinischen Gadertals und gehört zur Gemeinde Abtei. Dem hl. Leonhard, Patron der Fuhrleute und der Bauern, ist die Pfarrkirche gewidmet. Bekannter noch ist das Kirchlein Hl. Kreuz (2045 m) von 1484, zu dem über markierte Wanderwege oder mit dem Lift zahlreiche Pilger strömen.

↗ 230 B3

Tourismusverein Stern, St. Kassian und Pedratsches
✉ Colzstr. 75, 39030 Stern
☎ 0471 84 70 37
🌐 www.altabadia.org

46 St. Martin in Thurn (San Martino in Badia, San Martin de Tor)

Zauberhaft liegt der Handwerker- und Bauernort im Tal unter der Geislergruppe. Mit dem ladinischen Kulturinstitut Micurà de Rü und dem ladinischen Landesmuseum Ciastel de Tor (Museum Ladin) in Schloss Thurn arbeiten hier zwei wichtige Kulturzentren. Hinter den Schlossmauern (12. Jh.) werden die Besiedelungs- und Herrschaftsgeschichte Ladiniens sowie das Kunsthandwerk multimedial präsentiert.

↗ 230 B4

Tourismusverein St. Martin in Thurn
✉ Catarina-Lanz-Str. 14
39030 St. Vigil in Enneberg
☎ 0474 52 31 75
🌐 www.kronplatz.com/de/san-vigilio

Museum Ladin/Schloss Thurn
✉ Torstr. 72, St. Martin in Thurn
☎ 0474 52 40 20
🌐 www.museumladin.it
🕐 Mitte Jan.–Anf. April Do–Sa 15–19 Uhr, Mai–Okt. Di–Sa 10–17, So 14–18 Uhr, Juli/Aug. auch Mo 10–18 Uhr
🎫 8 €

47 Untermoi (Antermoia)

Untermoi am Fuße des Peitlerkofels ist ein idyllischer Weiler mit einer Seltenheit, dem Gasthof Al Bagn Valdander: Das schwefel- und eisenhaltige Heilwasser, das aus einer nahen Tropfsteinhöhle sprudelt, soll gegen Knochen- und Hauterkrankungen helfen und wird hier »verabreicht«.

Heuernte auf der Alm

Wie ein Freilichtmuseum wirkt der zu St. Martin gehörende Weiler Kampill mit dem »Mühlental«. Der Lehrpfad mit acht Mühlen ist etwa 1,5 km lang und berührt die Weiler Seres und Miscì, die ursprünglichsten Bauernsiedlungen des Gadertals. Das Mühlenfest wird im August gefeiert.

230 B4

Gasthof Al Bagn Valdander
Untermoi 9
0474 52 00 05
www.valdander.com

Zauberhaftes St. Vigil im Winter

48 Enneberg & St. Vigil (Marebbe & San Vigilio, Marèo & Al Plan de Mareo)

Die ladinische Lebensweise hat sich in den Weilern der Gemeinde Enneberg besonders gut erhalten, weil sie lange Zeit schwer zugänglich waren. Hier hören Sie noch heute das »Bon dí« als Willkommensgruß, wenngleich St. Vigil – mit Lift zum Kronplatz (S. 183) – längst Touristenhochburg ist.

Ruhiger geht es in Enneberg mit der ältesten Kirche des Gadertals zu, die im Barock prachtvoll ausgemalt wurde. Von Welschellen (Rina) am Sonnenhang des Col dla Vedla haben Sie einen tollen Panoramablick.

Direkt hinter St. Vigil öffnet sich der Naturpark Fanes-Sennes-Prags mit Wander- und Mountainbikewegen und trotzdem noch ungestörten Lebensräumen für Murmeltiere, Steinböcke und Adler. Im Naturparkhaus werden Sie von einer Skulptur begrüßt, die vom Schädel des Höhlenbären von Conturines (S. 137) inspiriert ist. Auf drei Etagen wird in didaktisch aufwendiger Aufbereitung der Bogen von den Fossilien bis zu den Säugetieren gespannt.

230 C4

Tourismusverein St. Vigil
Catharina-Lanz-Str. 14
39030 St. Vigil
0474 50 10 37
www.kronplatz.com/de/san-vigilio

Naturparkhaus Fanes-Sennes-Prags
Catharina-Lanz-Str. 96, St. Vigil
0474 50 61 20
www.provinz.bz.it/naturraum
Mai–Okt., Weihnachten–März
Di–Sa 9.30–12.30 und 14.30–18 Uhr, Juli/Aug. auch So frei

Wohin zum … Übernachten?

Preise für ein Doppelzimmer pro Nacht mit Frühstück:

€	bis 80 €
€€	80–150 €
€€€	über 150 €

SEISER ALM

Adler Mountain Lodge €€€

Es ist wohl eines der schönsten Hidaways in ganz Südtirol. 18 Suiten und 12 Chalets aus massivem Holz, modernen Möbeln und vor allem großen Panoramafenstern. Die spektakuläre Naturkulisse von Lang- und Plattkofel hat man so überall im Blick: vom Bett, vom Pool, vom Restaurant aus. Im SPA-Bereich sorgen Latschenkiefer- oder Ursteinmassagen mit Silberquarzit für alpines Wohlfühlen und das Treppenhaus ziert ein über drei Stockwerke reichendes Totem des Grödner Künstler Adolf Vallazza.

229 D/E4
Pizstr. 11, 39040 Seiser Alm
0471 72 30 00 www.adler-lodge.com

GRÖDNER TAL

Gran Baita €€-€€€

Das Sport- und Wellnesshotel liegt mitten im Dorfzentrum von Wolkenstein umgeben von einer großen Gartenanlage. Die Sella Ronda, das größte Skikarussell der Alpen, liegt direkt vor der Haustür. Der Skipass kann im Hotel ausgestellt werden und ein Skiservice bringt Sie direkt zum Skiverleih. Abends wartet ein großer In- und Outdoorpool und ein leckeres Fünf-Gänge-Menü zur Entspannung.

229 F4
Nives Str. 11, 39048 Wolkenstein
0471 79 52 10 www.hotelgranbaita.com

Pension Vernel €€

Die ganzjährig geöffnete Pension liegt zentral im alten Dorfkern auf der Sonnenseite von St. Christina mit Blick auf Langkofel und Sellastock. Alle Zimmer haben Balkon. Es gibt auch Appartements mit Kochnische und Bad. Zum Haus gehört ein Schnitzer, dem Sie bei der Arbeit zusehen können.

229 E4
Valstr. 49, 39047 St. Christina
0471 79 68 06 www.pensionvernel.com

Vitalpina Hotel Dosses €€-€€€

Das stilvoll eingerichtete Haus hat einen gelungenen Mix aus Tradition und Innovation gefunden. Die Alpina-Zimmer verfügen über edle Holzböden und große Panoramaverglasung, die einen herrlichen Blick auf den Lang- und Plattkofel frei gibt. Exklusiv ist auch die Vitalwelt mit schönem Garten, beheiztem Freibad und Wellnessoase. Auf Wunsch wird die feine Küche durch Vollwertkost oder vegetarische Speisen ergänzt.

229 E4
Dursanstr. 115, 39047 St. Christina
0471 79 33 26 www.dosses.it

HOCHABTEITAL

Apartments Pontin/Garni Larix €-€€

Hier haben Sie die Wahl zwischen zwei Häusern: dem Garni Larix, einer klassischen und sehr gepflegten Frühstückspension, oder den Apartments Pontin mit im traditionellen

Stil eingerichteten Appartements. Sie sind mit Telefon, Farbfernseher, Spülmaschine, Kühlschrank und Balkon ausgestattet. Selbst einen beheizten Skiraum gibt es, denn der Einstieg zum Dolomiti Superski ist nur 50 m entfernt.
230 B3
Soràstr. 4, 39033 Kolfuschg
0471 83 60 96 www.pontin.it

Hotel Armentarola €€€
Im Winter haben Sie über den Hotellift den direkten Einstieg ins »Dolomiti-Superski«-Netz. Gegessen wird in behaglichen Stuben oder auf der Sonnenterrasse. Die frischen Zutaten stammen im Sommer großenteils aus dem hauseigenen Garten. Hotelgäste spielen beim Golfclub Hochabtei zu ermäßigten Preisen, Tennis auf den Hotelplätzen ist kostenlos.
230 C3
39030 St. Kassian
0471 84 95 22 www.armentarola.com

GADERTAL

Hotel Majarëi €€
Die großzügigen Zimmer des am Ortsrand liegenden ruhigen Hauses sind hell und komfortabel. Es gibt auch einen Skiabstellraum mit Schuhtrockner und für Kinder einen Spielplatz und ein Spielzimmer. In der engagierten Küche wird großer Wert auf frische Produkte aus der Region gelegt, die auf Wunsch auch diätgerecht serviert werden.
230 C4
Al Plan-Dessora-Str. 33
39030 St. Vigil in Ennenberg
0474 50 12 26
www.majarei.it

TIERSER TAL

Tschafonhütte €
Großen Komfort oder gar Luxus darf man nicht erwarten. Dafür kann eine Nacht in den urigen Betten der Tschafonhütte bei flackerndem Kerzenlicht kaum romantischer sein. Die private Berghütte liegt auf 1737 m unterhalb der Völseggspitze und ist in zwei Stunden zu Fuß von Tiers zu erreichen. Aufgetischt wird gute Südtiroler Hausmannskost mit viel Gemüse und frischen Salaten.
229 D3
Weißlahn 43, 39050 Tiers
347 813 11 52
www.schutzhaus-tschafon.com
Ende April–Anf. Nov. geöffnet

Wohin zum ... Essen und Trinken?

Preise für ein Hauptgericht ohne Getränke:

€	unter 10 €
€€	10–20 €
€€€	über 20 €

SEISER ALM

Gostner Schwaige €€-€€€
Franz Mulser gilt als Blumenflüsterer, seit er seinen Gästen im Sommer einen Salat mit 35 Almblumen serviert. Der junge Seiser hat u. a. im Tantris bei Hans Haas gearbeitet und ist jetzt Chef seiner eigenen winzigen Almküche. Empfehlung: Heusuppe mit Trüffel – serviert im frischen Brotlaib.
229 D4
Saltriastr. 13, 39040 Seis am Schlern
347 836 81 54
www.gostnerschwaige.com
Ende Mai–Okt. tägl. 8–20 Uhr

Ritterhof €€
Ritterlich ist der Stil und so erwarten Sie Ritterspieß oder Ritter Leos Zaubertopf. Im übrigen wird leidenschaftlich »genudelt« und regionale Feinschmeckerküche mediterran variiert oder als kalorienarme Vitalküche gepflegt. Die Desserts sind auch für heutige Burgfräuleins verführerisch. Im Blauen Stübele und auf der Terrasse mit Schlern-Blick gibt es nachmittags ofenwarmen Strudel.
229 D4
Schlernstr. 37, 39040 Seis am Schlern
0471 70 65 22 www.ritterhof.com
Dez.–Ostern, Ende Mai–Okt. Di–So 12–14 und 19 bis 21 Uhr

Zu Tschötsch €–€€
Frischer können die Salate und Gemüse gar nicht in die Küche kommen als beim mehr als 500 Jahre alten Hof. Er liegt fernab vom Straßenlärm in einem Sonnenwinkel. Sie erwartet ein deftiges Essen in einer der beiden bäuerlichen Stuben oder auf der Terrasse. Und wenn Sie mehr über das Leben der Bergbauern erfahren wollen: Zum Hof gehört ein Bauernmuseum.
229 D4
St. Oswald 19
39040 Seis am Schlern – Kastelruth
0471 70 60 13
www.tschoetscherhof.com
März–Nov. Do–Di 12–14 und 18–20.30 Uhr

GRÖDNER TAL

Anna Stuben €€€
Köstliche Gerichte hält das ausgewiesene Gourmetrestaurant mit einem Michelin-Stern für Sie bereit. Es gehört zum luxuriösen Wellnesshotel Gardena Grödnerhof, das inmitten einer Gartenlandschaft im Zentrum von St. Ulrich liegt. Das Ambiente passt: holzgetäfelte Stuben mit Kachelöfen, von denen einer schöner ist als der andere.
229 E5
Vidalongstr. 3, 39046 St. Ulrich
0471 79 63 15 www.gardena.it
Anf. Juni–Mitte Okt. Mo–Sa 19–23 Uhr

Cendevaves €€–€€€
Auf der Sonnenterrasse die exquisite Speisenfolge einer Spitzengastronomie und zugleich den Blick auf die Langkofelgruppe genießen, das geht in diesem Hotelrestaurant am Hochplateau von Monte Pana. Natürlich fehlt es auch nicht an erlesenen Weinen.
229 E4
Via Pana 44, Monte Pana
39047 St. Christina
0471 79 20 62 www.cendevaves.it
Anf. Dez.–Ostern, Juni–Anf. Okt. tägl. 12–14.15 und 19–20 Uhr

Restaurant Pizzeria Sal Fëur €–€€
In diesem Haus mit Weinstube, Caféstube, Restaurant und Pizzeria im Zentrum von Wolkenstein gleich neben der Kirche sind Sie immer richtig. Gekocht wird traditionell, gegessen drinnen und draußen. Wenn Sie die 300 Weinsorten im Keller besser kennenlernen wollen, rufen Sie vorher kurz an.
229 F4
Puezstr. 6, 39048 Wolkenstein
0471 77 31 53 www.salfeur.com
Dez.–Anf. April, Anf. Mai–Mitte Okt. tägl. 8–23 Uhr

Terrazza €–€€
Hier kann es schon mal laut werden, wenn Gruppen in die Pizzeria strömen. Aber dafür haben Sie auch schnell Kontakt und fast noch schneller Ihr Essen auf dem Tisch: einheimische und Tiroler Spezialitäten und ein preiswertes Tagesmenü.
229 E5
Snetonstr. 7, 39046 St. Ulrich
0471 79 63 66 tägl. 7–22 Uhr

HOCHABTEITAL

La Siriola €€€
Küchenchef Matteo Metullio im Restaurant (zwei Michelin-Sterne) des Hotels Ciasa Salares legt Wert auf Wildwachsendes und das Wissen darüber, wann etwas am besten geerntet und wie es perfekt verarbeitet wird. Leitmotiv seiner Menüs ist der Wald. Zum Abschluss wartet im Chocolate Room eine Auswahl von 40 Schokoladensorten. Der Weinkeller mit rund 18 000 Flaschen ist berühmt.

Die Regensburger Hütte ist von Col Raiser zu erreichen und Ausgangspunkt für Wanderungen.

⊹ 230 C3
✉ Armentarola in Pre de Vi 31
39036 St. Kassian
☎ 0471 84 94 45 ⊕ www.siriolagroup.it
◑ Dez.-Ostern, Juni–Sept. Di–So 19.30–21.30 Uhr

St. Hubertus €€€
Mit den ersten drei Michelin-Sternen, die bisher in Südtirol vergeben wurden, ist der Ahrntaler Norbert Niederkofler seit Ende 2017 der strahlendste Stern am Kochhimmel. Er führt die Küche im Hotel Rosa Alpina nach dem Motto »Die schönsten Dinge im Leben sind die einfachen Dinge«. Tipp: Carpaccio vom Milchkalb, Wurzelgemüse und Birkenfond mit Kräutern.
⊹ 230 C3
✉ Micura-de-Rü-Str. 20, 39036 St. Kassian
☎ 0471 84 95 00
⊕ wwww.rosalpina.it
◑ Anf. Dez.–Ostern, Ende Juni–Mitte Sept. Mi–Mo 19.30–21 Uhr

Wohin zum ... Einkaufen?

Die große Zahl von Schnitzwerkstätten hat eine Vielzahl unterschiedlicher Stile hervorgebracht. Seniormeister Luis Tinderla gehört zu den Bildhauern, die sich um die Weiterentwicklung religiöser Themen kümmern. Daneben werden in der **Senoner Tinderla KG** (Reziastr. 162, St. Ulrich, Tel. 0471 79 65 51) Alltagsmotive angeboten. Klassische Holzschnitzereien wie Krippen, Weihwassergefäße und Engelsköpfe, dazu aber auch Profanes wie Tiere und selbst Werbeartikel kommen aus der Werkstatt von **Willi Bernardi & C.** (Handwerkerzone Pontives 37/16, Lajen/St. Ulrich, Tel. 0471 78 65 12). Seit Generationen schafft die ladinische Familie **Franz Comploj** (Reziastr. 181, St. Ulrich, Tel. 0471 79 62 72) sakrale und profane Holzschnitzkunstwerke. Diese bleiben vorwiegend naturbelassen oder werden gebeizt, bemalt oder vergoldet. Längst aber kennt man nicht mehr nur sakrale Motive.
Es gibt auch zunehmend zeitgenössische Holzkünstler, die im Grödner Tal ihre Ateliers haben wie **Adolf Vallazza**, der für seine Skulpturen und Throne altes Holz verwendet (Sotriastr. 6, St. Ulrich, Tel. 0471 79 64 70) oder **Walter Moroder**, dessen Figuren von lebensgroßen Holzfiguren der Toraja auf Sulawesi inspiriert sind (Galerie Doris Ghetta, Pontives 8, St. Ulrich, Tel. 366 150 02 43).
In Wolkenstein arbeitet **Aron Demetz**, der seine Skulpturen gerne kontrolliert abbrennt oder zerfranst (Streda Nives 20, Tel. 0471 79 40 97).

Wohin zum ... Ausgehen?

Am Spitzbühel auf der Seiser Alm starten die **Paraglider und Drachenflieger** zu Rundflügen über die Seiser Alm, den Schlern, den Puflatsch, aber auch über den Rosengarten und das Grödner Tal (Tourismusverband Seiser Alm/Schlerngebiet, Tel. 0471 70 96 00). Im Herbst wird vom Col Rodella (Sellajoch) gestartet. Ziele sind u. a. Sellastock, Belvedere sowie Lang- und Plattkofel. Im Grödner Tal sind die Bergstationen der Bahnen zur Seceda, Ciampinoi, Mont Sëura, Raschötz oder zur Seiser Alm beliebte Startplätze.
Tandemflüge mit geprüften Piloten vermittelt der Gleitschirmverein FLY 2 (Tel. 335 571 65 00) oder der Parapendio-Club Ghërdeina (Tel. 333 364 73 69).
Ruhiger erleben Sie die Bergwelt beim **Pferdetrekking** (Reitschule Pozzamanigoni in Wolkenstein, Tel. 0471 79 41 38). Reitmöglichkeiten gibt es auch im Country Club S. Durich (Tel. 349 301 75 77) in St. Ulrich. Für die Seiser Alm sind der Oberlanzinerhof (Tel. 0471 70 65 75) in Telfen und der Hofer Hof (Tel. 0471 70 70 14) in Tisens gute Adressen. In Kastelruth finden Sie im **Freibad** (Tel. 0471 70 50 90, Mitte Mai–Mitte Sept. tägl. 9–21 Uhr) in der Sportzone Telfen Abkühlung.
Skifahrer und Snowboarder lernen die Alm bei den »Skitour Hexen« (Tourismusverband Seiser Alm/Schlerngebiet, Tel. 0471 70 96 00) auf besondere Weise kennen.

Grasende Haflinger vor der Wallfahrtskirche
Latzfonser Kreuz

Eisacktal und Wipptal

Auch wenn sich die Autobahn tief durch das Tal gräbt, liegt an den Berghängen noch uraltes Bauernland, gekrönt von Schneebergen.

Seiten 146–171

Erste Orientierung

Das Leben im Eisacktal verläuft auf drei Etagen: Unten rauscht der Verkehr durch die Talenge und umflutet Städte wie Dörfer. Auf den Mittellagen und in den Tälern, die hier hinaufführen, befindet sich uraltes Bauernland. Und über allem thronen Gipfel und Gletscher, teils unberührte Naturreservate, teils Wintersportgebiete.

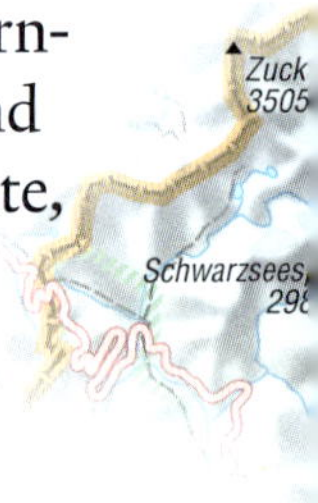

Der Ursprung der Orte an dem alten Handels- und Militärweg reicht oft bis zu den Römern zurück. Mittelalterlich geprägt, mit malerischen Lauben in autofreien Altstädten, sind die Fuggerstadt Sterzing, die Bischofsstadt Brixen und die Zollstelle Klausen. Sie besitzen wertvolle Kunstsammlungen.

Die Menschen im Eisacktal pflegen eine feine Lebensart zwischen Tradition und Modernität. Trotz der Wunden, die Bahn, Autobahn und Staatsstraße in Tal und Hänge geschlagen haben, überwiegt noch die Idylle. Die Hänge gehören dem Wein, die Felssporne den Burgen und Kirchlein. Auf den Hochterrassen reifen Äpfel und Esskastanien. Und hoch oben reflektieren die Gipfel der Sarntaler Alpen und der Dolomiten die Sonne selbst dann noch, wenn es im Tal schon dämmrig wird.

TOP 10

5 ★★ Brixen

Nicht verpassen!

49 Sterzing
50 Kloster Neustift

Nach Lust und Laune!

51 Gossensaß
52 Ridnauntal & Ratschings
53 Jaufenpass
54 Franzensfeste
55 Feldthurns
56 Barbian & Bad Dreikirchen
57 Klausen
58 Trostburg
59 Villnösser Tal

Brenner/
Brennero
Pfitscher Tal/Val di Vizze
St. Jakob/
S. Ciacomo
Gossensaß/
Colle Isarco
51
Alpen
Stubai)
Wieden/
Saletto
Ridnauntal/
Val Ridanna
52
Mareit/
Mareta
49
Sterzing/Vipiteno
Stange/
Stagne
Freienfeld/
Campo di Trens
52
Ratschings/
Racines
Stilfes/
Stilves
Mauls/
Mules
53
Jaufenpass/
Passo di Monte Giovo
Grasstein/
Le Cave
Mittenwald/
Mezzaselva
Franzensfeste/
Fortezza
54
Eisacktal
Schabs/
Sciaves
Vahrn/
Varna
50
Kloster Neustift/
Novacella
10 km
5 mi
5
Brixen/
Bressanone
Klerant/
Cleran
Feldthurns/
Velturno
55
Teis/
Tiso
St. Peter/
S. Pietro
St. Magdalena/
S. Maddalena
Klausen/
Chiusa
57
59
Bad Dreikirchen/
Trechiese
56
Villnösser Tal/
Val Funes
Lajen/
Laion
Barbian/
Barbiano
56
58
Trostburg/
Castel Trostburg

Mein Tag beim Törggelen

Wenn die Bauern im Herbst frischen Wein und frische Esskastanien ernten, beginnt die Zeit des Törggelen. Dann wandert man entlang von Kastanienwegen von Hof zu Hof, um hausgemachte Produkte zu kosten. Abgeleitet ist der Begriff vom sogenannten Torggl, einer Weinpresse, die früher noch von Hand gedreht werden musste.

9 Uhr: Frühstück auf dem Bauernhof

Regionale Köstlichkeiten vom Bauern können Sie im Oberhauserhof oberhalb von Feldthurns schon zum Frühstück genießen – mit herrlichem Blick auf die Geislerspitzen. Die frischen Himbeeren stammen aus dem eigenen Bauerngärtchen, Milch, Joghurt, Käse und Butter von den eigenen Kühen. Oma Tresl sorgt für frische Frühstückseier.

10 Uhr: Wandern durch bunte Herbstlandschaft

Draußen leuchtet das Laub in den schönsten Herbstfarben, deshalb zieht es einen schon bald hinaus zu einem Spaziergang. 3300 Edelkastanienbäume sind ein Markenzeichen der Region zwischen Klausen und Brixen. Der mit einer Kastanie gekennzeichnete Eisacktaler Keschtnweg führt vorbei an alten Bauernhöfen, Ansitzen, Wegkreuzen, Kirchlein und natürlich vielen Kastanienbäumen. Hier auf den Bergterrassen im Eisacktal liegt die Ursprungsregion des Törggelen, denn hier wachsen gleichzeitig Wein und Kastanien, die man zur Erntezeit in den Buschenschanken zusammen mit anderen herzhaften Hofprodukten kosten kann.

13 Uhr: Einkehr beim Wilderer

16 Uhr: Hausmannskost vom Feinsten

Die reiche Ernte ihres Gartens verarbeitet Familie Gasser vom Oberhauserhof selbst.

13 Uhr: Einkehr beim Wilderer

Im Glangerhof oberhalb von Feldthurns zeigt Ihnen Wirt Georg Oberhofer sein Wilderermuseum, das im Gewölbekeller des 400 Jahre alten Bauernhauses untergebracht ist. Von armen Zeiten, als Wilderer bei den einfachen Leuten gut angesehen waren, weil sie für deren Überleben sorgten, erzählt das Kellermuseum, in dem auch historische Bauerngerätschaften wie ein riesiger Torkel zum Weinpressen zu sehen sind. Die Hirsche für seine Hirschwurst erlegt Jörgl heute ganz legal und schnitzt aus dem Geweih Zierschnallen und Anstecker.

Zur kleinen Pause schmeckt hier die Marende sehr lecker, eine typische Südtiroler Brettljause mit Speck, Kaminwurzen, Käse und einem Glas Vernatsch.

Jeden ersten Dienstag im Monat treffen sich etwa 20 Gefolgsleute zum Wildererstammtisch. Dann wird gemeinsam das Lied vom Wildschütz Jennerwein angestimmt.

16 Uhr: Hausmannskost vom Feinsten

Wer nicht bis zum Wilderertreffen warten will, hält abends Einkehr beim Oberpartegger in Villanders. Der Buschenschank der Familie

Südtiroler Brettljause im Glangerhof (links) und geröstete Kastanien im Buschenschank des Oberparteggerhofs in Villanders (unten)

Kainzwaldner mit seiner urigen Bauernstube ist schon seit 1787 in Familienbesitz und für seinen Speck aus eigener Hausschlachtung so beliebt, dass man vorher reservieren sollte. Es gibt deftige Hausmannskost wie Schlachtplatten mit Surfleisch, Schweinsrippen, Würsten, Schlutzkrapfen, Sauerkraut und Knödel.

Auf dem Keschtnfeuer werden Kastanien geröstet. Zum Ausschank kommt neuer Wein, der Siaßer. Sogar Sekt, nach Champagnermethode gereift, kommt hier zum Ausschank. Deshalb geht es spät abends mit dem Taxi zurück ins Hotel.

i

Oberhauserhof
225 E2 Schnauders 83, Feldthurns
0472 85 53 54 www.oberhauserhof.com

Glangerhof
225 E2 Guln 37, 39040 Feldthurns
0472 85 53 17
Ende Sept.–Anf. Dez. tägl. 13–24 Uhr

Oberpartegger
225 D1 Unter St. Stefan 7, 39040 Villanders
www.oberpartegger.com
0472 84 78 69
März–Mai ab 17, Sept.–Dez. ab 16 Uhr, Mo geschl.

Taxi Niederstätter
0472 84 32 66 www.niederstaetter.eu
Taxi Klammer
335 815 52 33 www.bustaxiklammer.com

Törggelen-Zeit: Mitte Okt.–Anf. Nov.

❺ ★★ Brixen (Bressanone)

Warum?	Frühere Bischofsstadt
Was?	Über den weiten Domplatz schreiten und Dom samt Kreuzgang besuchen
Wie lange?	Einen ganzen Tag
Wann?	Frühjahr bis Herbst
Was noch?	Nach Spuren von Elefanten-Bildnissen Ausschau halten
Resümee	Alte Stadt mit jungen Leuten

Die Vergangenheit als Residenzstadt machtvoller Fürstbischöfe sieht man der Wirtschafts- und Kulturmetropole immer noch an, auch wenn der um 970 hierher verlegte Bischofssitz 1964 nach Bozen umzog. Die drittgrößte Stadt Südtirols ist heute quicklebendig und voller Jugend, seit es Zweigstellen der Universitäten von Bozen und Padua gibt.

Der Weg in die Altstadt von Brixen führt über die Brückengasse.

In der weitgehend erhaltenen Altstadt ist das Erbe aus mittelalterlichem Händlerfleiß und fürstbischöflicher Prachtentfaltung noch immer sichtbar. Dieser Paarung ist auch das reiche Kulturleben zu verdanken, das sich in Konzerten, Festen und einer quirligen Kunst- und Kleinkunstszene niederschlägt. Das Flair der alten Gassen und Lauben, der Plätze und Brücken ist überall präsent.

Ein nächtlicher Rundgang unter Führung eines »Nachtwächters« lässt Sie Brixen mit anderen Augen sehen. Im Dunkeln werden die Gassen und Häuser der Stadt zu Schauplätzen spannender Geschichten von Bischöfen, Hexen, Ratsherren und Geistern.

Den machtvollen Dom von Brixen schmücken barocke Deckenfresken des Tiroler Malers Paul Troger.

Krippen und Kirchenkunst

Die Mitte des 13. Jhs. errichtete und um 1600 erweiterte Hofburg diente den Bischöfen als Residenz. Heute zeigt die vierflügelige Anlage als Diözesanmuseum in 70 Räumen sakrale Kunst Südtirols, darunter Teile des Brixener Domschatzes, mittelalterliche Plastik und Tafelmalerei. Die zum Diözesanmuseum gehörende Sammlung des Krippenmuseums umfasst knapp 100 Weihnachtskrippen aus dem 18.–20. Jh. Prunkstück ist die Jahreskrippe mit 5000 Figuren. Sie zeigt mehr als 50 Szenen, die z. B. Opferfeste aus dem Alten Testament, das Weihnachtsfest und die Passion Christi darstellen.

Zeugnisse der Frömmigkeit

Wenige Schritte führen über den Domplatz zum machtvollen Dom Mariä Himmelfahrt. Die beiden Fassadentürme entstanden im 12. Jh., der gotische Chor 1457. Das heutige Aussehen der Bischofskirche wird von den barocken Um- und Neubauten bestimmt. Besonders die Deckenmalerei von Paul Troger im Inneren ist ein Meisterwerk des Barocks.

Orte der Stille sind der alte Stadtfriedhof (bis 1792) links neben dem Dom mit dem Gedenkstein Oswalds von Wolkenstein (1408) sowie der Domkreuzgang. Begonnen im 10. Jh., umgebaut Ende des 12. Jhs., wurde er im 14. Jh. eingewölbt und ausgemalt. Diese einzigartigen Zeugnisse spätgotischer Malerei und Frömmigkeit wurden von den Meistern der Brixener Schule geschaffen, unter ihnen Hans von Bruneck.

Pferd mit Rüssel

Ein amüsantes Detail in der dritten Arkade ist die Darstellung eines Elefanten: Da der Maler noch nie einen Elefanten gesehen hatte, nahm er ein Pferd zum Vorbild und versah es mit einem Rüssel und großen Ohren. Erst 80 Jahre später (1551) kam dann tatsächlich ein Dickhäuter auf der Durchreise nach Wien in die Stadt. Das Geschenk des portugiesischen Königshauses an den Großherzog Maximilian brachte den Besitzer einer Herberge auf die Idee, sein Haus mit einem Wandgemälde des Tieres schmücken zu lassen und es umzutaufen. Als Elephant (S. 167) ist es bis heute berühmt.

Neben dem Dom erhebt sich die vielfach umgebaute Pfarrkirche St. Michael (11. Jh.) mit dem 72 m hohen Weißen Turm, lange Ausguck des Feuerwächters. Schöne Stadttore sind das St.-Michaels-Tor, einst Hauptzugang zur Pustertaler Straße, und das Kreuz- oder Sonnentor in Richtung Süden.

KLEINE PAUSE

Ruhe finden Sie im **Hofgarten** mit seinen Zier- und Nutzpflanzen. Hausgemachte Eisspezialitäten und Mehlspeisen gibt es im **Dom-Café** (Pfarrplatz 3, So–Fr 8–18.30 Uhr).

---

i

225 E2

Brixen Tourismus Genossenschaft
233 E2
✉ Regensburger Allee 9, 39042 Brixen
☎ 0472 83 64 01 🌐 www.brixen.org

Diözesanmuseum
233 E2
✉ Hofburgplatz 2, Brixen
☎ 0472 83 05 05 🌐 www.hofburg.it
◔ Mitte März–Okt. Di–So 10–17 Uhr; Krippenmuseum: Ende Nov.–Anf. Jan. tägl. 10–17 Uhr
8 €, nur Krippenausstellung 5 €

Dom
223 E2
✉ Domplatz 2, Brixen
☎ 0472 30 62 00
◔ tägl. 7–18 Uhr, Führungen: Mo–Sa 10.30 Uhr, im Nov., Jan–März 12–15 Uhr geschl. frei

㊾ Sterzing (Vipiteno)

Warum?	Sehr gut erhaltenes, mittelalterliches Stadtbild
Was?	Vom Brixener Tor bis zum Zwölferturm schöne Bürgerhäuser, Fassaden, Lauben und elegante Geschäften bestaunen
Wie lange?	Halber Tag
Wann?	Ganzjährig
Was noch?	Multscher-Museum
Resümee	Hier klingt der Andachtjodler am schönsten

Obwohl Sterzings Hauptstraße nur wenige hundert Meter lang ist, gilt sie als schönste Einkaufsstraße Südtirols. Das Laubenlabyrinth unter den mittelalterlichen Prachtbauten entstand, als die Stadt für 200 Jahre Mittelpunkt eines wahren Silberrauschs war, der sogar die reichen Fugger als Investoren anlockte.

Der Zwölferturm von Sterzing markiert den Übergang zwischen Alt- und Neustadt.

Vor allem im 15. Jh. blühte der Bergbau im nahen Ridnauntal. Bis zu 10 000 Bergknappen schufteten in den hoch gelegenen Stollen. Sie verdienten gut dabei und konnten sich die Finanzierung von Kirchen und Kapellen leisten, die heute noch von diesem Reichtum zeugen. Im 16. Jh. kam es dann zum Niedergang des Silberbergbaus. Sterzing war wieder nur der Ort, durch dessen enge Hauptstraße sich die langen Reihen der Saumtiere und Karrenzüge wie auch der Kaiser und Könige auf dem Weg über die Alpen mühsam hindurchquälten. Die Route hatten schon die Kelten genutzt, als sie auf den Höhen im und um das Sterzinger Moos siedelten. Von ihnen entlehnten die Römer den Namen für ihr bis heute nicht geortetes Kastell Vipitenum. Erst als die 1867 neu eröffnete Eisenbahnstrecke Kurgäste aus ganz Europa in die Region brachte, erlebte auch Sterzing wieder einen Aufschwung. Mitte der 1970er Jahre wurde der historische Stadtkern von Autos befreit und es entstand eine Fußgängerzone.

Laubenflucht

Seien Sie nicht verwundert, wie viel Zeit Sie vom Brixener Tor bis zum 48 m hohen Zwölferturm (15. Jh.) brauchen. Er trennt die Altstadt von der 1443 nach dem Großbrand schöner aufgebauten Neustadt. Die Flucht der Lauben endet an dem mit Prunkerkern verzierten Rathaus von 1468 (mit Ratsstube, gotischem Theatersaal und Mithrasstein). Vor dem Haus schützt eine Statue des hl. Johannes Nepomuks vor Überschwemmungen.

Hinter dem Zwölferturm weitet sich der Stadtplatz mit dem für seine Küche gerühmten Schwarzen Adler und der Heiliggeist-Spitalkirche (1399). Sie wurde 1402 von Hans von Bruneck mit einem faszinierenden Zyklus biblischer Motive ausgemalt. Ein interessantes Detail zeigt, dass beim Jüngsten Gericht auch Geistliche von Teufeln in die Hölle geschleppt werden. Der Maler gilt als Gründer der Pustertaler Schule, die später den bedeutenden Schnitzer und Maler Michael Pacher hervorbrachte.

Meisterwerken gotischer Malerei wie diesem »Marientod« von Hans Multscher begegnet man im Multscher Museum.

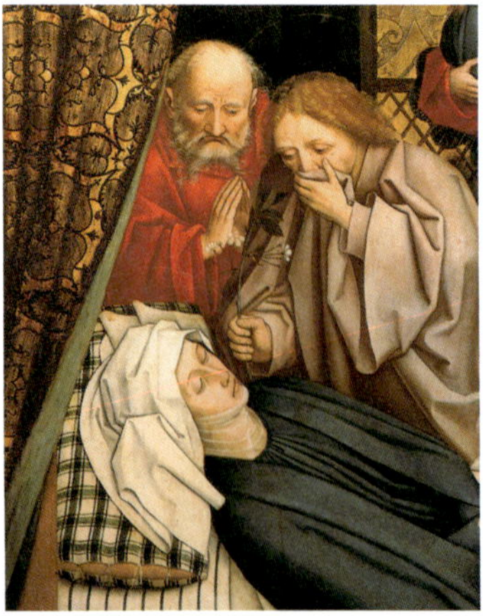

Die reiche Sterzinger Pfarrkirche Unsere Liebe Frau im Moos, eine der größten Tirols, liegt am südlichen Stadtrand. Sie verblüfft mit reichlich weißem Marmor aus der Blütezeit des Bergbaus. Dort finden Sie auch fünf Figuren des nach Irrwegen heute im Multscher- und Stadtmuseum aufbewahrten Multscher-Altars. Der 12 m hohe spätgotische Flügelaltar stammt von dem Ulmer Bildhauer Hans Multscher (1459). Jedes Jahr zur Weihnachtsmesse erklingt in der Pfarrkirche Unsere Liebe Frau im Moos seit 1833 das berühmte »Tjo, tjo i ri!« des

Andachtsjodlers. Hier wurde die eingängige Melodie erstmals gesungen und ging seither in verschiedenen Interpretationen um die ganze Welt.

Adelige Wohnkultur: der getäfelte Grüne Saal der Burg Reifenstein

Pittoresker Wehrbau

Auf dem südwestlich von Sterzing aufragenden Felsenhügel befindet sich Burg Reifenstein, die mit dicken Mauern, Zinnen, Toren und Zugbrücken ein Aushängeschild mittelalterlicher Kultur ist. Der Grüne Saal ist zweifellos das Highlight Reifensteins. Er wurde 1499 vollständig mit dem Zauberwerk der illusionistischen Malerei ausgeschmückt und zeigt grünes Laubwerk überall, dazu Vögel und kletternde Jünglinge. Gebaut wurde die Burg von Brixner Ministerialen um 1100 und erhielt ihr heutiges Aussehen nach 1470 im Auftrag des Deutschen Ordens, der die Burg von Sigmund dem Münzreichen erworben hatte.

KLEINE PAUSE

Wenn Sie Lust auf Süßes haben, landen Sie fast zwangsläufig in der **Conditorei Häusler** (Neustadt 11, Mo–Sa 7–18.30 Uhr) in der Nähe des hl. Johannes Nepomuk. Mögen Sie es lieber deftig, lockt schräg gegenüber das **Stadtcafé Lamm** (Neustadt 16, tägl. 7.30–22.30 Uhr).

---

224 C4

Tourismusverein Sterzing
Stadtplatz 3, 39049 Sterzing
0472 76 53 25
www.sterzing.com

Rathaus
Neustadt 21, Sterzing
Mo–Fr 8–12.30, Mi auch 14–17.30 Uhr

Heiliggeist-Spitalkirche
Am Stadtplatz, Sterzing
Mo–Fr 8.30–12, 14.30–18, Sa 8.30–12 Uhr

Unsere Liebe Frau im Moos
Deutschhausstr. 9, Sterzing
tägl. 9–19 Uhr

Multscher- und Stadtmuseum
Deutschhausstr. 11, Sterzing
0472 76 64 64
April–Okt. Di–Sa 10–13, 13.30–17 Uhr
2,50 €

Reifenstein
39040 Elzenbaum
April–Okt. Führungen: So–Fr 10.30, 14, 15 Uhr, Ende Juli–Anf. Sept. zusätzl. auch 16 Uhr 7 €

50 Kloster Neustift
(Novacella)

Warum?	Größte Klosteranlage Südtirols
Was?	Eine halbe Stunde hinaufwandern
Wie lange?	Mit Klosterbesuch einen ganzen Tag
Wann?	Aufstieg im Sommer frühmorgens, bevor es heiß wird
Was noch?	Neustifter Klosterwein probieren
Resümee	Wunderbare kunstgeschichtliche Zeitreise

Wie herausgehoben aus der Welt wirkt das 1142 vom Brixener Bischof Hartmann gegründete und inmitten von Wiesen, Obst- und Weingärten gelegene Augustiner Chorherrenstift, die größte Klosteranlage Südtirols. Neustift war und ist ein spirituelles Zentrum – dem Gebet, der Kunst und dem Weinbau verschrieben.

Das junge Kloster wurde bald Raststätte und Hospiz für Pilger auf dem Weg Richtung Süden nach Palästina oder Rom. Bestimmend für das heutige Aussehen der Anlage sind die Anbauten aus dem 15. Jh. und mehr noch aus dem 18. Jh., als das Kloster im Barockstil um- und ausgestaltet wurde. Die verdrängte gotische Kunst ist heute in der Alten Pinakothek München zu sehen (u. a. der Kirchenväteraltar von Michael Pacher). Zu Fuß dauert es eine halbe Stunde von Brixen den Eisack hinauf, bis Sie die Michaelskapelle vor dem Kloster erreichen. Sie wurde zur Zeit der Kreuzzüge geweiht, erhielt im 15. Jh. Zinnen und hieß fortan Engelsburg.

Achtes Weltwunder?

Vorbei an der Stiftskellerei gelangen Sie ins Kloster, zunächst in den barocken Stiftshof mit dem Wunderbrunnen (1508). Der Aufbau präsentiert die sieben antiken Weltwunder und fügt das Kloster als achtes hinzu. In der überwältigend prachtvollen Rokokobibliothek werden 76 000 Bücher aufbewahrt und klösterliche Buchmalereien in Vitrinen gezeigt. Gotische Wandmalereien mit den Hl. Drei Königen, teilweise um 1416 übermalt, zieren die Viktorskapelle, Fresken auch

Der Wunderbrunnen des Kloster Neustift hat einen schönen Baldachin (links) und die Arkaden des Klosterkreuzgangs sind mit biblischen Motiven geschmückt (unten).

den Kreuzgang von 1200, darunter Friedrich Pachers Parabel vom reichen Prasser. Die im Inneren schönste Barockkirche Südtirols, die Stiftskirche zu Unserer Lieben Frau, verleugnet im Äußeren nicht, dass sie aus drei Epochen stammt: Westturm und Langhaus sind romanisch, der Chor ist gotisch und die angebaute Marienkapelle spätbarock.

Die Deckenfresken, u. a. mit Szenen aus dem Leben des hl. Augustinus, stammen von Matthäus Günther, der Hochaltar mit dem Bild der Himmelfahrt Mariens von Joseph Ignaz Milldorfer. Eine Grablege wird Oswald von Wolkenstein zugeordnet, für den die Abtei Altersheim und Sterbeort war.

KLEINE PAUSE

Stärken Sie sich mit Neustifter Wein im **klostereigenen Ausschank.** Lassen Sie sich dazu eine typische Marende mit Speck, Käse, Kaminwurzen und Schüttelbrot schmecken.

---

225 E2

Stiftstr. 1, Vahrn
0472 83 61 89

www.kloster-neustift.it
Führungen: ab 10 Pers. Mo–Sa 10, 11, 14, 15, 16 Uhr, Mitte Juli–Mitte Sept. auch 12, im Winter 11 und 15 Uhr 9 €

Nach Lust und Laune!

51 Gossensaß (Colle Isarco)

Unterhalb der alles überragenden Brennerautobahn hat sich der frühere Nobelkurort (mit Thermalwasser) am oberen Ende des Wipptals viel Charme bewahrt. Die Silbergasse führt hinaus ins traumhafte Pflerschtal. An den Silberbergbau (bis 1818) erinnert auch St. Barbara (1510, mit spätgotischem Flügelaltar). Die Kapelle wurde von Knappen gestiftet.

Von früher Frauenpower zeugt die barocke Pfarrkirche. Sie wurde ab 1750 von der Frauenkolonne des Stubaier Priester-Architekten Penz gebaut. Der Norweger Henrik Ibsen dichtete hier sieben Sommer lang und ihm wurde später ein Museum im Gemeindesaal (Führung über Tourismusverein) gewidmet. Der Glanz der großen Zeiten ist heute aber längst verblasst und auch das letzte Grandhotel geschlossen.

225 D5

Tourismusverein Gossensaß
Ibsenplatz 2, 39041 Gossensaß
0472 63 23 72
www.gossensass.org

52 Ridnauntal & Ratschings (Val Ridanna & Racines)

Unterhalb von Sterzing erstreckt sich das Ridnauntal 18 km bis zur Silbermine Schneeberg hinter Maiern. Der Talschluss wird vom Zuckerhütl (3505 m) überragt. In dem Besucherbergwerk mit Technologie aus 800 Jahren wurde von 1327 bis 1986 geschürft. Am Weg zieht das rosafarbene Barockschloss Wolfsthurn bei Mareit die Blicke auf sich. Der Prachtbau ist zugleich Heimat des Jagd- und Fischereimuseums.

Am Taleingang biegt beim früheren Zollort Stange das ruhige Ratschingstal ab. Dort zerschneidet die spektakuläre Gilfenklamm tosend den weißen Marmor (zu Fuß aufwärts in 45–60 Min., abwärts in 30 bis 45 Min.).

Im Winter zeichnet das moderne Skigebiet Ratschings-Jaufen absolute Schneesicherheit auf 25 km Pisten aus. Vom Skikindergarten bis zu straffen Abfahrten finden Sie alles; dazu gibt's eine Halfpipe, eine Rodelbahn sowie Hüttenzauber und Après-Ski.

Die wild-romantische Schlucht Gilfenklamm kann über Treppen und Stege begangen werden.

↦ 224 C4

Tourismusverein Ratschings
Jaufenstr. 1, 39040 Ratschings/Gasteig
☎ 0472 76 06 08
🌐 www.ratschings.info

Bergbaumuseum am Schneeberg
✉ Maiern 48
☎ 0473 64 70 45
🌐 www.schneeberg.org
🕐 Mitte Juni–Mitte Okt., Voranmeldung notwendig, Di–So 13 Uhr
🎟 kleine Führung 9 €, große Führung 26 €

Schloss Wolfsthurn
✉ Landesmuseum für Jagd und Fischerei Mareit
☎ 0472 75 81 21
🕐 April–Mitte Nov. Di–Sa 10–17, So 13–17 Uhr 🎟 6 €

Gilfenklamm
🕐 Anf. Mai–Anf. Nov. tägl. 9–17 Uhr, Juli/Aug. tägl. 9–18 Uhr 🎟 4 €

53 Jaufenpass (Passo di Monte Giovo)

Für Motorradfahrer zählt der Weg über die Serpentinen des Jaufenpasses (2094 m) zwischen Eisack- und Passeiertal zu den Sternstunden im Sattel. Zu Recht, meinen auch viele Fahrradfahrer. Auf 40 km gibt es 19 enge Kehren und maximal 12 % Steigung. Der Lohn der Mühe: Traumblicke auf Ötztaler und Sarntaler Alpen und die leuchtenden Gletscher der Hohen Wilde (3480 m). Wer Kurven liebt, startet durch zum Timmelsjoch oder zum Penser Joch.

↦ 224 C4
🕐 Ganzjährig geöffnet, Nachtsperre 18–8 Uhr

Die Festung Franzensfeste wurde nach fünf Jahren Bauzeit 1838 eingeweiht.

54 Franzensfeste (Fortezza)

Rotweiß leuchten die Läden des Gasthofs Zur Sachsenklemme, eines beliebten Bikerstopps am neuen Eisacktal-Radweg. Tiroler Schützen besiegten hier 1809 ein Sachsenheer oberhalb der späteren Kasematte »Franzensfeste«. Die ließ der österreichische Kaiser Franz I. 14 Jahre als größte Alpenfestung bauen. Zum Kampf kam es nicht. Gegen Ende des Zweiten Weltkriegs lagerten hier 127,5 t Goldreserven der Banca d'Italia, die sich in den Wirren der letzten Kriegstage in Luft auflösten. Bis 2005 militärisch genutzt, ist die Feste heute zugänglich.

↦ 225 E3

Festung Franzensfeste
✉ Brennerstraße
☎ 0472 05 72 18
🌐 www.festung-franzensfeste.it
🕐 Mai–Okt. Di–So 10–18 Uhr (Führungen 11 und 15 Uhr), Nov.–April bis 16 Uhr 🎟 7 €, mit Führung 12 €

55 Feldthurns (Velturno)

Der Bauern- und Kastanienort Feldthurns im Wanderwegenetz auf der Sonnenterrasse des mittleren Eisacktals bietet Panoramablicke auf die Dolomiten. Hierhin bauten die Brixener Bischöfe 1577 mit Schloss Velthurns ihre Sommerresidenz. Heute ist der Renaissance-Edelsitz ein aktives Kulturzentrum, das Dorf eine Hochburg der Spezialitätenwochen »Eisacktaler Kost« Ende März und des Törggelen am Keschtnweg (S. 150).

225 E2

Tourismusverein Feldthurns
Simon-Rieder-Platz 2
39040 Feldthurns
0472 85 52 90
www.feldthurns.com

Museum Schloss Velthurns
Dorf 1, Feldthurns
0472 85 55 25
www.schlossvelthurns.it
Nur mit Führungen, Mitte März bis Mitte Nov. Di–So 10, 11, 14.30, 15.30 Uhr, Juli/Aug. auch 16.30 Uhr
5 €

56 Barbian & Bad Dreikirchen (Barbiano & Trechiese)

Die kleinen Häuser des Barbianer Knappenviertels erzählen von der Blüte des nahen Bergwerks von Villanders. Graf Arnold von Greifenstein schenkte den Silberberg im 12. Jh. dem Kloster Neustift. Dank Privatinitiative sind fast 1000 Jahre Bergwerksgeschichte im Stollen ablesbar.

Berühmter noch ist Bad Dreikirchen mit dem Kirchentrio, gebildet von der mit Fresken reich verzierten Gertraudkirche (1237), der wenig jüngeren Nikolauskirche und der spätgotischen Magdalenenkirche (Schlüssel beim »Messnerhof«). Unterhalb liegt das Badehaus, früher ein Treff von Prominenten – von Christian Morgenstern bis Sigmund Freud. In der Nähe tosen die Barbianer Wasserfälle.

225 D1

Tourismusbüro Barbian
Dorf 10, 39040 Barbian
0471 65 44 11 www.klausen.it

Tourismusbüro Villanders
F.-v.-Defregger-Gasse 6
39040 Villanders
0472 84 31 21 www.villanders.info
Bergwerksführungen (1,5 Std.): April–Nov. Di, Do 10.30, 14.30, So 10.30 Uhr, Treffpunkt: Elisabethstollen 9 €

57 Klausen (Chiusa)

Albrecht Dürer zeichnete die Bergbaustadt 1494 mit Burg Branzoll

Auf dem Säbener Felsen thront das gleichnamige Kloster, bekannt als »Akropolis Tirols«.

(Privatbesitz) und dem Benediktinerinnenkloster (1027) auf dem Säbener Felsen, der »Akropolis Tirols«. 45 Minuten dauert der Aufstieg. Das Kloster ist dem Gebet der Nonnen vorbehalten, die wertvoll ausgestatteten Kirchen sind zugänglich.

Extrem eng wirkt die Flucht der mittelalterlichen Hauptstraße mit den schönen Erkern. Sie ist heute Einkaufsstraße für Kunsthandwerk und Mode. Hort des kirchlichen Loreto-Schatzes ist das Stadtmuseum im ehemaligen Kapuzinerkloster. Es zeigt in seiner Pinakothek auch abstrakte Kunst.

225 E1

Tourismusverein Klausen
Marktplatz 1, 39043 Klausen
0472 84 74 24 www.klausen.it

Kloster Säben
Gnadenkapelle, Kreuzkirche, Klosterkirche
www.kgv-klausen.it
tägl. 8–17 Uhr; Liebfrauenkirche Juli/Aug. Di/Mi, Fr/Sa 15–18 Uhr, Sept. Di, Fr/Sa und Okt. Fr/Sa 14–17 Uhr

Stadtmuseum
0472 84 61 48
www.museumklausenchiusa.it
April–Anf. Nov. Di–Sa 9.30–12 und 15.30–18 Uhr 4 €

58 Trostburg (Castel Trostburg)

Hinauf zur Bilderbuchburg, seit 1370 Sitz der Wolkensteiner, führt ein kurzer, steiler Weg. Oswald von Wolkenstein (1377–1445) war der letzte große Minnesänger des Mittelalters. Man erfährt vieles über das Burgleben von der Romanik über die Gotik bis zur Früh- und Spätrenaissance. Attraktionen sind mehr als 100 Modelle von Südtiroler Burgen und die größte Weinpresse Südtirols im »Torggltrum«.

225 D1
0472 65 44 01
www.burgeninstitut.com
Führungen: Ostern–Juni, Sept./Okt. Di–So 11, 14, 15 Uhr, Juli/Aug. auch 16 Uhr 7 €

59 Villnösser Tal (Val Funes)

Die schöne Autostrecke von Waidbruck vorbei an Lajen (mit den Vogelweiderhöfen im Ried, vermutlich Heimat des Minnesängers Walther von der Vogelweide) und Gufidaun (mit Ansitz Hohenhaus, Museum für bäuerliche Lebenskultur) mündet ins Villnösser Tal mit dem Ort Teis, dem Sitz eines funkelnden Mineralienmuseums (S. 166) mit den bekannten Teiser Kugeln.

Hinter dem Dorf St. Peter (mit Filialkirchen St. Valentin in Pradell und St. Jakob am Joch – beide mit meisterlichen Flügelaltären) am Talschluss liegt St. Magdalena unterhalb des Peitlerkofels.

Der Naturerlebnisweg Zans ist für Rollstuhlfahrer geeignet und mit Brailleschrift ausgestattet. Krönender Abschluss der Talidylle ist die Kapelle St. Johann in Ranui vor der Kulisse der Geislerspitzen.

225 E1

Magischer Moment

Überraschungskugeln

Bei den Teiser Kugeln ist es wie mit Überraschungseiern, jeder ist neugierig auf das Innenleben. Von außen ist die Steinkugel recht unscheinbar, doch lässt man sie im Mineralienmuseum von Teis knacken, ist die Spannung groß, welche farbenprächtigen, funkelnden Quarzkristalle und Amethyste im Inneren der Kugel zum Vorschein kommen. Ihr Entstehen hängt mit dem Vulkanismus in diesem Teil Südtirols zusammen, bei dem es zu kugelförmigen Blasenräumen kam, in denen sich die Teiser Kugeln bildeten.

Infos unter: www.mineralienmuseum-teis.it

Wohin zum ... Übernachten?

Preise für ein Doppelzimmer pro Nacht:

€	unter 80 €
€€	80–150 €
€€€	über 150 €

STERZING UND UMGEBUNG

Hotel Feuerstein €€€
Am idyllischen Talschluss des Pflerschtals liegt dieses Ende 2017 neu eröffnete Familien-Resort, das modernes Design, Gourmetküche und Entspannung in ruhiger Naturlandschaft verbindet.
225 D5
Pflersch 185, 39041 Gossensaß
0472 77 01 26 www.feuerstein.info

Hotel Lilie €€–€€€
Als kleine Luxusoase, intim und unaufdringlich, erleben Sie dieses Stadthotel im historischen Zentrum Sterzings. Gastlichkeit bestimmt das denkmalgeschützte Haus von 1461 inmitten der Einkaufswelt der Lauben. Dazu passen die Wellnessinsel, eine der besten Küchen des Eisacktals und die hauseigene Konditorei.
225 D5
Neustadt 49, 39049 Sterzing
0472 76 00 63 www.hotellilie.it

Romantikhotel Stafler €€–€€€
Überwältigend ist der Charme des historischen Hauses Einhorn (1270), die Pferdeställe der einstigen Poststation sind noch erhalten. Elegante, zeitlose Superior-Zimmer, großes Wellnessprogramm. In der Gourmetstube Einhorn wird die mit zwei Michelin-Sternen ausgezeichnete Küche von Peter Girtler serviert.
225 D4
Mauls 10, 39040 Freienfeld
0472 77 11 36 www.stafler.com

BRIXEN UND UMGEBUNG

Elephant €€€
Legendäre Häuser haben es oft schwer, ihrem Ruf gerecht zu werden, nicht aber das auch als Gourmettempel zu Recht gerühmte Hotel Elephant. In einem der 44 sehr persönlich eingerichteten, historischen Zimmer ist man bestens bedient. Hinter dem Haus öffnet sich ein hoteleigener Park mit Rosen, Obstspalieren und Brunnen sowie zwei Tennisplätzen. Zum Hotel gehört auch ein Spa. Ein gewaltiges Fresko an der Hausfassade erinnert daran, dass hier 1551 ein Elefant auf Durchreise gastierte.
225 E2
Weißlahnstr. 4, 39042 Brixen
0472 83 27 50 www.hotelelephant.com

Hotel Hochrain €€
Die paar Kilometer aus dem Eisacktal auf das Hochplateau Natz-Schabs lohnen mehrfach. Der Preisvorteil ist spürbar, die Anbindung in alle Richtung ideal und Sie genießen den Traumblick auf Brixen und Kloster Neustift inmitten der Obstgärten des Orts Raas. Zum Hotel gehören komfortable Zimmer, in die man sich nach Wanderungen oder Dolomitenfahrten gerne zurückzieht. Sehr lecker sind die frischen Bachforellen vom Grill.
225 F3
Michael-Pacher-Str. 68
39040 Natz/Schabs
0472 41 22 48 www.hochrain.com

Hotel Jonathan €€€
Das Naturerlebnis steht hier im Vordergrund: beim Sport, in der Küche und beim Baustoff Holz. Das hat dem behindertengerechten Haus ein Umweltsiegel eingetragen. Hier fühlen sich auch Allergiker wohl. Zur Halbpension gehören die Nutzung von Schwimmbad, Wellnessbereich und Fitnessraum. Sie können auch Fahrräder ausleihen; für Biker gibt es speziello Angebote.
225 F3
Fürstnergasse 21, 39040 Natz/Schabs
0472 41 50 66 www.hotel-jonathan.com

Pupp €€€
Architekturprämiertes Designhotel, dessen drei Etagen aus minimalistisch wirkenden weißen Quadern gegeneinander verschoben sind. Das ermöglicht nach innen private,

abgeschottete Freiräume. Von der Dachterrasse genießt man einen grandiosen Blick über Brixen. Die gleichnamige Traditionskonditorei nebenan ist für ihre Schokoladenkipferln berühmt.
✣ 233 E3
✉ Altenmarktgasse 36, 39042 Brixen
☎ 0472 26 83 55 ⊕ www.small-luxury.it

KLAUSEN UND UMGEBUNG

Feldthurnerhof €€
Ein interessantes Haus, das alpenländischen Stil mit moderner Architektenhandschrift gekonnt verbindet. Der Blick auf die Dolomiten wird Ihnen den Atem verschlagen. Lassen Sie sich von der feinen Küche verwöhnen und kosten Sie unbedingt die Schlutzkrapfen oder auch die Bandnudeln in Steinpilzsauce.
✣ 225 E2
✉ Guln 1, 39040 Feldthurns
☎ 0472 85 53 33 ⊕ www.feldthurnerhof.com

Das mittelalterliche Städtchen Klausen

Hotel & Restaurant Ansitz zum Steinbock €€–€€€
Außen eine Trutzburg, innen ein feines Gasthaus mit alten Stuben. In ehemaligen Adelssuiten mit Holzmobiliar von zartem Zirbenduft lässt es sich königlich schlafen. Von der Terrasse gibt es einen grandiosen Ausblick über die Sarntaler Alpen und ins Eisacktal.
✣ 225 D1 ✉ F.-v.-Defreggergasse 14, 39040 Villanders ☎ 0472 84 31 11
⊕ www.zumsteinbock.com

Pension Briol €€
Die eigenwillige Architektur und die Ruhe der Pension Briol (1928 von einem Künstler im Bauhausstil umgebaut) lohnen den Fußmarsch – eine Stunde von Barbian (480 Höhenmeter). Man kommt aber auch per Taxi dorthin (Taxi Torggler, Tel. 0471 65 00 04). In den schlichten Zimmern erwarten Sie die originalen Waschschüsseln (je Stockwerk gibt es einige Nasszellen). Gegessen wird gesund und bewusst nach Rezepten aus der Gründerzeit des Hauses.
✣ 225 D1 ✉ Dreikirchen, 39040 Barbian
☎ 0471 65 01 25 ⊕ www.briol.it

Ranuimüllerhof €€–€€€
Lassen Sie sich von der großzügigen Anlage am Rand des Naturparks Puez-Geisler verzaubern, beispielsweise bei einer abendlichen Grillfeier unter sternenklarem Himmel und mit spannenden Sagen des Tals. Gekocht wird mit frischen Kräutern und Gemüsen aus dem Garten. Sportlich geht es in der Umgebung auf 100 km Nordic-Walking-Strecken, 140 km Mountainbiketouren oder im Winter auf 20 km Rodelbahn zu.
✣ 229 E5 ✉ St. Johann 1, 39040 Villnöss
☎ 0472 84 01 82 ⊕ www.ranuimuellerhof.com

Wohin zum … Essen und Trinken?

Preise für ein Hauptgericht ohne Getränke:

€	unter 10 €
€€	10–20 €
€€€	über 20 €

STERZING UND UMGEBUNG

Kleine Flamme €€€
Das Gourmetlokal liegt versteckt in einer Passage. Burkhard Bacher kombiniert hier mediterrane und asiatische Küche, schließlich hat er lange im »Oriental« in Bangkok gearbeitet. Tipp: *Vitello tonnato* mit Zitronen-

gras oder Jakobsmuscheln mit Chili-Polenta.
225 D4 Neustadt 31, 39042 Sterzing
0472 76 60 65 www.kleineflamme.com
Di-Sa 12-14 und 18.30-21, So 12-14 Uhr

Pretzhof €€
Hier gibt es frische Produkte aus eigener Landwirtschaft, Metzgerei und Käserei: Im Restaurant werden sie zu bodenständigen Gerichten verarbeitet und im Laden dieses urtypischen Südtiroler Bauernhofs von 1249 (ca. 8 km ins Pfitscher Tal hinein) verkauft. Eine Speisekarte gibt es nicht.
225 D4
Tulfers 259, 39040 Wiesen
0472 76 44 55 www.pretzhof.com
Mi 12-16, Do-Sa 12-21, So bis 20 Uhr

BRIXEN UND UMGEBUNG

Fink €€-€€€
Sie haben die Wahl: Bistroflair draußen an den Tischen und im Parterre oder das Restaurant im 1. Stock. Hier gibt es Südtiroler Küche und hausgemachte Teigwaren. Die Kuchen, die hier serviert werden, kommen aus der eigenen Konditorei.
233 E2 Kleine Lauben 4, 39042 Brixen
0472 83 48 83 www.restaurant-fink.it
Di Abend, Mi geschl., sonst 11-22 Uhr, Café 8-23 Uhr

Finsterwirt €€€
Feine Südtiroler Slow-Food-Küche mit kräftigen italienischen Einflüssen genießt man hier in 300 Jahre alten Stuben. Im Erdgeschoss kann man in der modernen Winebar Vitis im Sommer auch auf der Innenhofterrasse unter schattigem Weinlaub Platz nehmen und aus 400 Weinsorten wählen.
233 E2 Domgasse 3, 39042 Brixen
0472 83 53 43 www.finsterwirt.com
Di-Sa 11.45-14.45 und 18.45-21.15, So 11.45-14.45 Uhr

Gasthof Haller €€
Entstanden aus einem Buschenschank ist der Gasthof heute einer wirklich feinen Küche verpflichtet. Besonders reizvoll sind die Vorspeisenwochen, die zum Bleiben

Brixens Innenstadt ist auch abends lebendig.

animieren (es gibt Betten – und wer drei Tage bleibt, isst auch mit Halbpension à la carte).
225 E2 Weinbergstr. 68, 39042 Brixen
0472 83 46 01 www.gasthof-haller.com
Mi-So 12-14 und 18.30-21, Mo 12-14 Uhr

Weingalerie €€
In den alten Mauern der Weingalerie oder auf der schönen Terrasse wird donnerstag- und freitagabends ein kleines, aber feines Menü serviert; ansonsten gibt es zu den 25 offenen und 500 Flaschenweinen Käse- und Wurstspezialitäten.
225 E2
Weißlahnstr. 10, 39042 Brixen
0472 83 60 01 www.weingalerie.it
Do-Sa 10-13 und 16-1, Mo-Mi 16-1 Uhr

Weingut Köfererhof €€
Der Blick von Neustift auf Brixen ist herrlich. Serviert werden in den rustikalen Stuben des alten Weinguts Eisacktaler Brettljausen und Tiroler Bauernkost. Dazu gehören auf jeden Fall die vorzüglichen Weine aus eigenem Anbau.
225 E2
Pustertaler Str. 3, 39040 Vahrn
0472 83 66 49
Mi-Mo 12-14 und 17-22 Uhr

KLAUSEN UND UMGEBUNG

Ansitz Fonteklaus €€-€€€
Im ehemaligen Jagdschloss oberhalb von Klausen, mitten im Grünen gelegen,

schlemmen gerne die Feinschmecker: Geisler Rind aus Villnöss, Lammfleisch vom Villnösser Brillenschaf, Schlutzkrapfen und Teigtaschen mit verschiedenen Füllungen. Reservierung empfehlenswert.

225 E1 Lajen

0471 65 56 54 www.fonteklaus.it

Fr–Mi 12–14 und 19–21 Uhr

Gasthof Glangerhof €€

Im Glangerhof oberhalb von Feldthurns kehren nicht nur gerne die Törggelen-Gäste ein. Wirt Jörgl Oberhofer führt auch durch sein Wilderermuseum. Die Hirsche für seine Hirschwurst erlegt er heute ganz legal und schnitzt aus dem Geweih Zierschnallen und Anstecker. Jeden ersten Di im Monat Wildererstammtisch.

225 E2

Guln 37, 39040 Feldthurns

0472 85 53 17

Ende Sept.–Anf. Dez. tägl. 13–24 Uhr

Hotel Unterwirt €€€

Hier wird Bauernkost mit italienischer Kochkunst verbunden. Stimmen Sie sich ein mit einer Eisacktaler Weinsuppe oder Feldthurner Krapfen. Auch Themenwochen sowie Vollwert- und Trennkost stehen auf dem Programm. Von den Kastanien der Gegend inspiriert, gibt es in der Herbstsaison Kastaniengerichte; Kastanienholz wird auch in den Zimmern verwendet und es gibt sogar eine eigene Kastanien-Kosmetiklinie.

225 E2

Josef-Telser-Str. 2, 39040 Feldthurns

0472 85 52 25 www.unterwirt.com

Do–Di 12–14 und 18.30–21 Uhr

Oberpartegger €

Wein, Speck und Gesang in der urigen Bauernstube sind vor allem in der Zeit des Törggelen im Herbst im Buschenschank der Familie Kainzwaldner sehr beliebt. Alle Produkte stammen vom eigenen Hof. Unbedingt vorher reservieren.

225 D1

Unter St. Stefan 7, 39040 Villanders

0472 84 78 69 www.oberpartegger.com

März–Mai ab 17, Sept.–Dez. ab 16 Uhr; Mo geschl.

Turmwirt €€–€€€

Wählen Sie den Dreier-Teller oder die »Pasta Principe« und Sie sind angekommen in der gehobenen Gastlichkeit des altehrwürdigen Gerichtsschreiberhauses von 1678. Die Saison bestimmt die Speisenfolge.

225 E1 Gufidaun 50, 39043 Klausen

0472 84 40 01

www.turmwirt-gufidaun.com

Fr–Di 10–14.30 und 17.30–23 Uhr

Unterwirt €€–€€€

In der 400 Jahre alten Bauernstube kommen nach dem Leitspruch »Essen und Trinken hält Leib und Seel' beinand« feine mediterrane Küche und Südtiroler Überraschungsmenüs wie Tortelli mit Wolfsbarsch, Safransauce und frischen Erbsen auf den Tisch. Im Schankgarten gibt es Kuchen.

225 E1 Gufidaun Nr. 45, 39043 Klausen

0472 84 40 00

www.unterwirt-gufidaun.com

Di–Sa 18.30–21 Uhr

Walther von der Vogelweide €€–€€€

Zwischen Mauern und Erkern aus dem 14. Jh. wird in verfeinerter Südtiroler Tradition gekocht. Natürlich gibt es auch Pfannengerichte und Pizzas, dazu Wein aus Eigenanbau.

225 E1 Oberstadt 66, 39043 Klausen

0472 84 73 69 www.vogelweide.it

Di–So 12–14, 17–21 Uhr; Pizza bis 24 Uhr

Wohin zum ... Einkaufen?

SOUVENIRS

In den Lauben der drei großen Städte Sterzing, Brixen und Klausen (Mo–Fr 9–12.30, 15–19, Sa 9–12.30, viele Geschäfte auch 15–18 Uhr) findet sich alles, was Südtirol ausmacht, und darüber hinaus auch viele italienische Marken.

In der Galerie Hofburg (Hofgasse 5, Tel. 0472 35 11 11) in Brixen herrscht mit originellen Krippenfiguren das ganze Jahr über Weihnachtsstimmung.

Alpenländische Kopfbedeckungen stapeln sich im Brixener Hutstübele (Altenmarktgasse 24, Tel. 0472 20 01 87), zwei Häuser weiter gibt es Trachtenmode im Mode Treff By Gaby (Altenmarktgasse 20, Tel. 0472 83 67 56).
Im gut sortierten Spezialitätenladen im Einkaufsparadies der Brixener Altstadt (Große Lauben 14) duftet es herrlich nach Speck, Würsten und Käse.
In der Stiftskellerei von Kloster Neustift (Stiftstr. 1, Vahrn, Tel. 0472 83 61 89) bekommen Sie Kräutertee nach einer alten Rezeptur der Neustifter Klosterapotheke sowie den Grappa Sylvaner und den Abbagnac, wovon jährlich nur 3000 Flaschen abgefüllt werden.

WEIHNACHTSMÄRKTE

Die Weihnachtsmärkte in Brixen (Domplatz) und in Sterzing (Stadtplatz) profitieren von der zauberhaften Kulisse der historischen Gebäude. Reich an kulinarischen Angeboten, sind sie aber auch eine Fundgrube für originelle Geschenke und Mitbringsel (zeitgleich Ende Nov. bis 1. Januarwoche Mo–Sa 10–19.30, So 9.30–19 Uhr, 25. Dez. und 1. Jan. geschl.).

OUTLETS

Rund 65 Markenshops mit Rabatten von bis zu 70 % bietet Europas höchstgelegenes Outlet-Center am Brenner (St.-Valentin-Str. 9 A, 39041 Brenner, www.outletcenterbrenner.com, tägl. 10–19 Uhr).

Über 70 Marken im Outlet-Center am Brenner

Wohin zum … Ausgehen?

KULTURLEBEN

Die Brixener Gruppe Dekadenz setzt seit 1980 Maßstäbe fürs Kabarett. Zu Hause ist sie im historischen Anreiterkeller im Brixener Stadtteil Stufels. Dort finden regelmäßig Kabarettabende, Konzerte und Kindertheater statt (Obere Schutzengelgasse 3, Tel. 0472 83 63 93, www.dekadenz.it).
Jazz gibt es von Zeit zu Zeit im 3fiori bar café jazzkeller in der Brixener Bäckergasse 3 (Tel. 0472 83 79 66, www.3fiori.com).
Landesweiten Kultcharakter hat mittlerweile die Großdisco Club Max am Brixener Fischzuchtsweg (Fr/Sa 23–4 Uhr).
Alte Theaterkultur lebt fort im Stadttheater Sterzing (J.-W.-v.-Goethe-Platz 1, Tel. 0472 76 04 00, www.stadttheater-sterzing.it), wo es auch Konzerte und Musicals gibt.

WELLNESS

Wohlfühlen verheißt das Erlebnisbad Acquarena in Brixen (Altenmarktgasse 28/B, Tel. 0472 26 84 33, www.acquarena.com). Die moderne Anlage bietet eine ausgedehnte Saunalandschaft und ein Vulkan-Dampfbad, Kneippbecken sowie Unterwassermusik im Warmbad.
Die Wellnessoase des Relaxbads Balneum Sterzing ist neben den Poollandschaften auch mit geschmackvoll alpinen Elementen aus Silberquarzit und stylischen Panoramaräumen mit Holz und Heu eingerichtet (Karl-Riedmann-Platz, 5, Tel. 0472 76 01 07, www.balneum.sterzing.eu).
Im Relaxarium in Klausen (Hotel Rierhof, Fragburg 7, Tel. 0472 84 74 54, Anmeldung erforderlich) können Sie sich mit Heukraxen, Kneipptretbecken und Schwellduschen in Form bringen.
Und auch im Feldthurner Alpenbadl Oberfraunerhof (Schnauders 22, Tel. 0472 85 5318, www.alpenbadl.com) wird einiges für Ihre Gesundheit getan, etwa im Heubad oder in der Kräutersauna.

Der Skypool des Panorama-Hotels Hubertus ist ein echter Hingucker.

Pustertal

Von der Stadt Bruneck über den leuchtenden Pragser Wildsee trifft das grüne Pustertal auf die schroffen Spitzen der Sextner Dolomiten.

Seiten 172–197

Erste Orientierung

Das Pustertal zweigt vom Eisacktal in Richtung Osten ab und steigt von dort aus über 70 km behäbig an. Im ganzen Tal findet man nur eine einzige größere Stadt: Bruneck. Im Tauferer Ahrntal und in den Sextner Dolomiten gibt es spektakuläre Skigebiete.

Wasser ist im Pustertal nicht nur für alte Antriebstechnologien wichtig, sondern auch für neue Abenteuersportarten: Auf der Hochterrasse von Terenten wurden alte Mühlen wiederbelebt und den Ahrnbach kann man im Schlauchboot hinunterreiten. Im Winter bilden Schnee und Eis die Basis für Skipisten, Rodelbahnen, Langlaufloipen und Eisflächen wie am Ahrntaler Klausberg, am Mühlwalder Speikboden und natürlich in den Skigebieten der Sextner Dolomiten und auf dem Brunecker Kronplatz. Sollte der Schnee in der Region einmal knapp werden, wird mit Schneekanonen nachgeholfen, auch wenn sich das angesichts der sonst auf Natürlichkeit eingeschworenen Naturparks bisweilen recht widersprüchlich ausnimmt.

Der Bergbau und die Lage an einem Fernhandelsweg waren es, die Bruneck einst zu einer aufstrebenden Stadt machten.

TOP 10

9 ★★ Toblach, Innichen, Sexten

Nicht verpassen!

60 Bruneck
61 Sand in Taufers
62 Ahrntal

Nach Lust und Laune!

63 Mühlbach
64 Rodeneck
65 Pfunderer Tal & Vintl
66 Terenten & Pfalzen
67 Kiens
68 St. Lorenzen
69 Antholzer Tal
70 Welsberg-Taisten & Gsieser Tal
71 Pragser Tal

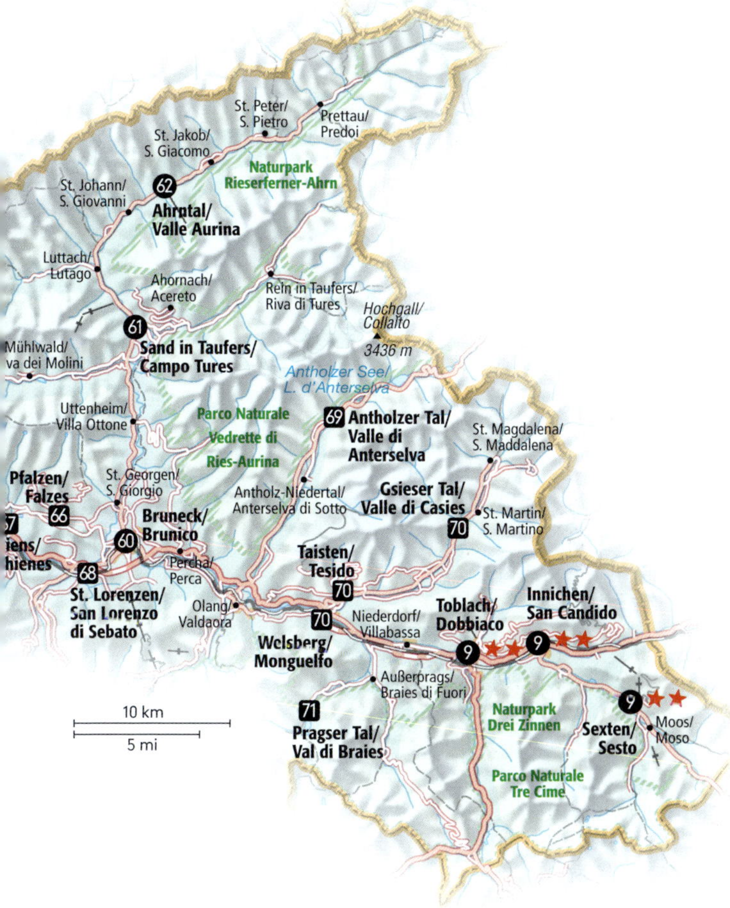

Mein Tag rund um die Drei Zinnen

Die Drei Zinnen gelten als das schönste Wahrzeichen des Hochpustertals. Diese Gebirgslandschaft ist so außergewöhnlich, dass sie heute als UNESCO-Weltnaturerbe geschützt ist. Eine Umrundung der Drei Zinnen zählt zu den landschaftlich attraktivsten Wandertouren in den Dolomiten, denn auf dem relativ flachen Hochplateau ist sie auch für Familien gut zu bewältigen.

7 Uhr: Der frühe Vogel ...

Wer schon beizeiten aufbricht, kann den Tag für eine Drei-Zinnen-Umrundung ganz entspannt angehen. In den Bergen ist es ruhig und Sie sind noch weitgehend allein unterwegs. Die Anfahrt erfolgt bis zum Parkplatz Auronzo-Hütte. Alternativ verkehren Linienbusse ab Misurina oder Toblach. Ausreichend Wasser und eine Brotzeit sollten Sie dabeihaben, dann sind Sie unabhängig, wenn in den Hütten Andrang herrscht.

8 Uhr: Der Weg zum klassischen Fotostopp

Bei der Auronzo-Hütte (2320 m) befinden Sie sich auf der südlichen Seite und damit hinter den Drei Zinnen. Ein Schotterweg mit der Markierung 101 führt zunächst zur Lavaredo-Hütte und dann leicht ansteigend zum Paternsattel. Pinguinparade nennen Bergführer diesen gerne, denn hier reihen sich regelmäßig alle Wanderer wie Pinguine auf, um nach eineinhalb Stunden Gehzeit endlich den ersten

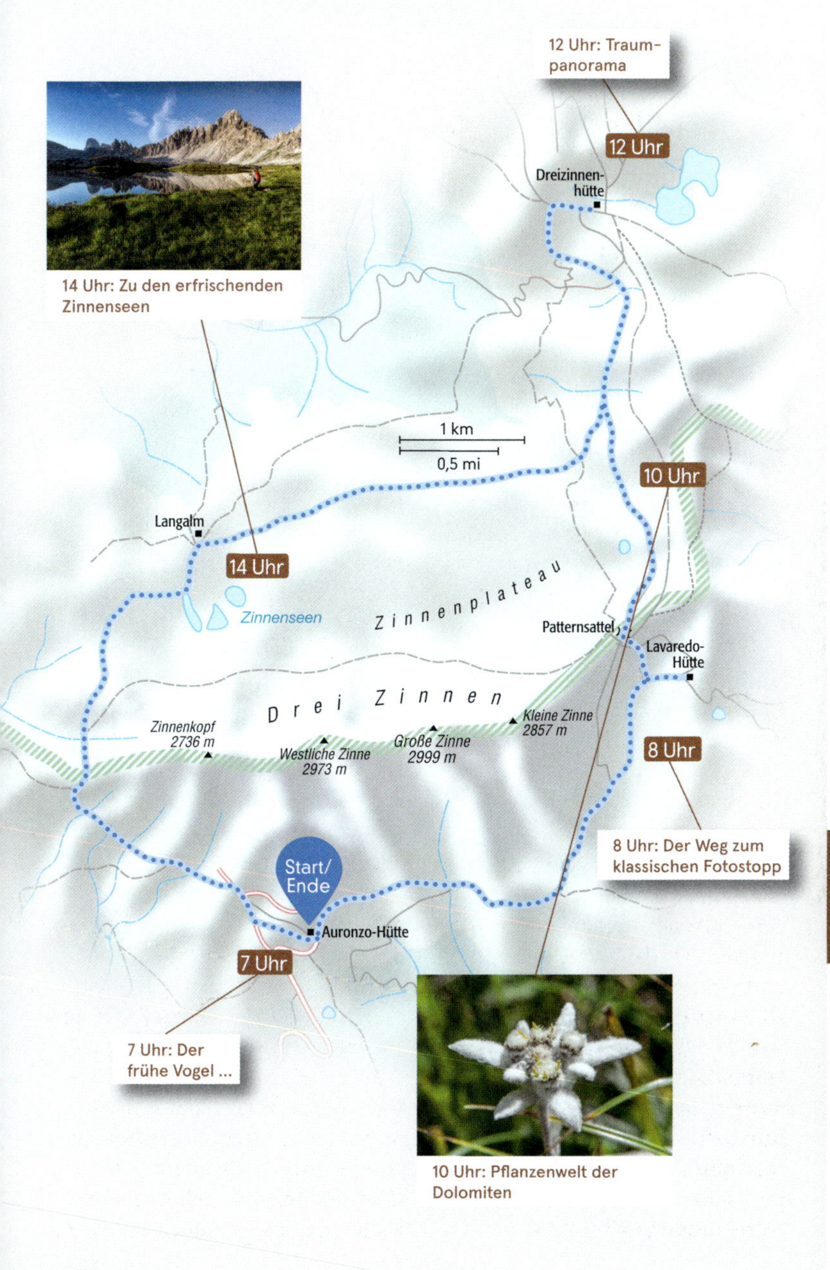
12 Uhr: Traumpanorama
12 Uhr
Dreizinnenhütte
14 Uhr: Zu den erfrischenden Zinnenseen
1 km
0,5 mi
10 Uhr
Langalm
14 Uhr
Zinnenplateau
Zinnenseen
Patternsattel
Lavaredo-Hütte
Drei Zinnen
Zinnenkopf 2736 m
Westliche Zinne 2973 m
Große Zinne 2999 m
Kleine Zinne 2857 m
8 Uhr
8 Uhr: Der Weg zum klassischen Fotostopp
Start/Ende
Auronzo-Hütte
7 Uhr
7 Uhr: Der frühe Vogel ...
10 Uhr: Pflanzenwelt der Dolomiten

Wechselspiel aus bleichem Gestein und lichtem Grün: die Pfanzenwelt der Dolomiten

Die Dreizinnenhütte ist die berühmteste Hütte der Sextner Dolomiten und deshalb immer gut besucht.

fantastischen Blick auf die schöne Nordseite der Drei Zinnen zu genießen. Sie formen das markanteste Bild der Dolomiten: drei aufeinanderfolgende, wie Reißzähne schroff aufragende Felsen: die Kleine Zinne (2857 m), die Grosse Zinne (2998 m) und die Westliche Zinne (2973 m).

10 Uhr: Tier- und Pflanzenwelt der Dolomiten

Wer mit Bergführer unterwegs ist, kann viel über die Tier-, Pflanzen- und Gesteinswelt der »Sextner Dolomiten«, das Reich von Steinadlern, Gämsen und Murmeltieren erfahren. Es setzt sich größtenteils aus weiten Fels- und Geröllflächen zusammen. Doch Fingerkraut, Zwergalpenrose, Edelweiß und Gelber Rhätischer Mohn legen sich als sanfter Teppich über die steinernen Halden. Die Drei Zinnen sind die berühmtesten Ausformungen des typischen Dolomitengesteins, die vor etwa 250 Millionen Jahren als massive Felswände aus Muschelkalk und Korallenriffen aus den Tiefen des Tethys-Meers emporstiegen.

12 Uhr: Dreizinnenhütte samt Traumpanorama

Den legendären Frontalblick auf die Drei Zinnen bekommen Sie jedoch nur von der Dreizinnenhütte (2405 m) aus. Vom Paternsattel führt der Wanderweg erst leicht ab- und später wieder etwas ansteigend am

Die Drei Zinnen gelten als Wahrzeichen der Dolomiten, die jeder Urlauber der Region einmal umrunden oder zumindest einmal sehen will.

Fuß des Paternkofels entlang. Den Geübten mit Kletterausrüstung bescheren dort Klettersteige sogar pittoreske Felsentunnel mit fantastischen Gucklöchern und Ausblicken auf die Nordwände. Hier oben können Sie das Traumpanorama genießen und eine Pause einlegen. Wenn es in der Dreizinnenhütte zu voll wird, haben Sie ja Ihren eigenen Proviant dabei.

14 Uhr: Zu den erfrischenden Zinnenseen

Von der Dreizinnenhütte führt der Weg Nr. 105 in Richtung Langalm. Etwas oberhalb der kleinen Hütte befinden sich die Quelle der Rienz und die Zinnenseen. Hier können Sie sich noch einmal kurz die Füße kühlen, bevor es über die Westseite der Drei Zinnen gegen 17 Uhr zurück zum Ausgangspunkt geht.

i

Anfahrt: über den Misurina-See (mautpflichtig; 25 €) zum Parkplatz Auronzo-Hütte ✈ 227 F1
Umrundung: Lavaredo-Hütte, Paternsattel, Dreizinnenhütte, Langalm, Auronzo-Hütte
Streckenlänge: ca. 9 km
Reine Gehzeit: ca. 2,5 Std.
Höhenunterschied: ca. 500 m
Klettersteig am Paternkofel: nur mit Steigset, Helm und Stirnlampe.

Auf der Stecke ist man durchgängig der Sonneneinstrahlung ausgesetzt!

Organisierte Touren:
Alpinschule Sexten/Drei Zinnen
✉ Dolomitenstr. 45, 39030 Sexten
☎ 0474 71 03 75
🌐 www.alpinschule-dreizinnen.com

9 ★★ Toblach, Innichen, Sexten (Dobbiaco, San Candido & Sesto)

Warum?	Historischer Luftkurort trifft auf Zackenberge
Was?	In Vergangenheit schwelgen und die Drei Zinnen umrunden
Wie lange?	Ein bis zwei Tage
Wann?	Frühjahr und Herbst
Was noch?	Auf den Spuren Gustaf Mahlers wandeln
Resümee	Im Bann des Dreigestirns der Dolomiten

Zehntausende strömen jährlich durchs Hochpustertal in die Dolomiten. Über Toblach, den Luftkurort, und Innichen, den einst bayrischen Klosterort mit dem Wunder der Stiftskirche, geht es nach Sexten, ins Dorf der Drei Zinnen.

Der Toblacher Sattel ist eine Wasserscheide: Die Drau fließt von hier in Richtung Schwarzes Meer, die Rienz zur Adria. Der Ort Toblach wurde erstmals 827 urkundlich erwähnt. Jahrhunderte später kam die Eisenbahn und brachte Großbürgerliche und Adlige ins Tal, die nach Sommerfrische suchten. Zu ihnen gehörte Gustav Mahler, der die Sommer 1908–1910 in Toblach verbrachte, woran heute die Mahler Musikwochen erinnern. Sie finden im ehemaligen Grandhotel statt, das 1878 als Nobelherberge eröffnete und heute Kultur- und Tagungszentrum ist. Sehenswert sind ebenfalls die Barockkirche St. Johann Baptist und die benachbarte Herbstenburg.

Skisport vor herrlicher Bergkulisse

Im Sommer gibt es Leichtathletik-Events und im Winter Weltcuprennen und Langlauf-Volksläufe. Das Skiliftnetz Hochpustertal erschließt mehr als 50 km präparierte Pisten und ein Loipennetz von 200 km. Besonders familienfreundlich ist das Skigebiet am Haunold bei Innichen.

Naturerlebnisse gibt es im Naturpark Sextner Dolomiten reichlich. Ein besonderes Kleinod ist der Toblacher See auf 1259 m Höhe im Höhlensteintal. Noch 150 m höher liegt der Dürrensee mit Blick auf die Cristallogruppe im Süden.

Unterwegs im Zentrum von Innichen (links); die Weinstube Mühlein in Sexten ist eine typische »Pustertaler Stub« (rechts)

Am Fuße der Drei Zinnen

Die romanische Stiftskirche Innichen lohnt den Besuch wegen der Kreuzigungsgruppe, die mit ihren streng wirkenden Skulpturen als eine der bedeutendsten Schöpfungen hochmittelalterlicher Bildhauerkunst gilt. Aber auch die Steinmetzarbeiten und Fresken sind von erlesener Qualität. Moderne Bildhauer verwenden heute in Innichen regelmäßig Schnee beim Schneeskulpturen-Festival im Januar.

Sexten vermarktet sich heute als Dorf der Drei Zinnen (S. 176), umgeben von Bergbauernhöfen am Südhang, Lärchenwiesen, Fichtenwäldern und der Nemes Alm voller Almrosen. Ganz nah an die Zinnen kommen Sie im Fischleintal. Vom Hügel Heidegg aus sehen Sie den Neuner, Zehner, Elfer, Zwölfer und Einser, die Gipfel der Sextener Sonnenuhr. Der Ort selbst ist geprägt von der überschäumenden Lebensfreude erfolgreicher Bergsteiger und Bergführer.

KLEINE PAUSE

Kalorienverluste ersetzen Sie im **Sextnerhof** (Dolomitenstr. 13, tägl. 12–14, 18–21.30 Uhr), auf herzhafte Art mit dem Pustertaler Speckteller oder süß mit Kaiserschmarrn.

---

227 E1

Tourismusverband Hochpustertal
Pflegplatz 1, 39038 Innichen
0474 91 31 49

www.drei-zinnen.info
www.dolomiten.net

Stiftskirche Innichen
tägl. 8–18 Uhr

60 Bruneck (Brunico)

Warum?	Größte Stadt und Handelszentrum des Pustertals
Was?	Durch die mittelalterliche Stadtgasse flanieren und im Winter auf den Kronplatz zum Skifahren
Wie lange?	Ein bis zwei Tage
Wann?	Das ganze Jahr über
Was noch?	Spektakuläres MMM Corones von Zaha Hadid
Resümee	Eine der lebenswertesten Städte Italiens

Als Brixens Bischof Bruno um 1250 an der Rienz eine Burg baute, wuchs schon bald darauf eine Stadt zu Füßen des Schlossbergs heran. Im Herzen des Pustertals gelegen und begünstigt durch die Lage am Handelsweg von Venedig nach Deutschland, hat sich Bruneck schon bald zum kulturellen und wirtschaftlichen Zentrum der Region gemausert. Heute ist Bruneck das Einkaufszentrum des Pustertals mit dem Winter-Wunderland des Kronplatzes (Plan de Corones; 2275 m) vor der Tür.

Stadtbummel im Herzen des Pustertals

Der Wohlstand, den das Ahrntaler Kupfer und ein vielfältiges Gewerbe der Stadt brachten, lässt sich an den schönen Bauten der Stadt ablesen. Und obwohl das von Stadtmauern umgebene Bruneck zwischen Fluss und Burg recht überschaubar wirkt, ist das Angebot der Geschäfte doch vielfältig. Insbesondere die Stadtgasse gilt als eine der schönsten Einkaufsstraßen Südtirols.

Zum Stadtbummel gehört die Besichtigung der Stadttore: Das Ursulinentor am Ende der Stadtgasse ist mit Fresken des Malers Johannes von Bruneck (1420) und das Florianitor mit Malerei aus dem 20. Jh. versehen. Das Oberragertor führt zur ländlichen Brunecker Oberstadt mit dem Ansitz Sternbach und der Mariensäule, das Rienztor zur Pustertaler Landstraße.

Sehenswerte Kirchen sind die nüchtern-gotische Ursulinenkirche (15. Jh.) mit ihrer stillen Krypta und die renovierte

Cafés und Kneipen säumen die malerische Stadtgasse von Bruneck.

Barockkirche Hl. Geist. Bei der Kirche St. Katharina auf dem Rain, dem Brunecker Wahrzeichen mit der doppelstöckigen barocken Zwiebelhaube auf dem Turm, lädt ein kleiner Park zur Pause ein. In der Pfarrkirche Zu Unserer Lieben Frau (19. Jh.) finden Sie ein lebensgroßes Kruzifix des um 1435 in Bruneck geborenen Bildhauers Michael Pacher.

Schloss Bruneck beeindruckt mit einem mächtigen Rundturm und Renaissance- und Barocksälen. Zudem befindet sich hier das MMM Ripa, in dem mit Filmen und Modellen der Alltag, die Kultur und die Religion der Bergvölker aus Asien, Afrika, Südamerika und Europa vorgestellt werden. Im Stadtmuseum finden Sie Werke von Michael und Friedrich Pacher, den Flügelalter von Simon und Veit von Taisten, aber auch moderne Klassiker von Oskar Kokoschka bis Paul Klee.

Starbergsteiger trifft Stararchitektin

Ein Ausflug mit der Seilbahn auf den Kronplatz lohnt nicht nur der Aussicht wegen. Auf dem Brunecker Hausberg steht das neueste Messner Mountain Museum MMM Corones. Der spektakuläre moderne Neubau entstand in Zusammenarbeit mit der Architektin Zaha Hadid. Thematisiert werden die Alpingeschichte und der traditionelle Alpinismus.

Auf dem Weg zum Ortsteil Dietenheim kommen Sie an einem der schönsten Bildstöckl Tirols vorbei. Im Dorf sind rund um den Ansitz Mair am Hof (um 1690) alte Bauernhöfe, Ställe und Mühlen aus ganz Südtirol zum Südtiroler Volkskundemuseum zusammengetragen. Sie sehen bäuerliches Gerät, aber auch Zeugnisse der Volkskunst und -frömmigkeit sowie eine der größten Zithersammlungen der Welt.

Ein eindrucksvolles Naturphänomen lässt sich in Percha bestaunen. Von Oberwielenbach spazieren Sie in 45 Minuten über ausgeschilderte Wege zu den durch Unwetter freigespülten Erdpyramiden, von Platten aus in 30 Minuten.

Das MMM Corones ist eine Attraktion auf dem Kronplatz.

KLEINE PAUSE

Ein Kaffee im **Freiluft-Burgcafé** im Innenhof des **MMM Ripa** rundet an schönen Sommertagen einen Nachmittag in Bruneck ab (siehe unten).

ⓘ ✈ 226 C2

Bruneck Kronplatz Tourismus
✉ Rathausplatz 7, 39031 Bruneck
☎ 0474 55 57 22
🌐 www.kronplatz.com

MMM Ripa
✉ Am Schlossweg 2, Bruneck
☎ 0474 41 02 20
🌐 www.messner-mountain-museum.it
◐ Anf. Mai–Okt. Mi–Mo 10–18 Uhr, Anf. Dez.–Ende April Mi–Mo 12–18 Uhr
🎟 9 €

Stadtmuseum Bruneck
✉ Bruder-Willram-Str. 1, Bruneck
☎ 0474 55 32 92
🌐 www.stadtmuseum-bruneck.it
◐ Di–Fr 15–18, Sa/So 10–12, Juli/Aug. 10–12, 15–18 Uhr, Mo bis auf Aug. geschl.
🎟 3 €, Kombiticket mit Burg mgl.

MMM Corones
✉ Kronplatz, Bruneck
☎ 0474 50 13 50
🌐 www.messner-mountain-museum.it
◐ tägl. 1. Sa Juni–2. So Okt., Ende Nov.–Mitte April 10–16 Uhr
🎟 10 €

Südtiroler Volkskundemuseum
✉ Herzog-Diet-Str. 24, Dietenheim
☎ 0474 55 20 87
🌐 www.volkskundemuseum.it
◐ Ostermontag–Okt. Di–Sa 10–17, So/Fei 14–18 Uhr, Aug. auch Mo
🎟 7 €

❻❶ Sand in Taufers
(Campo Tures)

Warum?	Imposante Gipfel, Almwiesen, Wasserfälle, mächtige Burg
Was?	Mittelalterliche Wohnkultur in Burg Taufers erleben
Wie lange?	Mit Wanderausflug einen ganzen Tag
Wann?	Im Frühjahr und Sommer
Was noch?	Reinbachfälle im Naturpark Rieserferner-Ahrn bestaunen
Resümee	Burganlage für Romantiker

Wie der Wächter vor einer verbotenen Welt thront Burg Taufers hoch über dem Dorf am Nordende des Tauferer Tals. Im Westen geht der Talkessel über ins schneesichere Mühlwalder Tal. Nach Osten öffnet sich das Reintal, und durch die Talenge des Ahrnbachs erschließt sich das Ahrntal.

In den langen Wintern heizten die Ritter auf Burg Taufers mächtig ein.

Auf dem Weg durch das offene Tauferer Tal lohnt sich ein Halt an der Pfarrkirche in St. Georgen. Die Kreuzigungsgruppe hat Hans von Bruneck an die Außenwand gemalt. Das Tal läuft direkt auf den Kessel von Sand in Taufers zu. Dabei bilden die vereisten Wände des Großen Moosnock eine fantastische Kulisse für Burg Taufers. Während sich das Dorf seit dem Ausbau der Skigebiete im Mühlwalder Tal und im Ahrntal merklich verändert, scheint die Festung davon unberührt. Gebaut um 1250, war sie in den Folgejahren ein wichtiger Gerichtsort der Tiroler Grafen.

Der Fußweg vom Dorf zur Burg ist kurz. Dort durchqueren Sie ein ausgeklügeltes System von Toren und Zwingern, bis Sie im Burghof stehen. Unter prachtvollen Kassettendecken reiht sich Saal an Saal. Insgesamt sind es 64 Räume voll von historischen Möbeln, Skulpturen und Waffen, darunter auch der Bibliothekssaal mit einem großen Kachelofen. Und für den Nachwuchs wird auch einiges geboten: Bricht die Geisterstunde an, müssen Mami und Papi draußen bleiben.

Im Herzen des Tauferer Tals

In und um Sand wirkt alles etwas bescheidener. Das Pfarrmuseum nahe der gotischen Pfarrkirche Mariä Himmelfahrt wurde in einem Kornkasten aus dem Jahr 1559 eingerichtet. Bis ins frühe 19. Jh. war hier der Ort, an dem der Getreidezehnte an Richter und Pfarrherren gezahlt wurde. Zu sehen sind Kunstwerke aus Tauferer Gotteshäusern und archäologische Funde.

Naturerlebnis und Besinnung bringt der Franziskusweg, der vom Ortsrand aus vorbei an den drei tosenden Wasserfällen ins Reintal und zu einer kleinen Kapelle führt. Der hoch gelegene Ort Rein in Taufers ist Ausgangspunkt für Höhentouren in den Naturpark Rieserferner und im Winter für Eiskletterer.

Spaß für Sportfreaks

Vom Mühlwalder Tal wandert es sich leicht zu Almhütten, Bergseen und zum Neves-Stausee. Wintersportler gehen auf die Loipen bis hinauf nach Lappach (1436 m), im Sommer ein Wandergebiet zwischen Kornmühlen und Bergbächen.

Ein Kick für Langstreckenrodler ist die Weizgruberalm in Mühlwald. Der Ort Ahornach ist Heimat des Extrembergsteigers Hans Kammerlander (S. 15) der regelmäßig u. a. auch 24-Stunden-Wanderungen veranstaltet.

KLEINE PAUSE

Vertrauen Sie sich einem Tipp aus Bikerkreisen an und essen Sie in der **Pizzeria Mausefalle** (Wiesenhofstr. 64, Di–So 11.30 bis 14 und 17–23 Uhr) eine Kleinigkeit.

---

i

↗ 226 C3

Tourismusverein Sand in Taufers
✉ J.-Jungmann-Str. 8
39032 Sand in Taufers
☎ 0474 67 80 76
🌐 www.taufers.com

Burg Taufers
✉ Ahornach 1
Sand in Taufers
☎ 0474 67 80 53
🌐 www.burgeninstitut.com
🕐 Führungen, Anf. Juli/Aug. tägl. 10, 11, 12.15, 13.15, 14, 15.15, 16.30, Di, Do auch 21 Uhr, Anf. Nov.–Anf. Dez. tägl. 15 Uhr, Anf. Dez.–Anf. Juli tägl. 10, 15 Uhr
🎫 8 € inkl. Führung

Pfarrmuseum Sand in Taufers
✉ Pfarre 14 Clgnaz Rieder
Sand in Taufers
☎ 0474 67 85 43
🕐 Juli–Mitte Okt. Mi–Sa 16–18, So 10–12 Uhr
🎫 Spende

❻❷ Ahrntal
(Valle Aurina)

Warum?	Bergseen, Wasserfälle und mehr als 80 Dreitausender
Was?	Rafting oder mit der Grubenbahn ins Innere der Berge
Wie lange?	Ein Tagesausflug
Wann?	Im Sommer verschafft ein Bergwerksbesuch Kühlung
Was noch?	Alte Handwerkskunst, Klöppeln und Maskenschnitzen
Resümee	Wasser ist das tragende Element

Die Blütezeit des Ahrntals ging 1894 mit der Kupferschwemme aus Amerika zu Ende. Viele Talbewohner wichen auf Spitzenklöppeln und Maskenschnitzen aus. Heute tragen die Höhenloipen in Weißenbach und die Pisten am Speikboden und Klausberg zum sicheren Auskommen bei.

Schäumend zwängt sich die Ahr die Schlucht nach Sand in Taufers hinunter – als Top-Strecke für alle, die Rafting lieben. Kurz vor Luttach geht Richtung Westen die Kabinenbahn zum Skigebiet Speikboden ab. Im Ort schwenkt das Ahrntal scharf nach Nordosten und steigt schnell an. Früher war es an der kaum kontrollierbaren Übergangszone nach Österreich ein Paradies für Flüchtlinge und Schmuggler.

Wilde Raftingfahrt auf der Ahr

Bergbau, Schnitzer, Skizirkus

Folgen Sie der Talstraße, ist St. Johann der nächste Ort. Alpenschätze wie rund 750 zum Teil enorm große Mineralien werden im Museum des größten Orts im Tals gezeigt. Umschlagplatz für das Kupfer war Steinhaus. Dort ist im »Kornkasten«, dem früheren Lebensmittelmagazin, ein Bergbaumuseum beheimatet.

Nur wenige Minuten dauert die Fahrt mit der Kabinenbahn von Steinhaus ins Klausberger Ski- und Wandergebiet, umgeben von 60 Dreitausender-Gipfeln. Die nächtliche Abfahrt über die 5 km lange, beleuchtete Klausberger Rodelbahn ist ein Riesenspaß (Di 19.30–22 Uhr).

St. Jakob ist das Dorf der Masken- und Wurzelschnitzer. Paul Gartner gehört zu den Begründern der Ahrntaler Schnitzkunst. Nach seiner Idee ist das Krippenmuseum Maranatha in Luttach entstanden, wo Tiroler, orientalische und moderne Krippen untermalt von Licht- und Klangspielen präsentiert werden. Von St. Peter (1364 m) brechen viele zu den bewirtschafteten Almhütten auf. 1475 m hoch liegt dann Prettau. Mehr Neugier als Mut erfordert hier die Fahrt mit der Grubenbahn in den St.-Ignaz-Erbstollen.

Prettauer Bäuerinnen waren es, die nach Ende des Bergbaus in Wien das Klöppeln lernten und ihr Können mit ins Tal brachten. Im Haus Prettau gibt es dazu Vorführungen. Den Abschluss des Ahrntals erreichen Sie in Kasern auf 1582 m Höhe, wo der Waldnersee (2338 m) Einheimische dem Volksglauben nach mit seinem »Brüllen« vor Unwettern warnt. Im Talschluss ruht vor einer gewaltigen Bergkulisse die Hl.-Geist-Kapelle (1450).

KLEINE PAUSE

Nehmen Sie die **Gondelbahn zum Klausberg** (von 1054 m auf 1600 m) und genießen Sie auf der Bergstation einen Kaffee mit exklusivem Panoramablick.

---

i 226 B/C4/5

Tourismusverein Ahrntal
Ahrner Str. 22, 39030 Luttach
0474 67 11 36
www.tauferer.ahrntal.com

Mineralienmuseum
Mühlegg 3, St. Johann
0474 65 21 45
www.mineralienmuseum.com
April–Okt. tägl. 9.30–12, 14–18.30 Uhr, Nov.–März nur nachmittags
4 €

Bergbaumuseum
Kornkasten, Steinhaus
0474 65 10 43
April–Okt. Di–So 10–17 Uhr
4 €, Kombikarte für Bergbaumuseum & Schaubergwerk 12 €

Krippenmuseum Maranatha
Weißenbachstr. 17, Luttach
0474 67 16 82
www.krippenmuseum.com
Mo–Fr 9–12, 14–18, So 14–17 Uhr
6 €

Schaubergwerk Prettau
Hörmanngasse 38 A, Kasern-Prettau
0474 65 42 98
www.bergbaumuseum.it
Ende März–Anf. Nov. Di–So 9.30–16.30 Uhr, im Aug. tägl.
Kombikarte mit dem Bergbaumuseum Steinhaus 10 €

Karibische Ruderbootfahrt

Smaragdgrün leuchtet der Pragser Wildsee im Winter und karibischblau im Sommer. Wildsee heißt das Gewässer nicht ohne Grund, wirkt doch seine Umgebung mit ihren imposanten Bergmassiven und Wäldern ein bisschen wie ein Stück Kanada mitten in den Alpen. Nach einer hier gedrehten TV-Serie mit Terence Hill blieb die Schönheit des Sees zwar kein Geheimnis mehr, doch wer sich am Bootshaus des alten Grandhotels ein Ruderboot mietet, hat draußen den See und sein magisches Leuchten noch für sich allein.

Nach Lust und Laune!

63 Mühlbach (Rio di Pusteria)

Die damalige Landstraße führte einst durch den Innenhof der Burganlage Mühlbacher Klause, die 2 km die Rienz aufwärts liegt. Reisende mussten hier am Zahltisch, dessen Granitplatte bis heute erhalten ist, Wegezoll entrichten. Die Zollstelle am Eingang zum Pustertal wurde beim Aufstand Tiroler Bauern 1809 zerstört und erst später wieder restauriert. Der Ort hat einen schönen Marktplatz – und seit 1995 Ruhe vom Durchgangsverkehr.

Zum höher gelegenen Wintersportgebiet Meransen führt eine Seilbahn. Nach Süden öffnet sich das Valser Tal mit dem Wander- und Wintersportparadies Gitschberg-Jochtal.

226 A2

Almenregion Gitschberg-Jochtal
Katharina-Lanz-Str. 90
39037 Mühlbach
☎ 0472 88 60 48
www.gitschberg-jochtal.com

Erstkommunion im Pustertal

64 Rodeneck (Rodengo)

Schloss Rodenegg unweit des Orts Rodeneck ist wegen der kurz nach 1200 gemalten Fresken in der Trinkstube berühmt. Sie gelten als die ältesten Profanfresken Europas und schildern kraftvoll ritterlich-höfische Szenen aus dem Versepos »Iwein«, das der Minnesänger Hartmann von Aue wenige Jahrzehnte zuvor verfasst hatte. 1694 brannte die Burg nach einem Feuerwerk ab und wurde wieder aufgebaut. Die Fresken kamen aber erst 1972 zutage.

226 A2

Schloss Rodenegg
☎ 0472 45 40 56
nur im Rahmen von Führungen: Juni–Mitte Okt. So–Fr 11.30, 14.30 Uhr, Mitte Juli/Aug. auch 15.30 Uhr 7 €

65 Pfunderer Tal & Vintl (Val di Fundres & Vandoies)

An Vintl mit seinen stattlichen Ansitzen vorbei gelangt man ins unberührte Bauerntal, in dem Orte wie Weitental und Pfunders und abgelegene Höfe mit Almen, Wäldern und Bächen um die schönste Idylle konkurrieren. Ein Tal, das sich zu den Zillertaler Alpen mit dem Hochfeiler (3510 m) erstreckt und gut zum Höfewandern eignet. Über Pfunders führt ein Höhenweg von Sterzing nach Bruneck, der sich in sechs Tagen gehen lässt.

Im Vintler Lodenmuseum kann man die Herstellung und Verarbeitung des Stoffes von der Schur der Schafe bis zum fertigen Lodenmantel verfolgen.

226 A2

Lodenwelt
Pustertaler Str. 1, Vintl
0472 86 85 40
www.lodenwirt.com
Mo–Sa 9–17.30, Juli/Aug. bis 18.30 Uhr 5 € (bei Einkauf Eintritt frei)

66 Terenten & Pfalzen (Terento & Falzes)

Dass die Sonne in Terenten nie untergeht, ist eine nette Übertreibung, aber der Ort bekommt tatsächlich die meisten Sonnenstunden Südtirols ab. Früher wurde um Terenten viel Getreide angebaut und in den alten Mühlen entlang des Winnebachs und des Terner Bachs verarbeitet. Nördlich des Dorfzentrums wurde am Terner Bach in der Nähe der bizarren Erdpyramiden ein Mühlenlehrpfad etabliert. Wer eine Mühle bei der Arbeit erleben will, wendet sich an den Tourismusverein. Bei Pfalzen liegt die Valentinskirche mit Wandmalereien aus der Pacher-Schule.

226 A2

Tourismusverein Terenten
St.-Georgs-Str. 1, 39030 Terenten
0472 54 61 40
www.kronplatz.com

67 Kiens (Chienes)

Der Ort inmitten eines weitläufigen

Wanderung am Mühlenlehrpfad

Wanderwegenetzes hat zwei Gesichter: das eines Bauerndorfes und das von Adelssitz Schloss Ehrenburg. Der Brixener Fürstbischof Caspar Ignaz Künigl verwandelte die alte Burg ab 1732 in eine prächtige Barockresidenz. Heute befindet sich das Schloss in Privatbesitz und kann nicht besichtigt werden. Reicher Barock bestimmt auch die Pfarrkirche, deren Deckenfresken von Joseph Adam Mölk stammen. Vorbild für viele gotische Schnitzaltäre war der Flügelaltar der Pfarrkirche (1430) im Kienser Ortsteil St. Sigmund.

226 B2

Tourismusverein Kiens
Kiener Dorfweg 4 B, 39030 Kiens
0474 56 52 45
www.kronplatz.com

68 St. Lorenzen (San Lorenzo di Sebato)

Wo sich das Pustertal weitet und aufs Gadertal stößt, breitet sich die

Blick von der Sonnenburg ins grüne Pusteral

Marktgemeinde mit mächtigen Ansitzen und beschaulichen Orten aus. Prähistorische Siedlungen, die Römersiedlung Sebatum und die das Tal beherrschenden Burgen künden von früher Bedeutung. Die Kloster- und Burganlage der Sonnenburg, die schon von Weitem zu sehen ist, beherbergt heute ein Hotel. In der Pfarrkirche ist ein Flügelaltar mit der Traubenmadonna zu sehen, angefertigt vom Brunecker Meister Michael Pacher 1462.

226 B2

Tourismusverein St. Lorenzen & Museum Mansio Sebatum
J.-Renzler-Str. 9
39030 St. Lorenzen
0474 53 81 96
www.stlorenzen.eu
www.mansio-sebatum.it
Museum: Mo–Fr 9–12, 15–18, Sa 9–12 Uhr 5 €

69 Antholzer Tal (Valle di Anterselva)

Das romantische und auf einer Strecke von 25 km immer wilder werdende Antholzer Tal führt hoch zu einem der schönsten Bergseen Südtirols, dem Antholzer See. Abgeschlossen wird die Kulisse von den Gipfeln der Rieserfernergruppe mit dem himmelhohen Hochgall (3436 m). Rund eine Stunde dauert der Weg um den Antholzer See, hinter dem die im Sommer offene Passstraße zum Staller Sattel ansteigt.

Nach wenigen Metern erreicht man den Grenzübergang ins Osttiroler Defreggental. Auf dem Weg zurück treffen Sie auf das Hotel Bad Salomonsbrunn, das die Heilbadtradition der radonhaltigen Mineralwasserquelle fortsetzt.

227 D3

Tourismusverein Antholzertal
Niederrasen 35, 39030 Rasen
0474 49 62 69
www.kronplatz.com

70 Welsberg-Taisten & Gsieser Tal (Monguelfo-Tesido & Valle di Casies)

Drei Altarbilder für die Kirche St. Margareth schenkte der Barockmaler Paul Troger 1739 seiner Heimatgemeinde Welsberg. Am Tabernakelbildstock am Dorfplatz hat Michael Pacher mitgearbeitet. Vor dem Ort liegt am Eingang zum Gsieser Tal Burg Welsberg (12. Jh.) heute ein Kulturforum. Wie die Bauern auf den Berghöfen lebten, erfahren Sie im »olten Voadohuibn Haus«.

227 E2

Tourismusverein Gsieser Tal,
Welsberg, Taisten
St. Martin 10 A
39030 Gsieser Tal
0474 95 00 00, Welsberg:
0474 97 84 36, Taisten: 0474 94 41 18
www.kronplatz.com

Bauernhofmuseum Voadohuibn
Bergerstr. 41, St. Magdalena
0474 94 80 65
www.voadohuibn.com
nach Voranmeldung 3,50 €

71 Pragser Tal (Val di Braies)

Zu den Hochebenen des Naturparks Fanes-Sennes-Prags und in die Bergwelt der Pragser Dolomiten führt das malerische Pragser Tal. Wandern Sie (1 Std.) um oder rudern Sie über den Pragser Wildsee (S. 189), in dem sich der Seekofel (2810 m) malerisch spiegelt. Drei Klettergärten und im Winter ein Eisklettergarten bieten sportliche Herausforderungen. Steil hinauf geht es zur Hochterrasse der Plätzwiese (1993 m) mit faszinierenden Panoramablicken und Wanderwegen.

227 D1

Tourismusverein Pragser Tal
Außerprags 78, 39030 Prags
0474 74 86 60
www.hochpustertal.info,
www.hochpustertal.net

Seerundweg am türkisblauen Antholzer See

Wohin zum ... Übernachten?

Preise pro Nacht für ein Doppelzimmer mit Frühstück:

€	bis 80 €
€€	80–150 €
€€€	über 150 €

BRUNECK UND UMGEBUNG

Klosterhotel Sonnenburg €€€

Das Hotel bei St. Lorenzen war einst ein Kloster für adlige Frauen. Schon im Burghof duftet es nach 200 Heilkräutern aus den früheren Apothekergärten der Äbtissinnen. Man wandelt durch gotische Bogengänge, speist in der Wohnstube der Äbtissin, schläft im Fürstenzimmer und genießt den schönen Park mit Pool oder Wellness in einem Gewölbe aus dem 13. Jh.

226 C2
39030 St. Lorenzen
0474 47 99 99 www.sonnenburg.com

HOCHPUSTERTAL

Bad Moos – Dolomites Spa Resort €€€

Das heilkräftige Wasser der eigenen Schwefelquelle, die hier schon seit 1765 sprudelt, nutzt das Kurhotel Bad Moos direkt am idyllischen Eingang ins Fischleintal. In einem 2500 m² großen Wellnessbereich gibt es neben Trinkkuren auch diverse Schwefelbäder im Holzzuber sowie Pferde- und Kutschfahrten in die Umgebung.

227 F1
Fischleintal Str. 27, 39030 Sexten Moos
0474 71 31 00 www.badmoos.it

Gstattlhof €

Der Bauernhof liegt in St. Veit in Richtung Pragser Wildsee auf einem kleinen Hügel abseits vom Dorf inmitten von Wiesen und Wäldern. In einfacher, gemütlicher Atmosphäre erleben Sie hier das bäuerliche Südtirol hautnah. Neben Pustertaler Schecken oder Sprinzen, dem zeitweise fast ausgestorbenen Alpenrind, werden hier schottische Hochlandrinder gezüchtet.

227 D1
St. Veit 15, 39030 Prags
0474 74 86 48 www.gstattlhof.it

Hotel Pragser Wildsee €€€

Noch immer weht die Aura der großen Zeit durch die Räume des einstigen Grandhotels direkt am karibisch leuchtenden See, wo es bis heute das einzige Hotel ist. Erbaut 1897 bis 1899 ist vieles heute noch größtenteils im Originalzustand erhalten.

227 D1
St. Veit 27, 39030 Prags
0474 74 86 02 www.pragserwildsee.it

Hotel Quelle – Nature Spa Resort €€€

Fast schon am Talschluss des Gsieser Tals in unberührter Landschaft gelegen, gibt es hier 3000 m² Wellness mit 10 Themensaunen und einer Schneegrotte, in der man sich auch im Sommer mit Eis erfrischen kann. Über runden Suitenbetten sorgt ein sanft leuchtender Sternenhimmel fürs Einschlafen.

227 E2
Magdalena Str. 4, 39030 Gsieser Tal
0474 94 81 11 www.hotel-quelle.com

TAUFERER AHRNTAL

Berghotel Kasern €€

In dem typischen schon 500 Jahre alten Tiroler Gasthaus zählen Tradition und Qualität. Hier am Ende des Ahrntals in Kasern kann die Bergtour zu Rauchkofel, Dreiherrn- oder Rötspitze direkt vorm Hotel beginnen. Hier können Sie ganz ohne Allergene aufatmen; auch ein Heilklimastollen gehört zum Hotel.

227 D5
39030 Kasern/Prettau
0474 65 41 85 www.kasern.com

Designhotel Feldmilla €€€

Design und Nachhaltigkeit werden in diesem schicken Hotel kombiniert, u. a. deckt ein hoteleigenes kleines Wasserkraftwerk den gesamten Strombedarf. Holz, Stein und Erdfarben bestimmen den klaren und reduzierten Stil. Das Hotelrestaurant »Toccorosso« serviert anspruchsvolle Küche, im Sommer auch auf der Panoramaterrasse. Für Wellness

sorgt ein großzügiger Spa-Bereich mit Saunen, Whirlpool, Kneipp-Pfad und verschiedenen Ruherräumen.
226 B3
Schlossweg 9, 39032 Sand in Taufers
0474 67 71 00 www.feldmilla.com

Wohin zum ... Essen und Trinken?

Preise pro Person für ein Essen ohne Getränke:

€	unter 10 €
€€	10–20 €
€€€	über 20 €

BRUNECK UND UMGEBUNG

Gasthof Oberraut €–€€

Im Weiler Amaten oberhalb von Bruneck liegt der Gasthof mit herrlichem Blick auf den Talkessel. In zwei gemütlichen Bauernstuben wird traditionelle und verfeinerte Küche mit saisonalen Akzenten gereicht, so »Gerstensuppe mit Krauttirtlan« oder »Kartoffelblattlan« mit Sauerkraut und Preiselbeeren.
226 C2
Amaten 1, 39031 Bruneck
0474 55 99 77 www.oberraut.it
Jan.–Ende Juli Fr–Mi 12–14, 18–21.30 Uhr

Restaurant Schöneck €€€

Mit hohem Anspruch und großem Erfolg führen die Brüder Baumgartner das Restaurant. Ihr Geschick und Können hat dem Haus einen Michelin-Stern eingebracht. Karl Baumgartner gehört zu den kreativen Köchen, die mit neuen Zusammenstellungen überraschen. Weinempfehlungen gibt Sommelier Siegfried Baumgartner.
226 B2
Schloss-Schöneck-Str. 11
39030 Pfalzen, Ortsteil Mühlen
0474 56 55 50 www.schoeneck.it
Mi–So 12–14, 19–21.30 Uhr, in der Hochsaison nur Mo geschl.

Restaurant Schöneck in Mühlen bei Pfalzen

Weißes Lamm €–€€

Die Bilder im Künstlerstübele des alten Gasthauses (1400) stammen u. a. von Franz von Defregger und Albin Egger-Lienz. Auch der Schriftsteller und Kommunist Norbert C. Kaser (1947–78) saß gerne und lange hier. Serviert wird traditionelle Bauernküche aus dem Pustertal wie Gröstl oder Nockentris.
226 C2
Stuckstr. 5, 39031 Bruneck
0474 41 13 50 www.weisseslamm.it
Mo–Sa 12–14, 19–23 Uhr, April/März zwei Wochen, Mitte Juni drei Wochen geschl.

HOCHPUSTERTAL

Gasthof Jaufen €

Rustikal und hausgemacht ist die Kost bei der Jaufen-Kathi, wie die Chefin von Einheimischen genannt wird. Den Speck hier sollten Sie auf keinen Fall verpassen. Der Hof der Familie Schönegger befindet sich auf 1450 m oberhalb des Hotels Almhof und ist von Vierschach im Sommer wie im Winter erreichbar.
227 F2
Jaufenstr. 11, 39038 Winnebach-Innichen
0474 96 67 36 www.kathi.it
Dez.–Okt. Di–So 8–24 Uhr, Reservierung erforderlich

Grüne Laterne €–€€

Der Ruf einer ausgesprochenen Feinschmeckerküche kommt nicht von ungefähr. Die internationalen Spezialitäten und heimischen Gerichte werden von täglich frisch gelieferten Produkten bestimmt, wobei das Haus eine gewisse Vorliebe für gegrillte Fleischgerichte hat. Wer zu Hause nachkochen möchte, kann hausgemachte Teigwaren gleich mitnehmen.

↟ 227 F1
✉ Waldheimweg 10, 39030 Sexten
☎ 0474 71 01 40
🌐 www.gruenelaterne.it
◷ Anf. Dez.–Anf. April, Juni–Anf. Okt. Do–Di 12–13.30 und 18–20.30 Uhr, Juli/Aug. kein Ruhetag

Kahnwirt €–€€
Der Kahnwirt in St. Martin ist berühmt für seine Speckknödel mit Gulasch, hausgemachten »gselchten« Speck und Kaminwurzen. Sie erleben in einem der ältesten Gasthöfe des Landes – seit mehr als 500 Jahren ist er im Besitz der Familie –, dass die Chefin des Hauses am Herd steht und z. B. Pressknödl mit Gsieser Almkäse zubereitet.
↟ 227 E2
✉ St. Martin 16, 39030 Gsies
☎ 0474 97 84 09
🌐 www.kahnwirt.it
◷ Di–So 7–1 Uhr, Ende Mai–Ende Juni geschl.

Mudlerhof €–€€
Sie schauen schottischen Hochlandrindern, Bergziegen, einem Lama und einem Esel beim Weiden zu, während Sie sich eine zünftige Brettljause zu Gemüte führen. Der kleine Tierpark auf 1600 m Höhe gehört zu diesem Berggasthof mit Rundblick auf die nahen Dolomiten.
↟ 227 D2
✉ 39035 Taisten
☎ 0474 95 00 36
◷ Weihnachten–Ostern, Pfingsten–Okt. Mi–Mo 9–20.30 Uhr

Restaurant Durnwald €–€€
Das überregional renommierte Restaurant verdient sich seine Meriten jeden Tag neu. Gekocht wird vom Chef des Hauses: Erich Mair bevorzugt die Tiroler Küche mit Schlutzkrapfen, Rehmedaillons mit Pilzsauce oder Buchteln mit Vanillesauce zum Dessert.
↟ 227 D2
✉ Nikolaus-Amhof-Str. 6, 39030 Pichl/Gsies
☎ 0474 74 69 20
www.restaurantdurnwald.it
◷ Juli–Anf. Dez., 25. Dez.–Mai Di–So 12–14, 19–21 Uhr

TAUFERER AHRNTAL

Kräuterrestaurant Arcana €€–€€€
Südtiroler Gerichte mit Alpenkräutern stehen hier im Fokus. Die Kräuterspezialistin Anneres Ebenkofler sammelt Wildkräuter quasi vor der Hautür. Sie finden auch für Tees, Tinkturen, oder Salben im Wellnessbereich Verwendung. Fleisch und Gemüse stammen vom eigenen oder von benachbarten Bauernhöfen. Das Restaurant gehört zum Naturhotel Moosmair.
↟ 226 B3
✉ Im Naturhotel Moosmair
Ahornach 44, Sand in Taufers
☎ 0474 67 80 46 🌐 www.moosmair.it
◷ Anf. Mai–Ende März Mi–So 12–14, 18–21 Uhr

Wohin zum … Einkaufen?

Direkt am Ufer der Rienz fertigt ein weit über die Grenzen des Landes bekannter Brunecker Betrieb Stoffe, mit denen sich schon die Habsburger Herrscher gegen alle Eventualitäten des Wetters kleideten. In der **Lodenfabrik Moessmer** (W.-v.-d.-Vogelweide-Str. 6, Tel. 0474 53 31 11) kann man nicht nur schöne und strapazierfähige Lodenstoffe oder fertige Lodenjacken erwerben. Wegen seiner hochwertigen Verarbeitung lassen heute Firmen wie Chanel, Prada oder Dolce & Gabbana regelmäßig Haute-Couture-Stoffe hier fertigen. Sie können die Fabrik auch nach telefonischer Voranmeldung besichtigten und lernen, wie aus Wolle Loden entsteht.
Im ältesten Handwerksbetrieb Südtirols – Handwerksmeister gibt es in der **Hutmacherfamilie Zacher** (Burgweg 2, Innichen, Tel. 0474 91 35 35) nachweislich schon seit 1560 – werden Filzpantoffeln aus reiner Schurwolle gefertigt. Das Know-how der alten Hutmacherwerkstätten taugt auch zur Herstellung von Pantoffeln, die wie ein Hut aus einem Stumpen aus festem Walkfilz geformt werden, wobei Laufsohle und Pantoffeloberteil fest miteinander verfilzt sein

Die Stadtgasse von Bruneck ist die Flaniermeile des Pustertals.

müssen, damit sich beide Teile auch bei intensiverem Gebrauch nicht voneinander trennen.
Liebevoll gefertigte Lederwaren von Pferdegeschirr bis hin zu Federkielstickereien und Trachtengürteln finden Sie in der Sattlerei Oberhauser (Niederrasen 89, Rasen-Antholz, Tel. 0474 49 65 53). Schon beim Eintreten umfängt Sie der Duft des Leders.

Wohin zum … Ausgehen?

Zum Northern Walking ist der Nature.Fitness.Park.Kronplatz-Dolomiti (Florianiplatz 19, Olang, Tel. 0474 49 62 77) eine tolle Adresse. Das beschilderte Wegenetz von insgesamt 220 km Länge hat Routen mit unterschiedlichen Schwierigkeitsgraden.
Der archäologische Lehrpfad am Sonnenburger Kopf in St. Lorenzen führt Sie zu geschichtlich bedeutsamen Orten und Ausgrabungen aus bronze-, eisen-, römerzeitlicher und spätantiker Besiedlung. Landschaftlich reizvoller ist es, den Weg gegen die Nummerierung der Infotafeln von der Peintner Brücke aus zu starten, am besten mit einem Guide vom Tourismusverein St. Lorenzen (Josef-Renzler-Str. 9, Tel. 0474 53 81 96).
Im Keller des Ladengeschäfts Tito in Bruneck befindet sich ein Speckmuseum (Stadtgasse 55, Tel. 0474 55 50 78), wo der komplette Gewölbehimmel voller Schinken hängt, die man auch probieren darf. Man erfährt etwas über die Herstellung, während oben fleißig Schinken, Speck und Käse verkauft werden.
In der Toblacher Schaukäserei Drei Zinnen (Pustertaler Str. 3 C, Tel. 0474 97 13 00) werden Sie doppelt informiert: im Museumsbereich zur Geschichte der Käseherstellung und in der Produktion unter fachkundiger Führung darüber, wie Käse heute gemacht wird. Danach können Sie Käse verkosten und erwerben.
Auf dem Weg zur Hofkäserei Gatscher in Kiens (Pustertaler Str. 5, Tel. 0474 56 41 51) werden Sie in die Kunst eingewiesen, Blüten, Blätter oder Wurzeln zum richtigen Zeitpunkt zu sammeln und zu nutzen. Schauen Sie sich den Kräutergarten an und lernen Sie in der Schaukäserei, wie Natur-, Wacholder- oder Pfefferkäse oder andere naturbelassene Milchprodukte entstehen (Anmeldung: Do bis 17 Uhr beim Tourismusverein Pfalzen, Rathausplatz 1, Tel. 0474 53 88 33).

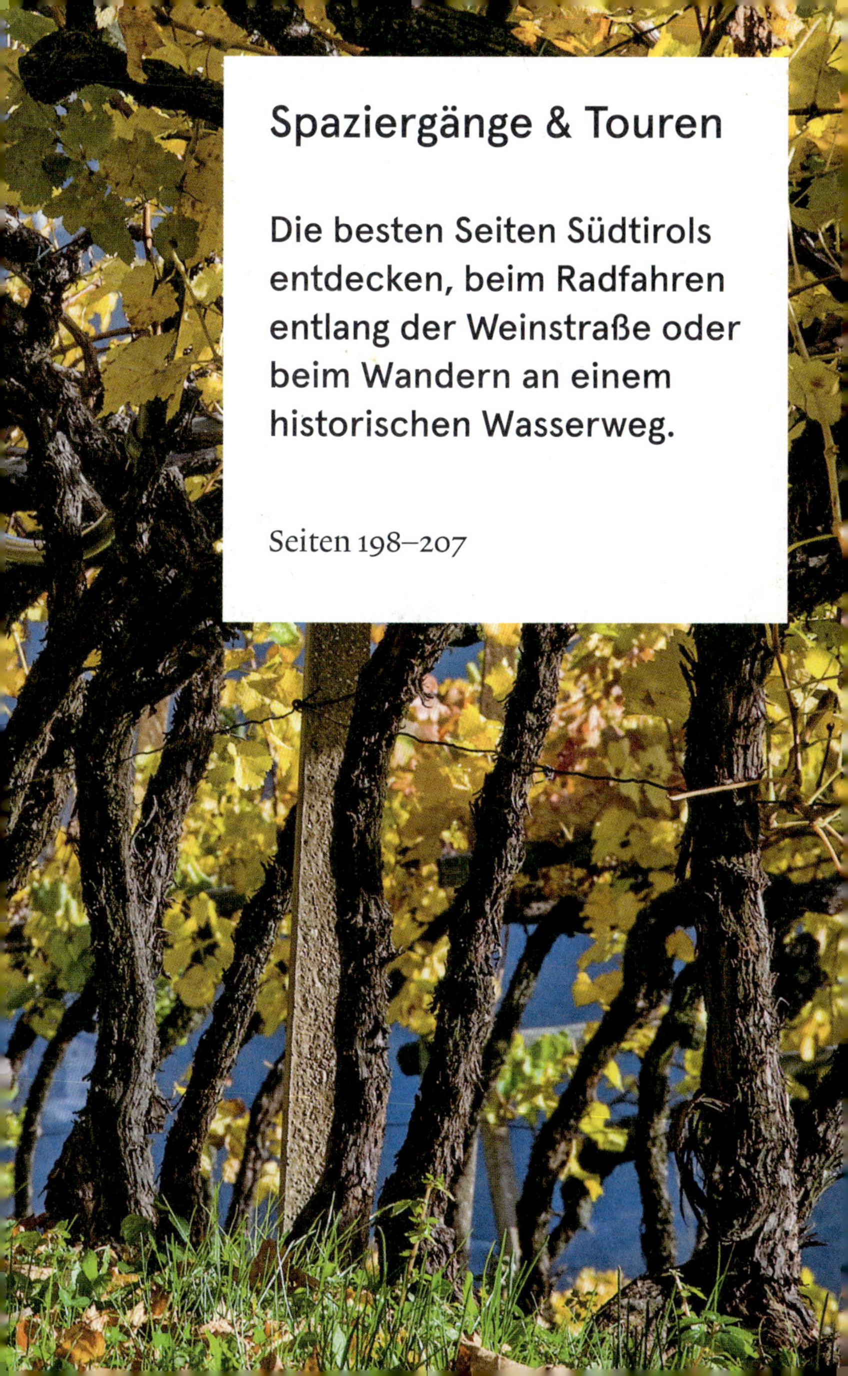

Spaziergänge & Touren

Die besten Seiten Südtirols entdecken, beim Radfahren entlang der Weinstraße oder beim Wandern an einem historischen Wasserweg.

Seiten 198–207

Von Bozen entlang der Weinstraße

Was?	Radtour
Wann?	Ideal im Frühjahr und Herbst
Länge	Etwa 27 km (Variante ab Auer mit dem Rad zurück nach Bozen: plus 25,5 km)
Dauer	4–5 Stunden (Variante plus 1,5 Stunden)
Start/Ziel	Bozen ⊹ 228 B3

Diese Tour führt Sie aus der Altstadt der Südtiroler Metropole hinaus in die Weingartenlandschaft des Überetsch. Mit dem Tempo bestimmen Sie die Intensität Ihrer Eindrücke – und am Kalterer See können Sie ein Erfrischungsbad nehmen.

1–2

Vom Waltherplatz, dem quirligen Stadtzentrum Bozens, wo sich Menschen aus aller Welt treffen, fahren Sie zur Pfarrkirche und biegen links über den Pfarrplatz in die Eisackstraße ein. Am Kapuzinerkloster vorbei geht es nach rechts in die Marconistraße, der Sie folgen, bis Sie die Talfer an der Mündung in den Eisack über die Drususbrücke queren. Halten Sie an und schauen Sie zu, wie sich Eisack- und Sarntalwasser mischen.

Am Ende der Brücke treffen Sie auf den Fahrradweg, der parallel zur Talfer flussaufwärts führt. Wenn auf der linken Seite der Siegesplatz mit der Siegessäule erscheint, biegen Sie nach links ab, um über den Platz in die italienisch geprägte Cesare-Battisti-Straße zu gelangen. Dann radeln Sie nach rechts auf den Mazziniplatz und kommen von dort auf die Freiheitsstraße, die Sie nach links weiterfahren bis zum Grieser Platz.

Bei einem Halt bekommen Sie einen Eindruck von dem berühmten Benediktinerkloster Muri-Gries, das 1845 der Wiener Kaiser den aus der Schweiz vertriebenen Mönchen von Muri geschenkt hat. Schön ist die barocke Klosterkirche.

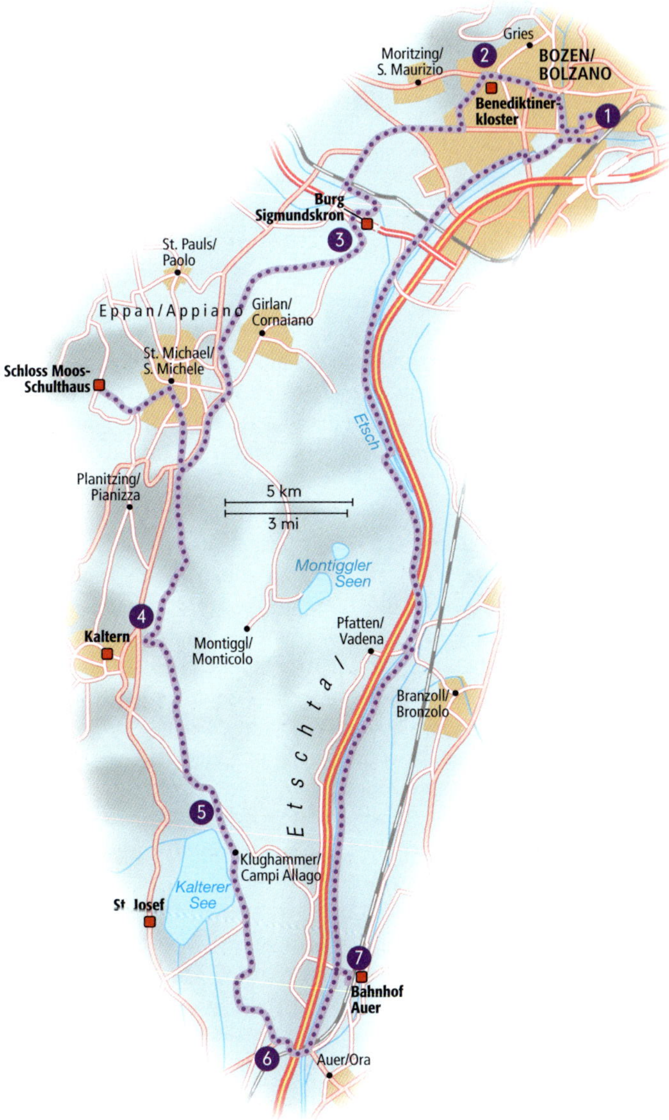
Gries
Moritzing/
S. Maurizio
BOZEN/
BOLZANO
Benediktiner-
kloster
Burg
Sigmundskron
St. Pauls/
Paolo
Eppan/Appiano
Girlan/
Cornaiano
St. Michael/
S. Michele
Schloss Moos-
Schulthaus
Etsch
Planitzing/
Pianizza
5 km
3 mi
Montiggler
Seen
Kaltern
Montiggl/
Monticolo
Pfatten/
Vadena
Branzoll/
Bronzolo
Etschtal
Klughammer/
Campi Allago
Kalterer
See
St. Josef
Bahnhof
Auer
Auer/Ora
1
2
3
4
5
6
7

Die Hügelland-schaft bei Eppan bringt Flachlandtiroler schon mal ins Schwitzen.

2–3

Sie verlassen den Platz auf der linken Seite und folgen der Via Vittorio Veneto, bis Sie zum Eisenkellerweg kommen, der mit einer Schranke gegen Autoverkehr gesichert ist. Mit dem Rad kommen Sie aber leicht daran vorbei und mitten in Gärten voller Lagrein-Reben. Der Weg stößt auf den Weingartenweg, dem Sie nach links bis zur Drususallee folgen, die wiederum nach rechts in einen Kreisel führt, den Sie geradeaus über die Sigmundskroner Straße verlassen. Mit Schwung geht es auf den Etschdamm, dort eine kurze Strecke nach links und dann hinüber über die eiserne Bogenbrücke auf die andere Seite der Etsch in den Schatten der hoch aufragenden Burg Sigmundskron (S. 98).

3–4

Hier beginnt ein erstklassig ausgebauter, dem gefährlichen Straßenverkehr weitgehend entzogener Radweg, der Sie bis zum Kalterer See führt. Zu Beginn können Sie auf diesem Weg allerdings leicht ins Schwitzen geraten: Bis St. Michael geht es über die nächsten Kilometer durch Wein- und Obstgärten meist leicht bergauf – Traumblicke zurück auf die Kirche von Frangart, Burg Sigmundskron und das Etschtal entschädigen dabei für die Mühen. Und scheuen Sie sich nicht, Ihr Rad notfalls auch mal ein Stück zu schieben.

Kurz vor St. Michael nähert sich der linksseitig geführte Radweg dann der Umfahrungsstraße an. Immer wieder gibt es auch Schatten unter Laubbaumdächern, die das Radeln auch bei höheren Temperaturen erträglich machen. In St. Michael lohnt ein Abstecher nach Schloss Moos-Schulthaus. In diesem mittelalterlichen Wehr- und Wohnturm (S. 105) sind besonders die Fresken aus der Zeit um 1400 und das Bild Katzen- und Mäusekrieg (um 1410) sehenswert.

4–5

Wenn Sie den Ortsrand von Kaltern erreichen, lenken Sie Ihr Rad bei einer alten Lok um fast 180 Grad zurück, gleiten über ca. 300 m steil bergab, bis sich der Radweg wieder nach Süden wendet und zwischen den Weingütern dem Kalterer See zustrebt.

5–6

Den See erreichen Sie bei der Kalterer Fraktion Klughammer. Ein paar 100 m weiter westlich liegt St. Josef, der Weinort, in dem immer etwas los ist. Oder aber Sie springen gleich für ein erfrischendes Bad am Ostufer in den Kalterer See, der einer der wärmsten Alpenseen ist. Ein wahrer Genuss, besonders an heißen Tagen, ist der Radweg am Ostufer entlang, der Sie immer wieder die Kühle des Leuchtenburger Forsts spüren und weit über den See blicken lässt. Für Wasserratten gibt es vor allem am West- und am Ostufer Badeplätze. Zudem können Sie Ruder-, Tretboote und Surfboards mieten – eine ideale Abwechslung zum Ausflug auf dem Rad. Das verschilfte Südufer ist als Biotop ein Paradies für Wasservögel und all jene, die gerne Tiere beobachten.

6–7

Kurz vor Erreichen der Nord-Süd-Autobahn endet der Radweg für etwa 200 m. Die Landstraße hilft weiter. Auf ihr unterqueren Sie die Autobahn, überqueren dann den Fluss und schwenken am Brückenende flussaufwärts über den Deich, bis Sie nach zweimaligem Abbiegen nach rechts schon vor dem Bahnhof von Auer stehen.

7–1

Wer nun genug vom Radeln hat, kann von Auer aus per Bahn mitsamt dem Fahrrad nach Bozen zurückkehren. Für ausdauerndere Radler gibt es die Möglichkeit, entlang der Etsch nach Bozen zurückzufahren. Bei Pfatten wechseln Sie aufs Westufer, später in Bozen über die Rombrücke aufs Ostufer, um dann über die Loretobrücke zum Verdiplatz und durch die Eisackstraße zum Ausgangspunkt zurückzukehren.

KLEINE PAUSE

Im **Gretl am See** (www.gretlamsee.com, Ostern–Mitte Okt. Mo 8–18, Di–So bis 24 Uhr) erholt man sich im Sommer auf der schönen Terrasse direkt am Kalterer See vorzüglich.

Den Schnalswaal hinunter

Was?	Wanderung
Wann?	April bis Oktober
Länge	11 km, Wanderung
Dauer	3,5–4 Stunden
Start	Altrateis/Tschars ✢ 223 E3
Ziel	Vinschger Bauernladen ✢ 223 E3

Historische Wasserbaukunst hat Ihnen den Weg bereitet: Sie folgen dem von April bis Oktober Wasser führenden Waal im stillen Schnalstal, unterbrechen die Tour für eine Besichtigung auf Schloss Juval und setzen sie über die versteppte Flanke des Sonnenbergs fort.

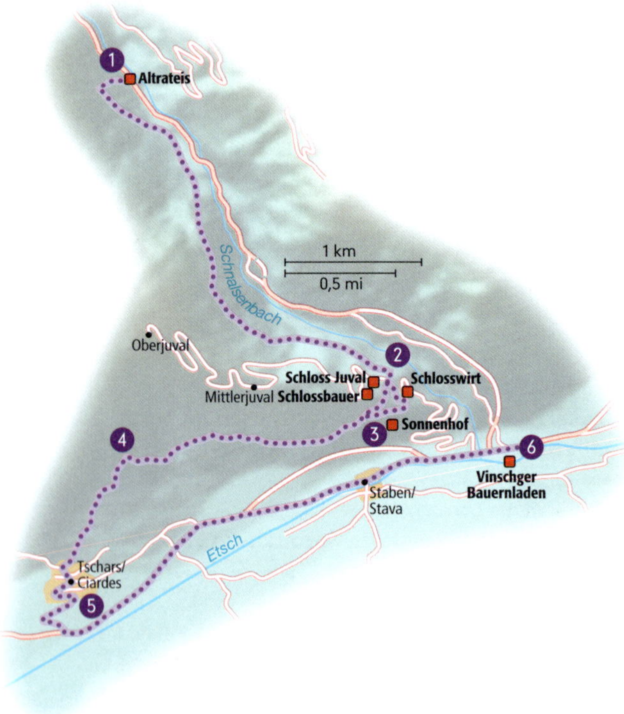

Seit 1983 ist der Extrembergsteiger Reinhold Messner Herr auf Schloss Juval.

1–2

Das Auto sollten Sie auf dem Parkplatz unterhalb von Schloss Juval (neben der Tunneleinfahrt ins Schnalstal) abstellen und mit dem Bus vom gegenüberliegenden Schnalstaler Hof aus ins Schnalstal bis zur Haltestelle Altrateis fahren.

In Altrateis (844 m) gehen Sie etwa 120 m talaufwärts, bis Ihnen die rot-weiß-rote Markierung mit der Ziffer 3 im weißen Feld den Einstieg in den Schnalswaalweg signalisiert. Der sanft abfallende Weg durch eher schattige Nadel- und Laubwaldpassagen ist auch bei hohem Sonnenstand angenehm.

Erst an einem steileren Hangstück kommt die Erinnerung daran auf, dass Waalwege ursprünglich einmal nur für die Waaler, die Betreuer der künstlichen Wasserkanäle, angelegt wurden. Wirklich schwierig wird für Wanderer mit durchschnittlicher Kondition und Trittsicherheit aber keine Passage. Nach einer knappen Stunde erreichen Sie die Wiesenlandschaft um den Burghügel von Schloss Juval (927 m).

2–3

Nun können Sie sich bei einer Pause stärken (S. 207) und im Messner Mountain Museum von Juval (S. 51) nach Belieben

tibetische Kultur im mittelalterlichen Schloss betrachten. Nur im Juli und August nutzt Schlossherr Reinhold Messner mit Familie das Schloss als Zuhause, weshalb es dann für Besucher nicht zugänglich ist.

Die Jausenstation Sonnenhof in Tschars erreichen Sie auch über einen reizvollen Umweg: Gehen Sie den Berg ein Stück des asphaltierten Wegs mit der Ziffer 1 hinunter, biegen Sie dann rechts neben einer Infotafel zur Vegetation am Sonnenberg auf einen kleinen Pfad ab. Sie können Ihr Ziel nicht verfehlen: Die Jausenstation und Tschars sind ausgeschildert.

Bald hören Sie das regelmäßige Hämmern einer wassergetriebenen Waalschelle: Dutzende dieser Schellen alarmierten den Waaler früher durch ihr Schweigen, wenn ein Kanalstück verstopft war. Die Information in puncto Waale machen ein kurzes Stück einer offenen hölzernen Rohrleitung (Kandl) – wie sie früher häufig zu finden war – und ein hübsches Waalerhaus perfekt.

Entlang der alten Wasserläufe sind Wanderwege entstanden.

3–4

Am Hof vorbei gehen Sie zum mit dicken Steinplatten belegten Pfad mit der Ziffer 3, der anfangs noch dem schnell fließenden Wasser folgt. Ab hier finden Sie immer wieder kleine Tafeln, die etwas über besondere Pflanzen am Weg verraten.

Überall dort, wo sich der auch vom Tal deutlich sichtbare Wald- und Buschstreifen entlang des Waals lichtet, tun sich faszinierende Ausblicke auf. Die begradigte Etsch wirkt wie ein Kanal, die Obst- und Weingärten liegen wie ein Flickenteppich über die Hügellandschaft ausgebreitet. Und über allem thronen die mächtigen Gebirgsstöcke vom Hasenohr (3256 m) und anderen Riesen des Nationalparks Stilfser Joch. Verweilmöglichkeiten gibt es auf einer Fülle von Bänken. Seien Sie aber vorsichtig, denn manche – wie auch einige Zaunteile vor steil abfallenden Hangpartien – wirken recht wackelig. Und unterschätzen Sie den Wind nicht, der an freien Hangstellen heftig pfeifen kann!

4–5

Bei einer Weggabelung kurz vor Tschars verlassen Sie den Waal und steigen über den linken Pfad langsam ab. Der Pfad führt oberhalb der Weinberge entlang und dann oberhalb des Gasthofs Himmelreich zur Klostergasse. An der folgenden platzartigen Kreuzung kürzen Sie die Serpentinen der Hauptstraße ein wenig über eine Treppe entlang eines Kandls ab, einer Holzrinne, die ein Mühlrad versorgt.

5–6

Nach wenigen Schritten haben Sie die Talsohle (600 m) mit der Staatsstraße und der Bushaltestelle erreicht. Mit dem Bus kommen Sie schnell zum Parkplatz zurück – und zum Vinschger Bauernladen, einer idealen Anlaufstelle, wenn es darum geht, sich mit ein paar Leckereien für die Anstrengung zu belohnen.

KLEINE PAUSE

Mit großem Hunger sind Sie im **Buschenschank Schlosswirt** (Tel. 0473 66 80 56, Mitte März–Nov. Do–Di 10–18 Uhr) ein Stück unterhalb des Schlosses an der asphaltierten Zufahrtsstraße bestens aufgehoben. Verpächter Reinhold Messner legt Wert auf hofeigene Produkte. Juvaler Eigenbauweine gibt es natürlich auch – wie auch bei den beiden Jausenstationen im Umfeld des Schlosses:
Den **Schlossbauer** (Tel. 0473 66 82 97, Ende März–Ende Okt. Do–Di 12-17 Uhr) finden Sie direkt neben dem Eingang zum Schloss.
Einige Höhenmeter weiter erreichen Sie den **Sonnenhof** (Tel. 0473 66 78 92, Mitte März–Anf. Nov. Sa–Do 11–17 Uhr), bei dem ähnliche Speisen wie beim Schlossbauer auf den Tisch kommen: Speck, Kaiserschmarrn & Co.

Unvergesslicher Ausblick auf die Dolomiten von der Seilbahn zum Rittner Horn

Praktische Informationen

Was vor der Reise wichtig ist, wie Sie vor Ort gut zurechtkommen und viele wichtige Infos mehr erfahren Sie hier.

Seiten 208–220

VOR DER REISE

Auskunft

Italienisches Fremdenverkehrsamt (ENIT) in Deutschland
✉ Barckhausstr. 10, 60325 Frankfurt/Main
☎ +49 (0) 69 23 70 69
🌐 www.enit.de, www.italia.it

ENIT in Österreich
✉ Mariahilfer Str. 1 B, 1060 Wien
☎ +43 (0) 505 16 39 🌐 www.enit.at

ENIT in der Schweiz
✉ Tödistr. 65, 8002 Zürich
☎ +41 (0) 445 44 07 97 🌐 zurigo@enit.it

Vor Ort für ganz Südtirol Innovation Development Marketing Südtirol (IDM)
✉ Pfarrplatz 11, 39100 Bozen
☎ 0471 09 40 00 🌐 www.suedtirol.info

Internet
www.vinschgau.net
www.merano-suedtirol.it
www.bolzano-bozen.it
www.suedtirols-sueden.info
www.seiseralm.it
www.valgardena.it
www.altabadia.org
www.visitwipptal.de
www.eisacktal.com
www.tauferer.ahrntal.com
www.kronplatz.com
www.pustertal.com
www.hochpustertal.info

Aktueller Nachrichtendienst für Südtirol:
www.suedtiroljournal.com
Aktueller Veranstaltungskalender:
www.suedtirol.info/de/erleben/events
Übersicht der Skigebiete in Südtirol:
www.ski-ferien.com
Skifahren in den Dolomiten:
www.dolomitisuperski.com
Infos zu Wein, Weinanbau und Kellereien:
www.suedtirolerwein.com
Südtiroler Weinstraße von Nals bis Salurn:
www.suedtiroler-weinstrasse.it
Architektur-App zum Orten interessanter Gebäude in der Nähe:
www.suedtirol.info/archap

Botschaften in Rom
Deutsche Botschaft
✉ Via San Martino della Battaglia 4
00185 Roma
☎ 06 49 21 31
🌐 www.italien.diplo.de

Österreichische Botschaft
✉ Via Pergolesi 3, 00198 Roma
☎ 068 44 01 41
🌐 www.bmeia.gv.at/oeb-rom

Schweizerische Botschaft
✉ Via Barnaba Oriani 61, 00197 Roma
☎ 06 80 95 71
🌐 www.eda.admin.ch/roma

Elektrizität
Das Netz führt 220 V Wechselspannung. Im Allgemeinen ist ein Adapter nötig. Europanormstecker sind meist nur verwendbar, wenn sie dünne Kontaktstifte besitzen.

Ermäßigungen
Vor allem größere Städte und Regionen wie Bozen, Meran, Brixen, Bruneck mit dem Kronplatz, die Dolomitenregion, das Eisack- und Pustertal sowie der Vinschgau haben **Gästekombikarten**, die Fahrten mit Seilbahnen und öffentlichen Verkehrsmitteln und Eintritte in verschiedene Sehenswürdigkeiten kombinieren. Ausgewählte Hotels stellen ihren Übernachtungsgästen solche Karten sogar oft kostenlos zur Verfügung.

Mit der **Mobilcard** kann man an einem Tag oder drei bzw. sieben aufeinander folgenden Tagen (15 €, 23 €, 28 €) öffentliche Verkehrsmittel kostenlos in ganz Südtirol nutzen. Mit der **Museumobil Card** lässt sich die freie Fahrt in den öffentlichen Verkehrsmitteln mit mehr als 90 Museen kombinieren (3 oder 7 Tage gültig; 30 €, 34 €).

Wer gerne mit dem Leihfahrrad unterwegs ist, kann für die Beförderung die **Bikemobil Card** für einen Tag oder drei bzw. sieben aufeinanderfolgende Tagen nutzen (25 €, 30 €, 35 €).

Erhältlich sind diese Karten bei allen Tourismusämtern, den Verkaufsstellen des Südtiroler Verkehrsverbunds und den angeschlossenen Museen.
Auskunft: www.mobilcard.info.

Feiertage
1. Januar: Neujahrstag
6. Januar: Heilige Drei Könige
März/April: Ostermontag
25. April: Tag der Befreiung vom Faschismus
1. Mai: Tag der Arbeit
Mai/Juni: Pfingstmontag
2. Juni: Tag der Republik (1946)
3. Junisonntag: Herz-Jesu-Sonntag
15. August: Mariä Himmelfahrt
1. November: Allerheiligen
8. Dezember: Mariä Empfängnis
25./26. Dezember: Weihnachten

Geld
Währung: Italien gehört zur Eurozone. Für die nicht an das Euro-System angeschlossene Schweiz gilt zzt.: 1 € = 1,18 CHF bzw. 1 CHF = 0,85 €.
Geld: In der Regel sind Banken von Mo–Fr 8.30–13 Uhr geöffnet; nachmittags variieren die Öffnungszeiten (ca. 14.30–16.30 Uhr). An Tagen vor Feiertagen *(prefestivi)* schließen die Banken mittags.
Kreditkarten: An Geldautomaten *(bancomat)* kann man mit Kredit- und Bankkarten rund um die Uhr Geld abheben.
Sperrnummern: Unter der einheitlichen Sperrnotruf-Nummer +49 116 116 kann man in Deutschland Bank- und Kreditkarten, Online-Banking-Zugänge, Handykarten und die elektronische Identitätsfunktion des Personalausweises bei Verlust sperren lassen.

Für Österreich gilt die Telefonnummer:
☎ +43 1 204 88 00
Die Schweiz hat keine einheitliche Notfallnummer; die wichtigsten sind:
☎ +41 44 659 69 00 (Swisscard)
☎ +41 44 828 31 35 (UBS Card Center)
☎ +41 58 9 58 83 83 (VISECA)
☎ +41 44 8 28 32 81 (PostFinance)

Quittungen: In Italien sind Käufer verpflichtet, Kassenbelege *(ricevuta fiscale, scontrino)* zu verlangen und aufzuheben. Es kann vorkommen, dass man nach dem Verlassen eines Geschäfts aufgefordert wird, die Quittung vorzuzeigen – damit soll Steuerbetrug erschwert werden.

Gesundheit
Notdienst-Apotheken und ärztliche Bereitschaftsdienste finden Sie unter: www.provinz.bz.it/gesundheitswesen
Krankenversicherung: Versicherte der deutschen Krankenkassen haben im Krankheitsfall Anspruch auf eine Behandlung nach den in Italien gültigen Vorschriften. Auch mit der Europäischen Krankenversicherungskarte muss in den meisten Fällen ein Teil der Kosten selbst bezahlt werden. Gegen Vorlage der Quittungen erstattet die Krankenkasse zu Hause dann die Kosten – allerdings nicht für jede Behandlung. Schweizer müssen Behandlung und Medikamente selbst bezahlen.
Private Krankenversicherung: Da die Kosten für ärztliche Behandlung und Medikamente teilweise vom Patienten bezahlt werden müssen und die Kosten eines evtl. notwendigen Rücktransports von den Krankenkassen nicht übernommen werden, empfiehlt sich der Abschluss einer zusätzlichen Reise-Krankenversicherung.

In Kontakt bleiben
Im Gebirge: Da in Gebirgslagen Handy-Empfang nicht überall gewährleistet ist, sollte man darauf achten, dass man besonders im Gebirge nicht allein unterwegs ist und ggf. sein Ausflugsziel im Hotel angeben oder einen Wanderguide engagieren.
Da sich das Wetter im Gebirge rasch ändern kann, lohnt es sich, den Wetter- oder Schneebericht vorher zu checken: Tel. 0471 27 11 77 oder 0471 27 05 55, www.provinz.bz.it/wetter/suedtirol.htm.
In höheren Regionen ist selbst bei Nebel oder Wolken die UV-Strahlung sehr hoch und man muss selbst bei indirekter Sonneneinstrahlung auf entsprechenden Sonnenschutz achten.
Post: Postämter sind im Allgemeinen 8.30–14 Uhr geöffnet; samstags und am letzten Tag des Monats schließen sie um 12 Uhr.

Briefmarken: *Francobolli* kauft man entweder in Postämtern oder in Tabakwarengeschäften, die mit einem »T«-Schild *(tabacchi)* gekennzeichnet sind. Eine Postkarte ins europäische Ausland kosten 0,75 €. Die Briefkästen sind rot.
Telefon: Die Ortsvorwahlen sind Bestandteil der italienischen Rufnummern. Bei Ortsgesprächen und Anrufen aus dem Ausland muss die Vorwahl einschließlich der 0 gewählt werden.
Dagegen fällt bei der Handy- Nummer die 0 weg. Andere Mobilfunkteilnehmer und -nummern in Italien erkennt man an den dreistelligen Mobilfunkvorwahlen, die jeweils mit einer 3 beginnen.
Mobilfunk: Handys *(telefono cellulare)* wählen sich automatisch über Roaming in das entsprechende Partnernetz ein. Eine vor Ort erworbene Prepaid-Karte ist vor allem für Telefonate von Italien ins Ausland deutlich günstiger. Das Handynetz ist ausgezeichnet, in den Bergen muss man jedoch mit Funklöchern rechnen. Inzwischen bieten die meisten Hotels und Restaurants fast immer kostenloses WLAN an.

Internationale Vorwahlen:
nach Italien ☎ +39
aus Italien nach Deutschland ☎ +49
nach Österreich ☎ +43
in die Schweiz ☎ +41

Notrufe
Einheitlicher Notruf in der EU (jeweils ohne Ländervorwahl): Tel. 112 (Polizei, Unfallrettung, Feuerwehr, Bergrettung)
Mit der App »112 Where ARE U« kann man mit dem Mobiltelefon Notrufe absetzen und gleichzeitig seine GPS-Koordinaten an die Notrufzentrale mitsenden, so dass die Retter den Standort des Anrufers bestimmen können.

Pannenhilfen
Pannenhilfe Automobil-Club d'Italia (ACI)
☎ 80 31 16
☎ 800 11 68 00 (mobil)

Notrufzentrale Autoclub Europa (ACE)
☎ +49 711 530 34 35 36

Notrufzentrale Allgemeiner Deutscher Automobil-Club (ADAC)
☎ +49 89 22 22 22

Reisedokumente
Personalpapiere: Auch EU-Bürger müssen sich in Italien ausweisen können. Für Deutsche, Österreicher und Schweizer genügt der Personalausweis. Kinder brauchen einen eigenen Ausweis; ob Kinderreisepass, Reisepass oder Personalausweis, hängt vom Alter ab.
Fahrzeugpapiere: Mitzuführen sind Führerschein, die Zulassungsbescheinigung I (alter Kfz-Schein) und die Internationale Grüne Versicherungskarte. Kraftfahrzeuge müssen das ovale Nationalitätskennzeichen tragen, sofern sie kein EU-Kennzeichen haben.

Reisezeit
Südtirol liegt an der wetterbegünstigten Alpensüdseite. Die kalten, starken Luftströme aus dem Norden werden vom Alpenhauptkamm abgefangen. Die Jahresdurchschnittswerte zeigen im Vergleich zu den nördlichen Gebieten wesentlich mehr Sonnentage und weniger Niederschlag. Südtirol punktet daher mit besonders mildem Klima. Das **Frühjahr** beginnt meist schon im März und der Herbst endet oft erst Anfang November. Dank Kunstschnee erleben die Gäste zu Weihnachten auch bei Schneemangel ein ungetrübtes Skivergnügen.
Die **Hauptsaison** ist Juli und August, dann kann man in den wärmeren Bergseen baden und auch in hohen Lagen hervorragend wandern.
Richtig voll wird es in Südtirol, wenn Italien im August selbst Ferien macht. Der **Herbst** ist berühmt für das Törggelen, ein beliebter Anlass für viele Gäste, von Buschenschank zu Buschenschank zu ziehen, um neuen Wein zu kosten. Der **November** ist eher ein ruhiger Monat, das gilt auch für den **Dezember**, abgesehen von den Adventswochenenden mit vielen Weihnachtsmarktbesuchern.

Sicherheit
Südtirol ist ziemlich sicher. Wie auf allen besonders belebten Plätzen weltweit sollte man auf seine Wertgegenstände achten und

was man aktuell davon nicht benötigt, am besten im Hotelsafe lassen.

Zollbestimmungen
Innerhalb der Europäischen Union können Reisende im Alter von mind. 17 Jahren für Privatzwecke Waren weitgehend zollfrei von und nach Italien einführen. Es gelten lediglich gewisse Höchstmengen: z. B. max. 800 Zigaretten, 10 l Spirituosen und 90 l Wein. Souvenirs sind bis 300 € zollfrei. Für Reisende aus Nicht-EU-Ländern wie der Schweiz gelten folgende Freigrenzen: 200 Zigaretten oder 100 Zigarillos oder 50 Zigarren oder 250 g Tabak, ferner 2 l Wein oder andere Getränke bis 22 % Alkoholgehalt sowie 1 l Spirituosen mit mehr als 22 % Alkoholgehalt. Zollfrei sind außerdem Geschenke bis zu einem Wert von 300 CHF. Übersteigt der Gesamtkauf den Wert von 154,94 €, haben nicht EU-Bürger Anrecht auf Erstattung der Mehrwertsteuer. Im Zollausschlussgebiet von Livigno, westlich von Südtirol, kann man in etwa 200 Duty-free-Läden zollfrei einkaufen.

ANREISE

... mit dem Auto
Die bekannteste Route von Deutschland nach Südtirol führt über die Autobahn A 8 München–Innsbruck–Brenner nach Bozen. In Österreich und Italien sind Autobahnen mautpflichtig. Auf der Brennerautobahn zahlt man für den Abschnitt Schönberg–Brenner (Europabrücke) eine Extra-Maut. Bereits an den Autobahntankstellen hinter München kann man die Vignette für die österreichischen Autobahnen (10 Tage, 2 Monate oder 1 Jahr) erwerben. Zusätzlich kann man auch die Brennermaut kaufen, dabei wird das Autokennzeichen registriert und man kann zügig durch die Videomaut fahren. Aus dem westlichen Österreich kommend, gelangt man am besten über den ganzjährig befahrbaren Reschenpass nach Südtirol. Timmelsjochstraße (mautpflichtig), Staller Sattel, Stilfser Joch und Umbrailpass sind je nach Schneelage nur von Juni/Juli bis Oktober geöffnet. Kommt man aus dem östlichen Österreich, empfiehlt sich die Fahrt über Lienz und weiter auf der E 66 über Winnebach und das Pustertal nach Brixen. Von der Schweiz gelangt man zwischen Müstair und Taufers im Münstertal über die Grenze (ganzjährig geöffnet) nach Südtirol. Die Automobilclubs informieren über Mautgebühren, Öffnungszeiten von Grenzübergängen und Pässen.

... mit der Bahn
Von Norden her kann man mit der Bahn über zwei Grenzübergänge nach Südtirol einreisen: über den Brenner oder aus Richtung Lienz (Österreich) über Innichen. Die Anreise mit dem Autoreisezug ist ebenfalls eine Alternative. Der Autoreisezug Urlaubs-Express (UEX) hat zahlreiche Verbindungen übernommen, die früher von der Deutschen Bahn (DB) betrieben wurden.
Die Autozüge fahren in der Sommersaison von Mai/Juni bis Oktober etwa einmal wöchentlich. Bedient werden die beiden Italienstecken Hamburg-Verona und Düsseldorf-Verona, jeweils mit Stopps in Bozen. Auch von Österreich verkehren an Sommerwochenenden Autozüge von Wien in Richtung Italien.

Deutschland
☎ 018 05 99 66 33 (Service-Hotline)
☎ 0800 150 70 90 (kostenfreie Fahrplanauskunft)
🌐 www.bahn.de
(auch Auskünfte über inneritalienische Bahnverbindungen)
🌐 www.fahrplan-online.de
🌐 www.urlaubs-express.de (Autoreisezug)

Trenitalia
in Deutschland Auskünfte und Reservierung (nur Personenbeförderung)
☎ 06 68 47 54 75 (vom Ausland aus)
☎ 89 20 21 (innerhalb Italiens; 24 Std.)
🌐 www.trenitalia.com

Österreichische Bahnauskunft
☎ 05 17 17 🌐 www.oebb.at

Schweizer Bahnauskunft
☎ 09 00 30 03 00
🌐 www.sbb.ch

... mit dem Bus
In den vergangenen Jahren hat sich auch ein preisgünstiges Netz an Bus-Fernverbindungen entwickelt. So fährt z. B. Flixbus mehrmals täglich von München, Berlin oder Innsbruck nach Sterzing, Bozen und Meran mit verschiedenen Haltestellen entlang der Strecke (Tel. 030 300 137 300, www.meinfernbus.de).

... mit dem Flugzeug
Nächstgelegene Großflughäfen sind Innsbruck, Venedig und Mailand. Der Regionalflughafen Bozen (Tel. 0471 25 52 55, www.bolzanoairport.it/de) wird zzt. nur innerhalb Italiens angeflogen.

UNTERWEGS IN SÜDTIROL

... mit dem Auto
In Italien gelten schärfere Verkehrsvorschriften. Verstöße werden drastisch bestraft und Bußgelder meist sofort kassiert. Wer die Zahlung verweigert, muss damit rechnen, dass Führerschein, Pass oder sogar der Wagen als Sicherheitspfand beschlagnahmt werden, deshalb beherzigen Sie in jedem Fall folgende Punkte:
Autobahnen *(autostrada)* sind gebührenpflichtig *(pedaggio)*. Die Gebühr kann bar, mit Kreditkarte oder mit der sogenannten **Via-Card** bezahlt werden – erhältlich in Italien bei den Automobilclubs, aber auch in Tabakläden sowie an Tankstellen.
Tagsüber muss auf Autobahnen und Schnellstraßen mit **Abblendlicht** gefahren werden. **Pannenwesten** sind Pflicht. Auf Motorrädern und Mopeds besteht **Helmpflicht.** Bei Totalschaden eines Fahrzeugs ist der Zoll zu verständigen, da sonst u. U. für das Schadensfahrzeug Einfuhrzoll bezahlt werden muss.
Auf Bergstraßen muss **Linienbussen die Vorfahrt** gewährt werden, egal ob man bergauf oder bergab fährt.
Tempolimits: Pkws, Motorräder und Wohnmobile bis 3,5 t: innerorts 50 km/h, außerorts 90 km/h, auf Schnellstraßen (zwei Spuren pro Richtung) 110 km/h, auf Autobahnen 130 km/h; Pkws und Wohnmobile über 3,5 t: außerorts 80 km/h, auf Schnellstraßen 80 km/h und auf Autobahnen 100 km/h.
Bei Regen sind auf der Autobahn maximal 110 km/h anstatt 130 km/h erlaubt! Auf der Brennerautobahn besteht zudem ein generelles Tempolimit von 110 km/h. Wer zu schnell fährt und erwischt wird, muss mit hohen Geldstrafen rechnen.
Die **Promillegrenze** liegt bei 0,5 ‰.
Gratis **Parken** ist in Städten und größeren Orten fast unmöglich. Kostenpflichtige Parkplätze sind mit blauer Farbe gekennzeichnet, man zahlt am Parkautomaten. Weiß umrandete Parkplätze sind Anwohnern vorbehalten. Für ein 24-Std.-Ticket in einer Tiefgarage im Zentrum Bozens oder Merans ist mit ca. 20 € zu rechnen.
Tankstellen: Es gibt bleifreies Benzin (95 Oktan, *benzina senza piombo* oder *benzina verde*, Superbenzin (98 Oktan, BluSuper) und Dieselkraftstoff *(gasolio)*. Die Tankstellen sind in der Regel 8–12 und 15–18 Uhr geöffnet; an der Autobahn gibt es oft einen 24-Std.-Service. Fast alle Tankstellen bieten Selbstbedienung und Bezahlung mit Karte an.

... mit Bus, Bahn und Seilbahn
Die regionalen **Bus- und Zuglinien** sind gut ausgebaut. Das Bahnnetz ist in vier Teilabschnitte gegliedert: Vinschger Bahn (Meran–Mals), Meraner Bahn (Meran–Bozen), Brennerbahn (Brenner–Bozen–Salurn), Pustertalbahn (Franzensfeste–Innichen). Fahrpläne und Tarife für den Busverkehr sowie Fahrscheine sind an Bahnhöfen, Busstationen, Kiosken und Tabakläden erhältlich.
Die Zahl der diversen **Aufstiegsanlagen** wie Seilbahnen und Sessellifte ist so unübersichtlich wie ihre wechselnden Betriebszeiten. Startzeiten von 8.30 Uhr bis 18 Uhr sind Anhaltswerte, zu denen auch die mittägliche Pause zwischen 13 und 14 Uhr gehört. Infos zu exakten Betriebszeiten bei den Tourismusvereinen.
Fahrplanauskunft zu Überland-Busdiensten, Schienennahverkehr, Stadtverkehr mit City-Bussen und öffentliche Seilbahnanlagen unter: www.sad.it und www.sii.bz.it/de.
Wer öffentliche Verkehrsmittel des Südtiroler Verkehrsverbunds nutzt, kann mit der **Mobilcard** (S. 210, www.mobilcard.info) Geld sparen.

... mit dem Mietwagen
Wer in Italien ein Auto mieten möchte, muss mindestens **21 Jahre** alt sein, seinen **Führerschein** mindestens ein Jahr besitzen und Eigentümer einer **Kreditkarte** sein. Bei internationalen Autovermietern kann man von Deutschland aus in der Regel billiger einen Mietwagen *(noleggio)* buchen. Achten Sie dabei darauf, ob Freikilometer und eine Vollkaskoversicherung im Angebot enthalten sind.

... mit dem Fahrrad
Südtirol ist Fahrradland: Wer möchte, kann das gesamte Land auf Radwegen kennenlernen. Das **600 km lange Radwegnetz** führt durchgehend vom Reschenpass im Nordwesten über Meran nach Bozen und von dort entweder weiter nach Süden Richtung Trient, nach Norden bis zum Brenner oder durch das Pustertal bis Winnebach, dem Grenzdorf zu Osttirol.
Viele **kleinere Radwegstrecken** führen auch in Seitentäler (z. B. Passeier, Ahrntal) oder durch Wein- und Obstbaugebiete (z. B. Überetsch und Unterland). **Mountainbike-Freaks** kommen in den Bergen auf ihre Kosten, vor allem im Vinschgau und in den Dolomiten.
Viele Hotels und Gasthöfe bieten **Leihräder** an – samt Helm und Kindersitzen. Dazu kommen etliche kommerzielle Fahrradverleihe. Empfehlenswert ist auch die Verbindung **Rad-Bahn:** Auf vielen Radtouren ist es möglich, eine Strecke mit dem Fahrrad unkompliziert mit einer Bahnfahrt zu verbinden.

Rundflüge: Dolomitenrundflüge im Hubschrauber für bis zu sechs Personen organisiert die Firma Elikos (www.elikos.com) mit Sitz in Pontives/Gröden.

ÜBERNACHTEN

Da Südtirol je nach Höhenlage und Region zwei Hochsaisons – eine im Sommer und eine im Winter – hat, variieren auch die Monate hoher Nachfrage je nach Ziel. Wenn Sie während der Nebensaison reisen können, dürfen Sie mit deutlich niedrigeren Preisen rechnen. Dazu gibt es immer wieder Aktionswochen und Rabatte.

Hotels, Wohnungen, Zimmer
In Südtirol haben Sie die Wahl unter 220 500 Gästebetten, die Sie sich mit ca. 7 Mio. Touristen im Jahr teilen. Eine erste Orientierung dabei ist die Einteilung der Gastbetriebe in **fünf Kategorien**, die durch fünf Sterne gekennzeichnet sind.
Zusätzlich zum offiziellen Hotelverzeichnis erhalten Sie über die **Südtirol Tourismus Information** (S. 210) viele Spezialkataloge – beispielsweise für Urlaub auf dem Bauernhof oder für die auf Radfahrer, Reiter und Golfer spezialisierten Betriebe.
Auch unter den Luxushotels werden Sie viele **familiengeführte Betriebe** finden. Hier ist fast alles noch Chefsache, was sich in einem generell freundlichen, oft hervorragenden Service niederschlägt.
Bei guter Wahl Ihres Feriendomizils sind Sie immer auch ganz nah dran am Ziel Ihrer **Urlaubsaktivitäten,** denn viele der Gasthöfe und Hotels haben sich an alten Handelswegen, rund um Burgen, in unmittelbarer Nähe der Seen und mitten in ursprünglichster Bauernlandschaft niedergelassen.
Zu den Südtiroler Besonderheiten zählen die traumhaften Hotelbetriebe in den **Adelssitzen** entlang der Weinstraße und rund um Prissian. Aber auch sonst finden Sie im ganzen Land Burgen und Schlösser, in denen Sie wohnen können.
In vielen **Beauty- und Spa-Hotels** hat sich in Südtirol eine ganz besondere Form der Wellness etabliert, in der vornehmlich Naturprodukte der Region zum Einsatz kommen. Die Angebote reichen von Heubädern über Latschenkiefer- und Schafwollwellness bis zu Massagen mit kostbaren Ölen aus aromatischen Bergkräutern und duftenden Blüten. Eine besondere Erfahrung versprechen auch die Meraner Kurhotels mit ihren radonhaltigen Thermalquellen oder ähnliche Relikte der Belle Époque, z. B. in Gossensaß oder Toblach.
Südtiroler Architekten schufen in den letzten Jahren gelungene moderne **Designhotels** mit Gespür für die besondere Landschaft, in die sie perfekt eingebunden sind.

Architektonisch interessante Designhotels sind beispielsweise das von Künstlern gestaltete Hotel Greif in Bozen, das vom Bauhaus-Stil geprägte Pupp in Brixen oder das stylische Miramonti in Hafling oberhalb von Meran. Sie alle zelebrieren eine neue Art des Wohnens. Infos unter: www.designhotels-suedtirol.com, www.sudtirol.com/de/designhotels.htm.

Günstig übernachten
Die Gastgeber der rund 1600 Bauernhöfe haben dazu ein Kontrastprogramm in puncto Urlaubsgefühl und Preise. Die Höfe, die **Urlaub auf dem Bauernhof** anbieten, sind über das ganze Land bis hoch in die Berge verstreut (www.roterhahn.it). Günstige Angebote haben viele **Familienhotels.**
Campingplätze gibt es in Südtirol reichlich, nicht alle sind günstig. Wildes Campen ist hingegen streng verboten.
Nicht nur, aber vor allem der Jugend dienen das **Kolpingwerk** (www.kolping.it) und das **Jugendherbergswerk** (www.jugendherberge.it). Kolpinghäuser gibt es in Bozen, Brixen, Meran und Sterzing. Viele Jugendherbergen haben jenseits der Matratzenlager in der Regel auch moderne Einzel- oder Doppelzimmer im Angebot. In Meran (Carduccistr. 77, 39012 Meran, http://meran.jugendherberge.it) und Bozen (Rittnerstr. 23, 39100 Bozen, http://bozen.jugendherberge.it) gibt es auch behindertengerechte Angebote.
Besonders schöne **Jugendgästehäuser** sind das Noldinhaus in Salurn oder die Jugendherberge in Toblach, die im ehemaligen Grandhotel untergebracht ist. Auch Brixen hat eine Jugendherberge.

ESSEN UND TRINKEN

Ihren besonderen Ruf verdankt die Südtiroler Küche (S. 26) dem Zusammentreffen der italienischen Kochtradition mit der Tiroler, die wiederum durch Wiener Einflüsse verfeinert ist. Ausgesprochen lecker ist das Südtiroler Essen auch wegen der Frische der dafür verwendeten landeseigenen Produkte. Mancherorts trifft man außerdem auf den kreativen Pioniergeist junger Spitzenköche. Im Michelin-Gourmetführer gehört Südtirol zu einer der meistausgezeichneten Regionen Italiens.

Breites Angebot
Gut essen können Sie überall im Land – ob im einfachen Landgasthof, dem Pendant zur italienischen Trattoria, im feinen Restaurant oder in einer einfachen Almwirtschaft. Egal, wo Sie unterwegs sind, kulinarisch werden Sie auf alle Fälle verwöhnt. Denn Südtirols Küche hat auf engstem Raum Küchenmeister vorzuweisen, die sich schon viele Sterne und Hauben als Auszeichnung erkocht haben. In den Bergen heißt es hingegen »weniger ist mehr«. Allerdings betrifft das nur die Auswahl der Speisen, nicht die Größe der Portionen.

Essenszeiten
Die Hauptmahlzeiten werden in der Regel zwischen 12 und 14 sowie 18 und 21 Uhr serviert. Gerade in den Touristenzentren gibt es aber auch schon früher und bis in die späte Nacht warme Küche.

Spezialitäten
Zu den Klassikern der Südtiroler Küche zählen eine Vielzahl an **Suppen** wie Gersten- oder Buchweizensuppe, saure Kuttel- oder Weinsuppe und in jedem Fall eine Brennsuppe, die aus geröstetem Mehl und Schmalz zubereitet wird.
Für **Pfannengerichte** wie das »Bauerngröstl« bzw. »Tiroler Gröstl« werden die einfacheren Fleischstücke vom Schwein und Rind mit Kartoffeln gebraten.
Ein ehemals typisches Armeleuteessen sind **Knödel, Plenten und Nocken**, deren Teig aus altbackenem Weißbrot, Mehl, Milch, Eiern und Butter besteht. Den besonderen Kick bekommen diese typischen Beigaben durch Gemüse wie Bärlauch, Spinat oder Mangold, je nach Jahreszeit auch Pilze.
Die Leber- und die berühmten Speckknödel isst man dagegen typischerweise als Hauptspeise.
Das gilt auch für die meist spinatgefüllten **Schlutzkrapfen**, eine Südtiroler Spielart der italienischen Ravioli, im Mantel aus Roggen- und Weizenmehl.

Unverzichtbar ist der **Speck** auch bei der Brettljause. Auf dem Brettl findet sich meistens noch eine Scheibe **Almkäse**, und dazu gibt es Paarln (»Vinschgerln«) oder **Schüttelbrot**, das man am besten auf die Tischplatte legt und dann mit der Faust in kleine Stücke schlägt. Zu dieser »Marende«, wie die Jause der kleinen Zwischenmahlzeit genannt wird, gehört immer auch **Wein.**
Der richtige Ort für diese Traditionsessen ist der »Buschenschank«, ein bäuerlicher Gastbetrieb mit einfachen Bänken und Tischen oft unter freiem Himmel, der eigenen Wein ausschenkt.

EINKAUFEN

Mode, kunsthandwerkliche Produkte und die Erzeugnisse der Landwirtschaft sind beliebte Mitbringsel aus Südtirol.

Mode

Italienische Designermode findet man vor allem in den Städten, in Bozen, Meran und Brixen, traditionelle Loden- und Trachtenbekleidung auch in kleineren Orten. Für gute Qualität und über die Grenzen bekannt sind vor allem zwei Marken: **Moessmer** (die Tuchfabrik in Bruneck wurde 1864 gegründet) und **Oberrauch-Zitt** (Lodenwelt in Vintl mit angeschlossenem Museum).

Kunsthandwerk

Weltruf haben die **Holzschnitzer** im Grödner Tal. Entscheidend für Ihren Einkauf sollte sein, was Ihnen gefällt. Entscheidend für den Preis und Wert eines Objekts ist, ob es sich um ein handgeschnitztes Kunstwerk handelt, das über ein entsprechendes Zertifikat verfügt, oder um ein maschinell gefertigtes Stück. Einen Überblick über das **Grödner Kunsthandwerk** erhalten Sie im Kongresshaus von St. Ulrich (S. 135).
Bei kunsthandwerklichen Produkten ist der Übergang von Kunst zum Kitsch oft fließend. Beides finden Sie in den **Südtiroler Werkstätten** in Bozen (S. 93). Hier werden Erzeugnisse aus der Drechslerwerkstatt, Holzspielzeug, geklöppelte Spitzen und handgewebte Tisch- und Bettwäsche, Trachtenpuppen und Sarntaler Federkielstickereien angeboten. **Bergkristalle** sind ebenfalls typische Mitbringsel.

Nahrungsmittel

Insbesondere **Obst und Obstsäfte** können Sie überall zum direkten Verzehr absolut frisch erwerben, wobei der **Bozner Obstmarkt** (S. 92) nicht nur zur Traubenzeit die größte Fülle bietet. In **getrockneter Form** (vor allem Apfelringe), als Marmeladen oder in Form von Essigen und Destillaten können Sie zudem zahlreiche Früchte mit nach Hause nehmen, darunter Marillen aus dem Vinschgau und Erdbeeren aus dem Martelltal. **Vinschgerln** (Fladenbrötchen) oder **Schüttelbrot** vertragen ebenfalls einen längeren Transport.

Wein

Zwanzig verschiedene Rebsorten werden auf einer Fläche von rund 5400 ha angebaut. Darunter finden sich so eigenwillige Trauben wie der Vernatsch, in Württemberg Trollinger genannt, und der Gewürztraminer. Die meisten Südtiroler Weine sind Qualitätsweine mit kontrollierter Ursprungsbezeichnung, kenntlich an der Bezeichnung DOC (Denominazione di Origine Controllata). Das gibt auch denen, die weniger vom Wein verstehen, beim Einkauf Sicherheit.
Der Wein wird vorwiegend über Genossenschaften vermarktet, die meisten Kellereien und Winzer verkaufen aber gerne auch direkt und lassen Sie ihre Tropfen verkosten. **Winzeradressen** findet man unter www.suedtirolerwein.com.
Ganzjährig organisiert der Verein der **Südtiroler Weinstraße** (www.suedtiroler-weinstrasse.it), zu dem sich 16 Weindörfer zusammengeschlossen haben, verschiedene **Weinsafaris** zu ausgewählten Betrieben. In den Städten gibt es gute Vinotheken, in denen Sie sich über die besten Weine des Landes beraten lassen können.

Geschäftszeiten

Die Geschäfte sind in den Städten im Allgemeinen Mo–Fr 9–12 und 15–19 Uhr geöffnet. Samstags haben die meisten nur vormittags offen und sonntags meist gar nicht; einige machen zusätzlich einmal pro Woche halbtags zu. In den Tourismuszentren und Shopping-Outlets ticken die Geschäftszeituhren allerdings anders.

AUSGEHEN

Was die Mischung aus Theater, Kabarett und Konzerten anbelangt, ist Brixen (S. 143) vielleicht die heimliche Kulturhauptstadt Südtirols. Eigene Theaterproduktionen und die verschiedensten Konzerte gehen auch in Bozen (S. 94) über die Bühne.
Meran unterhält mit Theater, den »Musikalischen Sommerabenden« (S. 85), den »Musikwochen« (www.meranofestival.com) und begeistert nicht nur Pferdeliebhaber auf dem Meraner Rennplatz (S. 85). Dazu finden zahlreiche Sommerkonzerte in Burgen und Schlössern des Landes statt.
Angesagte Ausgehtipps finden Sie auch unter den jeweiligen Regionen bei »Wohin zum Ausgehen«. Hilfreich ist der aktuelle Veranstaltungskalender, der die besten Events des ganzen Jahres aufführt: www.suedtirol.info/de/erleben/events.

Januar
Pustertaler Ski-Marathon: In Volksfestatmosphäre starten Sie selber oder feuern die Läufer auf der Langlaufloipe an (www.ski-marathon.com).
Schneeskulpturen-Wettbewerb: Internationale Künstler bearbeiten in Innichen und St. Vigil tagelang Eisblöcke (www.snow-festival.com).
Kastelruther Bauernhochzeit: Originalgetreue Nachstellung einer historischen Bauernhochzeit, die Fahrt mit Pferdeschlitten und das bunte Treiben mit Hochzeitsmahl und Tanz.
Biathlon-Weltcup Antholz: Immer am dritten Januar-Wochenende ist die Biathlon-Elite in Antholz zu Gast (www.biathlon-antholz.it).
Dolomiti-Balloonfestival: Während der mehrtägigen Wettkämpfe in Toblach können die Besucher den wunderbaren Adlerblick auf die Dolomiten auch von der Gondel aus genießen. Bis zu vier Personen können mit dem Piloten mitfahren (www.balloonfestival.it).

Februar/März
Faschingsbräuche: Am »Unsinnigen Donnerstag« beschwören junge Männer beim **Zusslrennen** in Prad mit Schellen alte Fruchtbarkeitskulte. Uralt ist der **Egetmann-Umzug**, der in ungeraden Jahren am Faschingsdienstag durch Tramin zieht. Die Münstertaler vertreiben Anfang März die Wintergeister mit Kuhglocken. In Prad ziehen zu Fasching die **Proder Maschger** mit Musik durch den Ort.
Scheibenschlagen: In vielen Vinschgau-Orten wird am ersten Fastensonntag der Winter mit glühenden Holzscheiben verjagt.
Sellaronda-Skimarathon: Anfang März starten Hunderte Zweimannteams, mit Stirnlampe ausgerüstet, zur Nachtrunde um die Sella (www.sellaronda.it).

März/April
Winterausschellen: Im Münstertal ziehen junge Leute mit Kuhglocken durchs Dorf und vertreiben die Wintergeister.
Passionsspiele: Das Martyrium Christi wird in Lana nach Ostern dargestellt.
Bauerngaloprennen: Ostermontag galoppieren Haflinger über die Rennbahn in Meran.
Bozner Filmtage: Europäische Spiel- und Dokumentarfilme konkurrieren um Jury- und Publikumspreise (http://filmfestival.bz.it).
Bozener Weinkost: Die Leistungsschau Südtiroler Weine lädt Mitte März Genießer auf Schloss Maretsch.
Swing on Snow: Ende März erklingen acht Tage lang Jazz, Rock, Pop, Polka und Klassik auf den Skipisten und in den Hütten der Seiser Alm und im Dorf Seis.

April/Mai
Frühlings-Halbmarathon: Am letzten Sonntag im April lockt das beliebte Sportevent bis zu 1500 Läuferinnen und Läufer nach Meran (www.marathon-meran.com).
Locknfest: Mit irren Rutschgefährten endet die Wintersaison am Brunecker Kronplatz in einem Teich aus Schmelzwasser.
Blumenmarkt in Bozen: Farben, Düfte und fachkundige Gärtner beherrschen Ende April den Waltherplatz.

Kirchtage: Bei den Kirchtagen im Pustertal versuchen die Dörfler, die Strohpuppe des Michls aus dem Nachbardorf von einem hohen Baugerüst zu stehlen.

Mai/Juni
Kalterer-See-Triathlon: Mitte Mai messen die Athleten ihre Kräfte und sorgen damit für starken Publikumsandrang (www.kalte rersee-triathlon.com).
Genussfestival Bozen: Ende Mai werden rund um den Waltherplatz die Spezialitäten Südtirols präsentiert.
Fronleichnamsprozessionen: In Kastelruth findet die prächtigste Prozession des Landes statt.
Oswald-von-Wolkenstein-Ritt: Mitte Juni geht es beim Reiterwettkampf rund um Völs, Seis und Kastelruth ritterlich zu (www. ovwritt.com).
Erdbeerfest im Martelltal: Zur Krönung der Südtiroler Erdbeerkönigin gibt es quadratmeterweise Erdbeertorte.
Herz-Jesu-Feuer: Am Tiroler Landesfeiertag brennen auf vielen Bergkuppen mächtige Feuer (S. 74).

Juli/August
Hexentanz am Würzjoch: Die Hexen tanzen in der Juli-Vollmondnacht bei St. Martin in Thurn.
Maratona dles Dolomites: 9000 Radfahrer gehen Anfang Juli an den Start über die schönsten Alpenpässe (www.maratona.it).
Südtirol Classic-Rallye: In Schenna treffen sich Anfang Juli Oldtimerbegeisterte aus ganz Europa. Schnelligkeit ist dabei nicht gefragt (www.suedtirolclassic.com).
Weinkulturwochen in St. Pauls: Wein, Gastronomie und Kultur füllen tagelang die Gassen und Häuser des Orts (www.eppan. com).
Gustav-Mahler-Musikwochen: Im Juli und August erinnern Konzerte mit internationalen Künstlern in Toblach an den Komponisten (www.gustav-mahler.it).

August/September
Marmor & Marillen: Das Kult- und Kulturfest in Laas findet am ersten August-Wochenende statt und bietet Wohnaccessoires aus Marmor und Gaumenfreuden (www.marmor undmarillen.com).
Südtiroler Ritterspiele: Die Churburg in Schluderns bietet Ende August eine ideale Kulisse für dieses dreitägige mittelalterliche Spektakel mit Zeltstadt, Schaukämpfen und Markttreiben (www.ritterspiele.it).
Meraner Musikwochen: Bei dem Festival klassischer Musik treten Ende August bis Ende September große Orchester und bekannte Solisten auf (www.meranofestival. com).
Schnalser Schafübertrieb: Mitte September kehren bis zu 4000 Schafe aus dem Tiroler Ötztal zurück nach Schnals. Wer will, kann die Hirten ein Stück begleiten.
Drei Zinnen Alpin Run: Der bekannteste Berglauf Südtirols führt unter großem Zuschauerandrang über 17,5 km (www.dreizin nenlauf.com).

Oktober
Apfelfest: Zum Erntedank Anfang Oktober findet in Natz-Schabs die »Sunnseiten Apfelwoche« statt mit Festumzug samt riesiger Apfelkrone aus 3000 roten und gelben Äpfeln und vielen kulinarischen Gerichten rund um den Apfel.
Almabtrieb in Rein: Almabtrieb mit prachtvoll geschmücktem Almvieh.
International Mountain Summit (IMS): In Brixen treffen sich Bergsteigergrößen aus aller Welt und tauschen sich aus (www.ims.bz).
Meraner Traubenfest: Beim traditionsreichsten Folklorefest Südtirols nehmen Musik- und Trachtengruppen aus dem gesamten Alpenraum teil.

November/Dezember
Meran Wine Festival: Verkostet wird, was die besten Güter des Landes vorstellen (www.meranowinefestival.com).
Große Weihnachtsmärkte in Bozen, Brixen und Meran, kleiner Markt in Glurns, Schlossweihnacht in Dorf Tirol und Schenna mit Kunsthandwerk und Delikatessen.
Alpiner Skiweltcup: Wenige Tage vor Weihnachten stehen Gröden und Alta Badia alljährlich im Mittelpunkt des Skiweltcups.
Nikolausumzug: Beim »Klosn« in Stilfs geht es ausgelassen zu.

SPRACHE

Immer zu gebrauchen

Ja/Nein	**sì/no**
Bitte	**per favore**
Danke	**grazie**
Keine Ursache/bitte	**di niente/prego**
Entschuldigung	**mi dispiace**
Auf Wiedersehen	**arrivederci**
Guten Morgen	**buongiorno**
Gute Nacht	**buona notte**
Wie geht es Ihnen?	**Come sta?**
Wie viel kostet das?	**Quanto costa?**
Ich hätte gern ...	**Vorrei ...**
Offen	**aperto**
Geschlossen	**chiuso**
Heute	**oggi**
Morgen	**domani**
Montag	**lunedì**
Dienstag	**martedì**
Mittwoch	**mercoledì**
Donnerstag	**giovedì**
Freitag	**venerdì**
Samstag	**sabato**
Sonntag	**domenica**

Nach dem Weg fragen

Ich habe mich verlaufen	**Mi sono perso/a**
Wo ist ...?	**Dove si trova ...?**
... der Bahnhof	**... la stazione**
... die Bushaltestelle	**... la fermata del bus**
... die Bank	**... la banca**
... die Toilette	**... il gabinetto, il bagno**
Biegen Sie links ab	**volti a sinistra**
Biegen Sie rechts ab	**volti a destra**
Gehen Sie geradeaus	**vada dritto**
An der Ecke	**all'angolo**
die Straße	**la strada**
das Gebäude	**l'edificio**
die Ampel	**il semaforo**
die Kreuzung	**l'incrocio**
die Seitenstraße	**la strada laterale**
der Wegweiser nach ...	**l'indicazione per ...**

Im Notfall

Hilfe!	**Aiuto!**
Könnten Sie mir bitte helfen?	**Mi potrebbe aiutare?**
Sprechen Sie Englisch/Deutsch?	**Parla inglese/tedesco?**
Ich verstehe nicht	**Non capisco**
Rufen Sie mir bitte schnell einen Arzt	**Mi chiami presto un medico, per favore**

Im Restaurant

Ich möchte einen Tisch reservieren	**Vorrei prenotare un tavolo**
Einen Tisch für zwei Personen, bitte	**Un tavolo per due persone, per favore**
Bringen Sie uns bitte die Speisekarte	**Ci porta la lista, per favore**
Die Rechnung, bitte	**Il conto, per favore**
Was ist das?	**Cosa è questo?**

Übernachten

Haben Sie ein Einzel-/Doppelzimmer?	**Ha una camera singola/doppia?**
mit/ohne Badewanne/Toilette/Dusche	**con/senza vasca/gabinetto/doccia**
Ist das Frühstück im Preis enthalten?	**È inclusa la prima colazione?**
Ist das Abendessen im Preis enthalten?	**È inclusa la cena?**
Gibt es einen Zimmerservice?	**C'è il servizio in camera?**
Kann man das Zimmer sehen?	**È possibile vedere la camera?**
Ich nehme dieses	**Prendo questa**
Danke für Ihre Gastfreundschaft	**Grazie per l'ospitalità**

Zahlen

0	**zero**
1	**uno**
2	**due**
3	**tre**
4	**quattro**
5	**cinque**
6	**sei**
7	**sette**
8	**otto**
9	**nove**
10	**dieci**
20	**venti**
100	**cento**
200	**duecento**
1000	**mille**
2000	**duemila**

Reiseatlas

Legende

Autobahn mit Anschlussstelle

Schnellstraße mit Europastraßennr.

Fernstraße mit Nummer

Hauptstraße

Nebenstraße

Straße, nicht asphaltiert

Fahrweg

Wanderweg

Straße in Bau; Straße in Planung

Straße für Kfz gesperrt

Tunnel

Eisenbahn

Seilbahn, Sessellift

Staatsgrenze

Provinzgrenze

Nationalpark; Naturpark

Sperrgebiet

Internationaler Flughafen

Regionaler Flughafen; Flugplatz

Kirche; Kapelle

Schloss; Burg

Kloster; Ruine

Sehenswürdigkeit; Berghütte

Wasserfall; Höhle

Berggipfel; Pass, Joch

Campingplatz; Aussichtspunkt

Information; Krankenhaus

Museum; Theater, Oper

Polizei; Post

Busbahnhof; Denkmal, Monument

2 ★★ TOP 10

11 Nicht verpassen!

12 Nach Lust und Laune!

1 : 270 000

0 10 20 km

0 5 10 mi

Strada
Fuhrmannsloch
Schafkopf
3000 m
Weißseespitze
3518 m
Vnà
Seraplana
Ramosch/Remüs
Inn / En
Piz Lad
2808 m
Reschenpass/
Passo di Résia
1507 m
Reschen/
Résia
St. Anna
Langtauferertal/
Valle Lunga
Melag/
Melago
Karlinbach/Rio Carlino
Weißkugelhütte
Pedroß/
Pedross
Kapron/
Caprone
Schöneben
Graun i.Vinschgau/
Curon Venosta
Falbanairspitze
3199 m
Weißkugel
3738 m
Rojen
Reschensee/
Lago di Résia
Val d'Uina
Danzebell
3143 m
Valvelspitze
3356 m
Elferspitze
2926 m
St. Valentin a. d. Heide/
S. Valentino alla Muta
Lischana
Il Quar
Obere Ettesh.
(ehem. Höller
Dörfl/
Monteplair
Schlinigpass
2309 m
Rasaßspitze
2941 m
Haidersee/
L. della Muta
Punibach/Rio Puni
Planeiltal / Val di Planol
Saldursp.
3433 m
P. Cristannes
3192 m
Sesvennahtt.
Pforzheimer Htt.
(geschlossen)
Watlessp.
2555 m
Plawenn/
Piavenna
Alsack/
Alsago
Thanei/
Tanei
Kortsch.
Schafbe.
3103
P. Sesvenna
3205 m
Schlinig Tal/
Val Slingia
Burgeis/
Burgúsio
Marienberg
Planeil/
Planol
Matschertal/Val di Mazia
Saldurbach/Rio Saldura
Mals/
Malles Venosta
Cruschetta
2296 m
Schlinig/
Slingia
Schleis/
Clúsio
Matsch/
Mazia
Litznerspitze
3206 m
Hochalt
3285 m
Arundakopf
2879 m
Tartsch/
Tarces
Laatsch/
Láudes
P. Starlex
3075 m
Münstertal
(V. Monastero)
Glurns/
Glorenza
Schloss Churburg
Schluderns/Sluderno
Etsch/Adige
Rambach
P. Terza
2909 m
Taufers/
Tubre
Spondinig/
Spondigna
Tannas/
Tanas
Eyrs/
Oris
Allitz/
Aliz
St. Johann
Lichtenberg/
Montechiaro
Müstair
Lü
P. Chavalatsch
2763 m
Agums/Agumes
Kortsc.
Corz.
Laas/
Lasa
Il Rom
Fuldera
Suldenbach/R. Solda
Tschengls/
Cengles
Stilfs/
Stélvio
Prad/
Prato
Santa Maria
V. Müstair
Parnetz
Tarnell/Tarne
Valchava
Valle di Trafoi
Marmorbrüche
SCHWEIZ
Nationalpark
Furkelhütte
Gomagoi
Tschenglser Hochwand
3375 m
Obere Laaser Alm
Furkelspitz
3004 m
Laaser Tal
Val di Lasa
Lai da Rims
Laaser Spitze
3305 m
Außersulden/
Solda di Fuori
P. Umbrail
3033 m
Umbrailpass
2501 m
Trafoi
Suldental/Val Solda
Düsseldorfer Htt.
Hoher Angelus
3521 m
Trafoier Tal
Tabarettahtt.
Vertainspitze
3545 m
Stilfser Joch/
Passo dello Stélvio
2757 m
Franzenshöhe
St. Gertraud/
S. Gertrude
Stilfser
Berglhtt.
(ehem. Hamburger Htt.)
Payer-Hütte
Äuß. Pederspitze
3406 m
Martelltal/Val di Martello
Sulden/Solda
Ortler/
Ortles
3905 m
Livriohütte
Thurwiesersp.
3652 m
Hint. Schöntaufsp.
3324 m
Parco
Hintergrathtt.
Cresta di Réit
3075 m
Tuckettspitze
3466 m
Zebru
3740 m
Nazionale
Enzianhütte
Zufritthütte
Schaubachhtt.
Bórmio
Rif. V° Alpini
Zufallhütte
Uzza
Plazzola
Valle del Zebru
Suldenspitze
3376 m
Königsspitze
Gran Zebru
3859 m
Marteller Hütte
S. Nicolò
S. Antonio
dello
Rif. Casati
Zufallspitze
3757 m
Rif. Dorigo
Frodolfo
Valfurva
M. Confinale
3370 m
Rif. Pizzini
Venezia Spitze
Cima Venezia
3385 m
Piazza
Bórmio 2000
Stélvio
Monte Cevedale
3769 m
Rif. G. Larcher-
Ötztaler Alpen
Ortler
Vinschgau
Obervinschgau
SS40
SS41
SS38
SS622
180
28
222

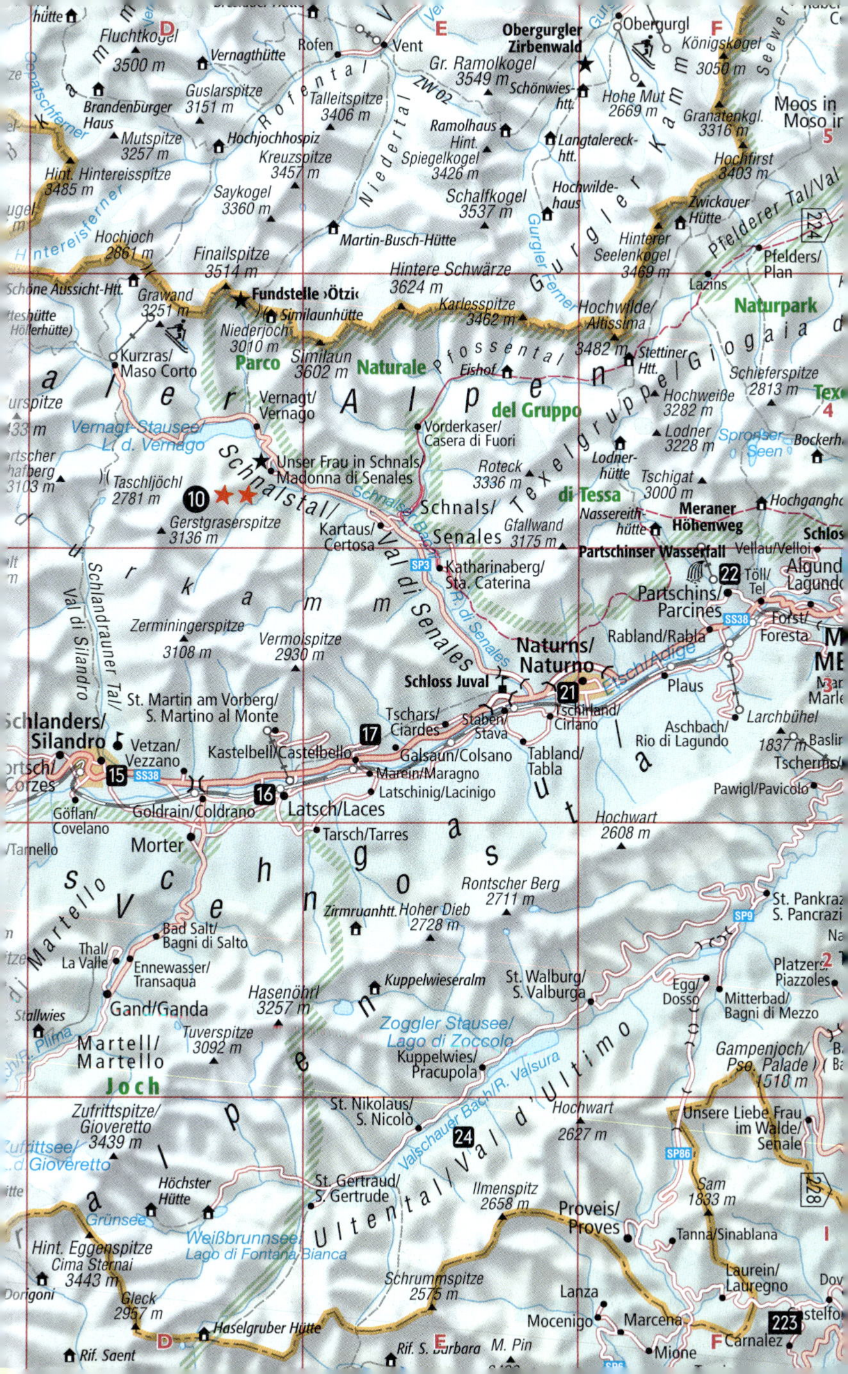

D
E
F
Fluchtkogel
3500 m
Vernagthütte
Rofen
Vent
Obergurgler Zirbenwald
Obergurgl
Königskogel
3050 m
Gr. Ramolkogel
3549 m
Schönwies-htt.
Hohe Mut
2669 m
Guslarspitze
3151 m
Talleitspitze
3406 m
Rofental
Niedertal
ZW 02
Brandenburger Haus
Ramolhaus
Hint. Spiegelkogel
3426 m
Langtalereck-htt.
Granatenkgl.
3316 m
Moos in Moso in
5
Mutspitze
3257 m
Hochjochhospiz
Kreuzspitze
3457 m
Hochfirst
3403 m
Hint. Hintereisspitze
3485 m
Saykogel
3360 m
Schalfkogel
3537 m
Hochwilde-haus
Zwickauer Hütte
Pfelderer Tal/Val
224
Hintereisferner
Hochjoch
2861 m
Finailspitze
3514 m
Martin-Busch-Hütte
Gurgler Ferner
Gurgler Kamm
Hinterer Seelenkogel
3469 m
Pfelders/ Plan
Lazins
Schöne Aussicht-Htt.
Grawand
3251 m
Fundstelle ›Ötzi‹
Similaunhütte
Hintere Schwärze
3624 m
Karlesspitze
3462 m
Hochwilde/ Altissima
3482 m
Naturpark
Niederjoch
3010 m
Kurzras/ Maso Corto
Parco
Similaun
3602 m
Naturale
Pfossental
Eishof
Stettiner Htt.
Texelgruppe/Gruppo di Tessa
Schieferspitze
2813 m
Vernagt/ Vernago
Hochweiße
3282 m
Ötztaler Alpen
del Gruppo
Vernagt-Stausee/ L. d. Vernago
Vorderkaser/ Casera di Fuori
Lodner
3228 m
Spronser Seen
4
Schnalstal/ Val di Senales
Unser Frau in Schnals/ Madonna di Senales
Lodner-hütte
Taschljöchl
2781 m
Roteck
3336 m
Tschigat
3000 m
Hochganghaus
10
Schnalser Bach
Schnals/ Senales
di Tessa
Nassereith-hütte
Meraner Höhenweg
Gerstgraserspitze
3136 m
Kartaus/ Certosa
Gfallwand
3175 m
Partschinser Wasserfall
Vellau/Velloi
SP3
Katharinaberg/ Sta. Caterina
22
Töll/ Tel
Algund/ Lagundo
Schlandrauner Tal/ Val di Silandro
R. di Senales
Partschins/ Parcines
Zerminingerspitze
3108 m
Vermoispitze
2930 m
SS38
Forst/ Foresta
Rabland/Rabla
Naturns/ Naturno
Etsch/Adige
Plaus
Schloss Juval
21
St. Martin am Vorberg/ S. Martino al Monte
Tschirland/ Cirlano
3
Schlanders/ Silandro
Tschars/ Ciardes
Staben/ Stava
Larchbühel
Vetzan/ Vezzano
17
Aschbach/ Rio di Lagundo
1837 m
Kastelbell/Castelbello
Galsaun/Colsano
Tabland/ Tabla
Tscherms
15
Marein/Maragno
16
Latschinig/Lacinigo
Pawigl/Pavicolo
Göflan/ Covelano
Goldrain/Coldrano
Latsch/Laces
Hochwart
2608 m
Tarsch/Tarres
Morter
Vinschgauer Sonnenberg
Rontscher Berg
2711 m
St. Pankraz/ S. Pancrazio
Zirmruanhtt.
Hoher Dieb
2728 m
SP9
Bad Salt/ Bagni di Salto
Thal/ La Valle
Ennewasser/ Transaqua
Platzers/ Piazzoles
2
Val di Martello
Kuppelwieseralm
St. Walburg/ S. Valburga
Egg/ Dosso
Mitterbad/ Bagni di Mezzo
Gand/Ganda
Hasenöhrl
3257 m
Stallwies
Zoggler Stausee/ Lago di Zoccolo
R. Plima
Tuverspitze
3092 m
Gampenjoch/ Pso. Palade
1518 m
Martell/ Martello
Kuppelwies/ Pracupola
Joch
Ultner Alpen
Zufrittspitze/ Gioveretto
3439 m
St. Nikolaus/ S. Nicolò
Hochwart
2627 m
Unsere Liebe Frau im Walde/ Senale
Valschauer Bach/R. Valsura
24
Zufrittsee/ L. d. Gioveretto
SP86
Sam
1833 m
228
Höchster Hütte
St. Gertraud/ S. Gertrude
Ilmenspitz
2658 m
Ultental/Val d'Ultimo
Grünsee
Proveis/ Proves
Weißbrunnsee/ Lago di Fontana Bianca
Tanna/Sinablana
1
Hint. Eggenspitze Cima Sternai
3443 m
Laurein/ Lauregno
Dorigoni
Schrummspitze
2575 m
Lanza
Gleck
2957 m
Mocenigo
Marcena
Haselgruber Hütte
Castelfondo
223
Carnalez
Rif. Saent
Rif. S. Barbara
M. Pin
Mione

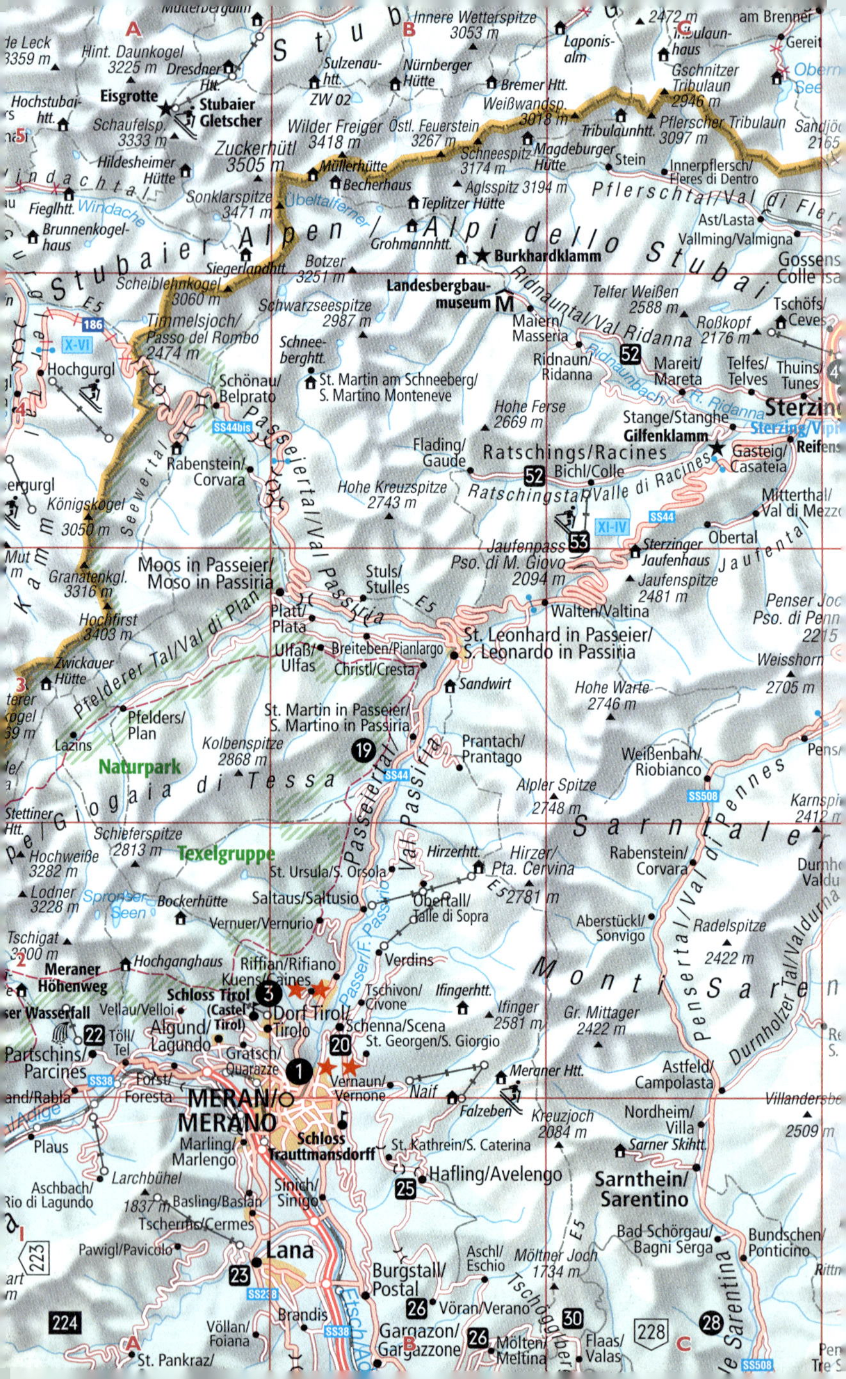

Stubaier Alpen / Alpi dello Stubai
Zuckerhütl 3505 m
Wilder Freiger 3418 m
Hint. Daunkogel 3225 m
Schaufelsp. 3333 m
Eisgrotte
Stubaier Gletscher
Dresdner Htt.
Hildesheimer Hütte
Sonklarspitze 3471 m
Müllerhütte
Becherhaus
Teplitzer Hütte
Grohmannhtt.
Burkhardklamm
Nürnberger Hütte
Sulzenau-htt.
Bremer Htt.
Innere Wetterspitze 3053 m
Laponis-alm
Östl. Feuerstein 3267 m
Weißwandsp. 3018 m
Tribulaunhtt.
Pflerscher Tribulaun 3097 m
Gschnitzer Tribulaun 2946 m
Schneespitz 3174 m
Magdeburger Hütte
Aglsspitz 3194 m
Stein
Innerpflersch/ Fleres di Dentro
Pflerschtal/Val di Fleres
Ast/Lasta
Vallming/Valmigna
Gossensass/Colle Isarco
Botzer 3251 m
Siegerlandhtt.
Scheiblehnkogel 3060 m
Timmelsjoch/ Passo del Rombo 2474 m
Schwarzseespitze 2987 m
Landesbergbau-museum
Ridnauntal/Val Ridanna
Telfer Weißen 2588 m
Roßkopf 2176 m
Maiern/ Masseria
Ridnaun/ Ridanna
Mareit/ Mareta
Telfes/ Telves
Thuins/ Tunes
Sterzing/Vipiteno
Hohe Ferse 2669 m
Stange/Stanghe
Gilfenklamm
Gasteig/ Casateia
Flading/ Gaude
Ratschings/Racines
Bichl/Colle
Ratschingstal/Valle di Racines
Hohe Kreuzspitze 2743 m
Mitterthal/ Val di Mezzo
Jaufenpass Pso. di M. Giovo 2094 m
Sterzinger Jaufenhaus
Jaufenspitze 2481 m
Obertal
Jaufental
Schnee-berghtt.
St. Martin am Schneeberg/ S. Martino Monteneve
Schönau/ Belprato
Passeiertal/Val Passiria
Rabenstein/ Corvara
Hochgurgl
Obergurgl
Königskogel 3050 m
Seewertal
Granatenkgl. 3316 m
Hochfirst 3403 m
Moos in Passeier/ Moso in Passiria
Platt/ Plata
Stuls/ Stulles
Walten/Valtina
St. Leonhard in Passeier/ S. Leonardo in Passiria
Ulfaß/ Ulfas
Breiteben/Pianlargo
Christl/Cresta
Sandwirt
Pfelderer Tal/Val di Plan
Zwickauer Hütte
Pfelders/ Plan
Lazins
Naturpark
Kolbenspitze 2868 m
Gruppo di Tessa
St. Martin in Passeier/ S. Martino in Passiria
Prantach/ Prantago
Hohe Warte 2746 m
Weisshorn 2705 m
Penser Joch Pso. di Pennes 2215 m
Weißenbach/ Riobianco
Alpler Spitze 2748 m
Sarntaler Alpen
Val di Pennes
Stettiner Htt.
Schieferspitze 2813 m
Texelgruppe
Hochweiße 3282 m
Lodner 3228 m
Spronser Seen
Bockerhütte
Tschigat 3000 m
St. Ursula/S. Orsola
Saltaus/Saltusio
Vernuer/Vernurio
Hirzerhtt.
Hirzer/ Pta. Cervina 2781 m
Obertall/ Talle di Sopra
Rabenstein/ Corvara
Aberstückl/ Sonvigo
Radelspitze 2422 m
Verdins
Meraner Höhenweg
Hochganghaus
Riffian/Rifiano
Kuens/Caines
Schloss Tirol (Castel Tirol)
Dorf Tirol/ Tirolo
Tschivon/ Civone
Ifingerhtt.
Ifinger 2581 m
Gr. Mittager 2422 m
Monti Sarentini
Penserta/Val di Pennes
Durnholzer Tal/Valdurna
Partschinser Wasserfall
Vellau/Velloi
Töll/ Tel
Algund/ Lagundo
Schenna/Scena
St. Georgen/S. Giorgio
Partschins/ Parcines
Gratsch/ Quarazze
Forst/ Foresta
Rabland/Rabla
MERAN/ MERANO
Vernaun/ Vernone
Naif
Meraner Htt.
Falzeben
Astfeld/ Campolasta
Kreuzjoch 2084 m
Nordheim/ Villa
Villandersberg 2509 m
Plaus
Marling/ Marlengo
Schloss Trauttmansdorff
St. Kathrein/S. Caterina
Sarner Skihtt.
Hafling/Avelengo
Sarnthein/ Sarentino
Aschbach/ Rio di Lagundo
Larchbühel 1837 m
Basling/Baslan
Sinich/ Sinigo
Tscherms/Cermes
Bad Schörgau/ Bagni Serga
Bundschen/ Ponticino
Pawigl/Pavicolo
Lana
Aschl/ Eschio
Möltner Joch 1734 m
Tschögglberg
Burgstall/ Postal
Vöran/Verano
Brandis
Völlan/ Foiana
Gargazon/ Gargazzone
Mölten/ Meltina
Flaas/ Valas
Val Sarentina
St. Pankraz/
Etsch/Adige
E5
SS44bis
SS44
SS38
SS238
SS508
186
X-VI
XI-IV
A
B
C
1
2
3
4
5
19
20
22
23
25
26
28
30
52
53
223
224
228

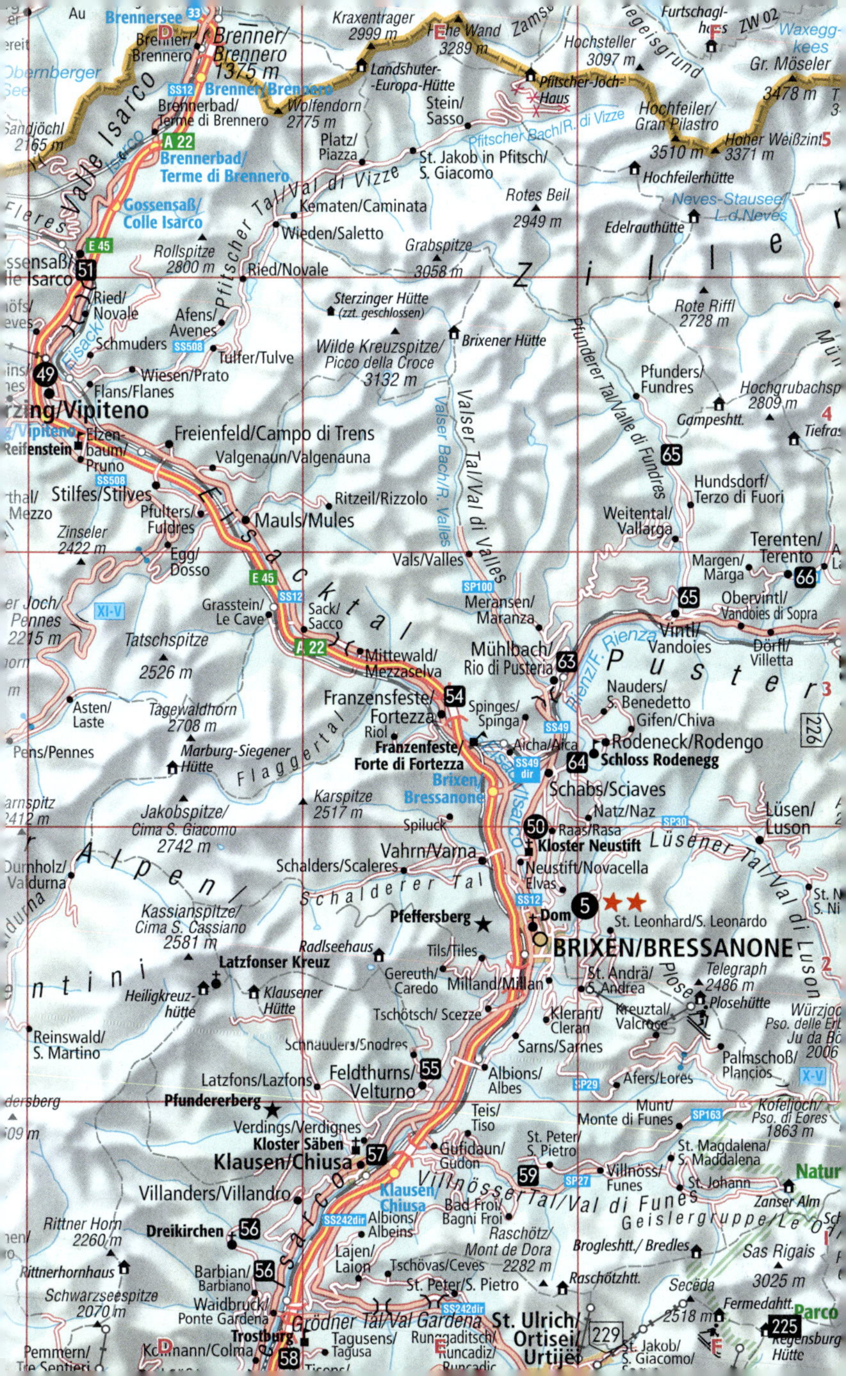

Brennersee
Brenner/
Brennero
Brenner/
Brennero
1375 m
Brenner/Brennero
Kraxentrager
2999 m
Hohe Wand
3289 m
Landshuter-
-Europa-Hütte
Hochsteller
3097 m
Furtschagl-
haus
Waxegg-
kees
Gr. Möseler
3478 m
Pfitscher-Joch-
Haus
Obernberger
See
Valle Isarco
Brennerbad/
Terme di Brennero
Wolfendorn
2775 m
Stein/
Sasso
Platz/
Piazza
Hochfeiler/
Gran Pilastro
3510 m
Hoher Weißzint
3371 m
Sandjöchl
2165 m
A 22
Brennerbad/
Terme di Brennero
Pfitscher Bach/R. di Vizze
St. Jakob in Pfitsch/
S. Giacomo
Hochfeilerhütte
Pfitscher Tal/Val di Vizze
Gossensaß/
Colle Isarco
Kematen/Caminata
Rotes Beil
2949 m
Neves-Stausee/
L.d. Neves
Edelrauthütte
Fleres
Wieden/Saletto
E 45
Rollspitze
2800 m
Grabspitze
3058 m
Zillertaler
51
Ried/Novale
Ried/
Novale
Sterzinger Hütte
(zzt. geschlossen)
Rote Riffl
2728 m
Afens/
Avenes
Schmuders
SS508
Tulfer/Tulve
Wilde Kreuzspitze/
Picco della Croce
3132 m
Brixener Hütte
Pfunderer Tal/Valle di Fundres
49
Wiesen/Prato
Flans/Flanes
Sterzing/Vipiteno
Valser Bach/R. Valles
Valser Tal/Val di Valles
Pfunders/
Fundres
Hochgrubachsp.
2809 m
Gampeshtt.
Tiefrast
Reifenstein
Elzen-
baum/
Pruno
Freienfeld/Campo di Trens
Valgenaun/Valgenauna
65
SS508
Stilfes/Stilves
Eisacktal
Ritzeil/Rizzolo
Hundsdorf/
Terzo di Fuori
Mezzo
Pfulters/
Fuldres
Mauls/Mules
Weitental/
Vallarga
Zinseler
2422 m
Egg/
Dosso
Vals/Valles
Terenten/
Terento
Margen/
Marga
66
E 45
SP100
Pennes
2215 m
XI-V
Grasstein/
Le Cave
SS12
Sack/
Sacco
Meransen/
Maranza
65
Obervintl/
Vandoies di Sopra
Tatschspitze
2526 m
A 22
Mittewald/
Mezzaselva
Mühlbach/
Rio di Pusteria
63
Rienz/F. Rienza
Vintl/
Vandoies
Dörfl/
Villetta
Pustertal
Asten/
Laste
Tagewaldhorn
2708 m
Franzensfeste/
Fortezza
54
Spinges/
Spinga
Nauders/
S. Benedetto
Gifen/Chiva
226
Riol
Flaggertal
SS49
Rodeneck/Rodengo
Pens/Pennes
Marburg-Siegener
Hütte
Franzensfeste/
Forte di Fortezza
Aicha/Aica
64
Schloss Rodenegg
SS49
dir
Brixen/
Bressanone
Eisack/Isarco
Schabs/Sciaves
Karspitze
2517 m
Natz/Naz
2412 m
Jakobspitze/
Cima S. Giacomo
2742 m
Spiluck
50
Raas/Rasa
SP30
Lüsen/
Luson
Kloster Neustift
Lüsener Tal/Val di Luson
Durnholz/
Valdurna
Sarntaler Alpen
Vahrn/Varna
Schalders/Scaleres
Neustift/Novacella
Elvas
Schalderer Tal
SS12
Dom
5
Kassianspitze/
Cima S. Cassiano
2581 m
Pfeffersberg
St. Leonhard/S. Leonardo
BRIXEN/BRESSANONE
Radlseehaus
Tils/Tiles
Latzfonser Kreuz
Gereuth/
Caredo
St. Andrä/
S. Andrea
Telegraph
2486 m
Plose
Heiligkreuz-
hütte
Klausener
Hütte
Milland/Millan
Plosehütte
Tschötsch/ Scezze
Klerant/
Cleran
Kreuztal/
Valcroce
Würzjoch
Pso. delle Erbe
Reinswald/
S. Martino
Schnauders/Snodres
Sarns/Sarnes
Palmschoß/
Plancios
Feldthurns/
Velturno
55
Albions/
Albes
Latzfons/Lazfons
SP29
Afers/Eores
X-V
Teis/
Tiso
Munt/
Monte di Funes
SP163
Kofeljoch/
Pso. di Eores
1863 m
Pfundererberg
Verdings/Verdignes
Kloster Säben
St. Peter/
S. Pietro
St. Magdalena/
S. Maddalena
Klausen/Chiusa
57
Gufidaun/
Gudon
Villnöss/
Funes
Natur
SP27
59
St. Johann
Villandres/Villandro
Villnösser Tal/Val di Funes
Zanser Alm
Klausen/
Chiusa
Bad Froi/
Bagni Froi
Geislergruppe/Le Odle
Rittner Horn
2260 m
Dreikirchen
56
SS242dir
Albions/
Albeins
Raschötz/
Mont de Dora
2282 m
Broglesshtt./ Bredles
Sas Rigais
3025 m
Rittnerhornhaus
Barbian/
Barbiano
56
Lajen/
Laion
Tschövas/Ceves
Raschötzhtt.
Secëda
St. Peter/S. Pietro
Schwarzseespitze
2070 m
Waidbruck/
Ponte Gardena
SS242dir
2518 m
Fermedahtt.
Parco
Grödner Tal/Val Gardena
St. Ulrich/
Ortisei/
Urtijëi
229
225
Trostburg
Tagusens/
Tagusa
Runggaditsch/
Runcadiz/
St. Jakob/
S. Giacomo
Regensburger
Hütte
Pemmern/
Tre Sentieri
Kollmann/Colma
58

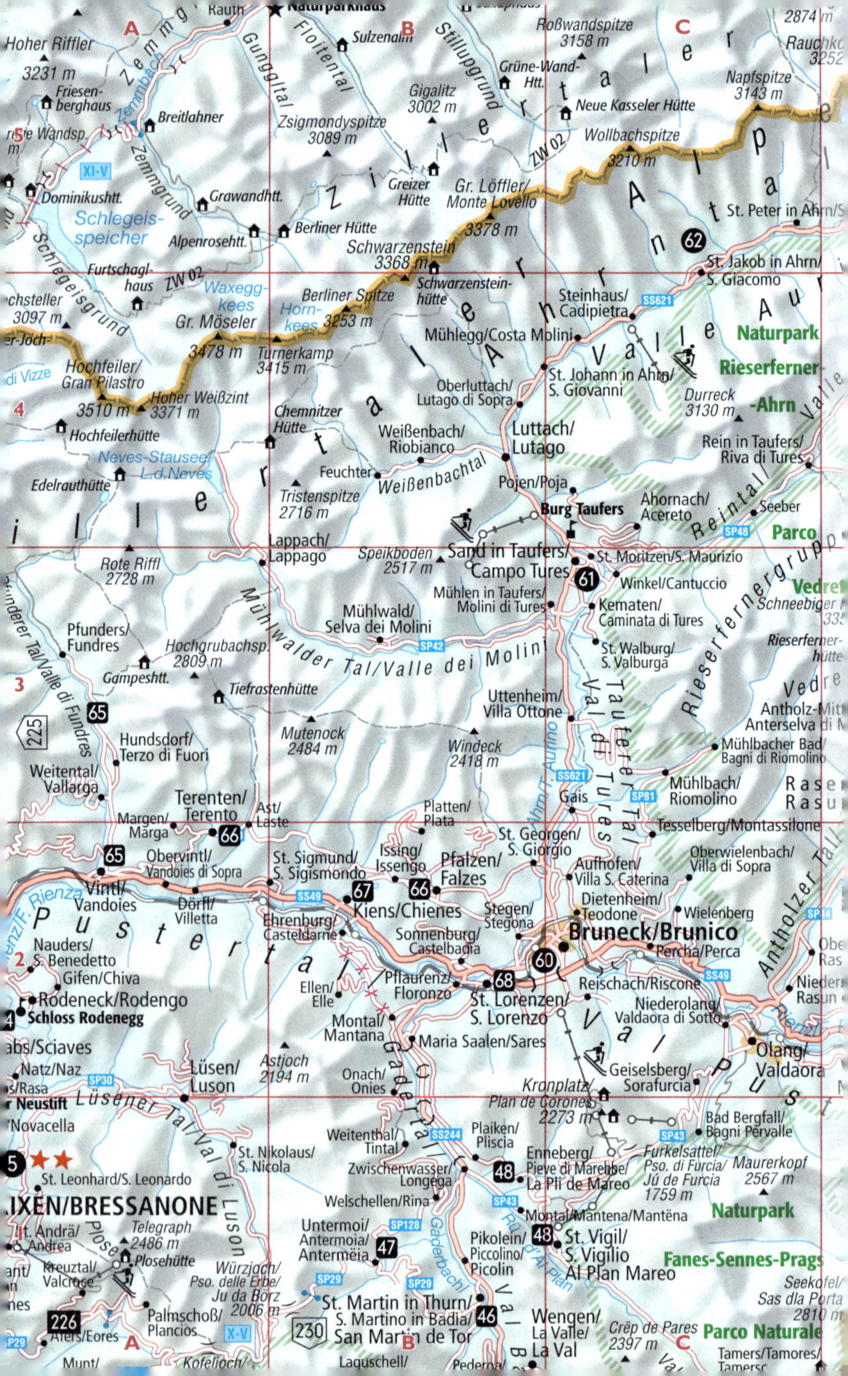

A
B
C
Rauth
Naturparkhaus
Hoher Riffler
3231 m
Zemmbach
Gunggltal
Floitental
Sulzenalm
Stillupgrund
Roßwandspitze
3158 m
2874 m
Rauchkofel
3252
Friesenberghaus
Breitlahner
Zemmgrund
Gigalitz
3002 m
Grüne-Wand-Htt.
Napfspitze
3143 m
Neue Kasseler Hütte
Zsigmondyspitze
3089 m
Wollbachspitze
3210 m
ZW 02
XI-V
Zillertaler Alpen
Greizer Hütte
Gr. Löffler/
Monte Lovello
3378 m
Dominikushtt.
Grawandhtt.
Schlegeis-speicher
Alpenrosehtt.
Berliner Hütte
Schwarzenstein
3368 m
St. Peter in Ahrn/S
62
Schlegeisgrund
Furtschaglhaus
ZW 02
Waxeggkees
Hornkees
Schwarzensteinhütte
St. Jakob in Ahrn/
S. Giacomo
Hochsteller
3097 m
Gr. Möseler
3478 m
Berliner Spitze
3253 m
Steinhaus/
Cadipietra
SS621
Ahrntal
Valle Aurina
Naturpark
Rieserferner-Ahrn
Mühlegg/Costa Molini
Turnerkamp
3415 m
di Vizze
Hochfeiler/
Gran Pilastro
3510 m
Hoher Weißzint
3371 m
St. Johann in Ahrn/
S. Giovanni
Oberluttach/
Lutago di Sopra
Durreck
3130 m
4
Hochfeilerhütte
Chemnitzer Hütte
Weißenbach/
Riobianco
Luttach/
Lutago
Rein in Taufers/
Riva di Tures
Neves-Stausee/
L.d.Neves
Edelrauthütte
Feuchter
Weißenbachtal
Pojen/Poja
Tristenspitze
2716 m
Burg Taufers
Ahornach/
Acereto
Reintal
Seeber
SP48
Parco
Lappach/
Lappago
Speikboden
2517 m
Sand in Taufers/
Campo Tures
61
St. Moritzen/S. Maurizio
Rieserfernergruppe
Vedrette
Rote Riffl
2728 m
Winkel/Cantuccio
Mühlen in Taufers/
Molini di Tures
Kematen/
Caminata di Tures
Schneebiger
335
Pfunderer Tal/Valle di Fundres
Pfunders/
Fundres
Mühlwald/
Selva dei Molini
SP42
Mühlwalder Tal/Valle dei Molini
St. Walburg/
S. Valburga
Rieserfernerhütte
Hochgrubachsp.
2809 m
Gampeshtt.
Tiefrastenhütte
3
Uttenheim/
Villa Ottone
Tauferer Tal/Val di Tures
Antholz-Mittertal
Anterselva di M
225
65
Mutenock
2484 m
Windeck
2418 m
Ahrn/T. Aurino
Mühlbacher Bad/
Bagni di Riomolino
Hundsdorf/
Terzo di Fuori
Weitental/
Vallarga
SS621
Mühlbach/
Riomolino
SP81
Gais
Terenten/
Terento
Ast/
Laste
Platten/
Plata
Tesselberg/Montassilone
Margen/
Marga
66
St. Georgen/
S. Giorgio
Oberwielenbach/
Villa di Sopra
65
Obervintl/
Vandoies di Sopra
St. Sigmund/
S. Sigismondo
Issing/
Issengo
Pfalzen/
Falzes
Aufhofen/
Villa S. Caterina
Antholzer Tal
Vintl/
Vandoies
Rienz/F. Rienza
Dörfl/
Villetta
SS49
67
66
Kiens/Chienes
Dietenheim/
Teodone
Wielenberg
SP44
Stegen/
Stegona
Pustertal
Ehrenburg/
Casteldarne
Sonnenburg/
Castelbadia
Bruneck/Brunico
Percha/Perca
Nauders/
S. Benedetto
60
Olang/
Valdaora
2
Gifen/Chiva
Ellen/
Elle
Pflaurenz/
Floronzo
68
Reischach/Riscone
SS49
Niederrasen/
Rasun
Rodeneck/Rodengo
Schloss Rodenegg
Montal/
Mantana
St. Lorenzen/
S. Lorenzo
Niederolang/
Valdaora di Sotto
Rienz
Maria Saalen/Sares
Val Pusteria
Gadertal
Sciaves
Astjoch
2194 m
Natz/Naz
SP30
Lüsen/
Luson
Onach/
Onies
Geiselsberg/
Sorafurcia
Rasa
Neustift
Novacella
Lüsener Tal/Val di Luson
Kronplatz/
Plan de Corones
2273 m
Bad Bergfall/
Bagni Pervalle
SP43
Weitenthal/
Tintal
SS244
Plaiken/
Pliscia
Enneberg/
Pieve di Marebbe/
La Plì de Mareo
Furkelsattel/
Pso. di Furcia/
Jú de Furcia
1759 m
Maurerkopf
2567 m
St. Nikolaus/
S. Nicola
Zwischenwasser/
Longega
48
St. Leonhard/S. Leonardo
Brixen/Bressanone
Welschellen/Rina
SP43
Naturpark
Telegraph
2486 m
Untermoi/
Antermoia/
Antermëia
SP128
Montal/Mantena/Mantëna
St. Andrä/
S. Andrea
Plose
Plosehütte
47
48
Pikolein/
Piccolino/
Picolin
St. Vigil/
S. Vigilio
Al Plan Mareo
Fanes-Sennes-Prags
Kreuztal/
Valcroce
Würzjoch/
Pso. delle Erbe/
Ju da Börz
2006 m
SP29
SP29
Gaderbach
Rü d'Al Plan
Seekofel/
Sas dla Porta
2810 m
226
Palmschoß/
Plancios
St. Martin in Thurn/
S. Martino in Badia/
San Martin de Tor
46
Wengen/
La Valle/
La Val
Crëp de Pares
2397 m
Parco Naturale
Afers/Eores
SP29
X-V
230
Val Badia
Tamers/Tamores/
Tamersc
Munt
Kofeljoch
Laguschell
Pederoa

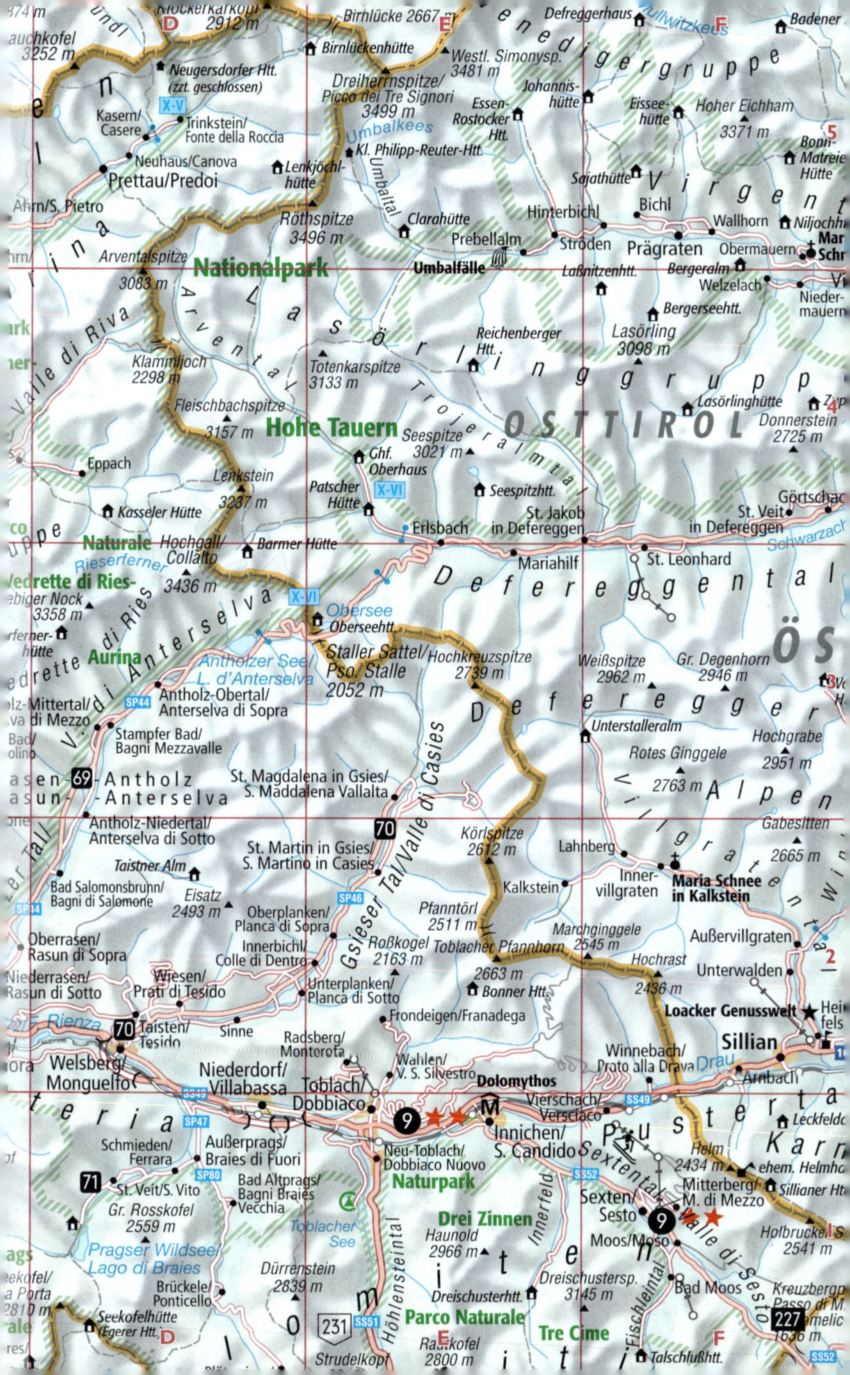Klockerkarkopf
2912 m
Birnlücke 2667 m
Defreggerhaus
Badener
Rauchkofel
3252 m
Neugersdorfer Htt.
(zzt. geschlossen)
Birnlückenhütte
Westl. Simonysp.
3481 m
Venedigergruppe
Dreiherrnspitze/
Picco dei Tre Signori
3499 m
Johannis-
hütte
Essen-
Rostocker
Htt.
Eissee-
hütte
Hoher Eichham
3371 m
Bonn-
Matreier
Hütte
Kasern/
Casere
X-V
Trinkstein/
Fonte della Roccia
Umbalkees
Kl. Philipp-Reuter-Htt.
Neuhaus/Canova
Prettau/Predoi
Lenkjöchl-
hütte
Umbaltal
Sajathütte
Virgental
Ahrn/S. Pietro
Röthspitze
3496 m
Clarahütte
Hinterbichl
Bichl
Wallhorn
Niljochhütte
Prebellalm
Ströden
Prägraten
Obermauern
Arventalspitze
3083 m
Nationalpark
Umbalfälle
Laßnitzenhtt.
Bergeralm
Welzelach
Nieder-
mauern
Valle di Riva
Arventalspitze
Arvental
Lasörlinggruppe
Bergerseehtt.
Reichenberger
Htt.
Lasörling
3098 m
Klammljoch
2298 m
Totenkarspitze
3133 m
Trojeralmtal
Fleischbachspitze
3157 m
Hohe Tauern
Seespitze
3021 m
OSTTIROL
Lasörlinghütte
Donnerstein
2725 m
Eppach
Ghf.
Oberhaus
Lenkstein
3237 m
Patscher
Hütte
X-VI
Seespitzhtt.
Kasseler Hütte
Erlsbach
St. Jakob
in Defereggen
St. Veit
in Defereggen
Görtschach
Schwarzach
Naturale
Hochgall/
Collalto
3436 m
Barmer Hütte
Rieserferner
Mariahilf
St. Leonhard
Vedrette di Ries-
Defereggental
Hochgebirger Nock
3358 m
Rieserferner-
hütte
X-VI
Obersee
Oberseehtt.
Vedrette di Ries-
Aurina
Valle di Anterselva
Staller Sattel/
Pso. Stalle
2052 m
Hochkreuzspitze
2739 m
Weißspitze
2962 m
Gr. Degenhorn
2946 m
Antholzer See/
L. d'Anterselva
Antholz-Obertal/
Anterselva di Sopra
SP44
Antholz-Mittertal/
Anterselva di Mezzo
Deferegger
Valle di Casies
Unterstalleralm
Stampfer Bad/
Bagni Mezzavalle
Rotes Ginggele
2763 m
Hochgrabe
2951 m
69
Antholz
Anterselva
St. Magdalena in Gsies/
S. Maddalena Vallalta
Alpen
Villgratental
Antholz-Niedertal/
Anterselva di Sotto
70
Gabesitten
2665 m
Körlspitze
2612 m
Lahnberg
St. Martin in Gsies/
S. Martino in Casies
Taistner Alm
Inner-
villgraten
Maria Schnee
in Kalkstein
Kalkstein
Bad Salomonsbrunn/
Bagni di Salomone
Eisatz
2493 m
SP46
Gsieser Tal/Valle di Casies
Pfanntörl
2511 m
SP44
Oberplanken/
Planca di Sopra
Marchginggele
2545 m
Außervillgraten
Oberrasen/
Rasun di Sopra
Innerbichl/
Colle di Dentro
Roßkogel
2163 m
Toblacher Pfannhorn
2663 m
Hochrast
2436 m
Unterwalden
Niederrasen/
Rasun di Sotto
Wiesen/
Prati di Tesido
Unterplanken/
Planca di Sotto
Bonner Htt.
Loacker Genusswelt
Heinfels
Rienza
70
Taisten/
Tesido
Sinne
Frondeigen/Franadega
Radsberg/
Monterota
Sillian
Welsberg/
Monguelfo
Niederdorf/
Villabassa
Wahlen/
V. S. Silvestro
Winnebach/
Prato alla Drava
Drau
Arnbach
Toblach/
Dobbiaco
Dolomythos
Pustertal
SS49
9
Vierschach/
Versciaco
SS49
Leckfeld
SP47
Innichen/
S. Candido
Sextental
Karnischer
Schmieden/
Ferrara
Außerprags/
Braies di Fuori
Neu-Toblach/
Dobbiaco Nuovo
Helm
2434 m
ehem. Helmhaus
71
St. Veit/S. Vito
SP80
Bad Altprags/
Bagni Braies
Vecchia
Naturpark
SS52
Innerfeld
Sexten/
Sesto
Mitterberg/
M. di Mezzo
Sillianer Hütte
Gr. Rosskofel
2559 m
Toblacher
See
Drei Zinnen
9
Valle di Sesto
Holbruckeck
2541 m
Pragser Wildsee/
Lago di Braies
Haunold
2966 m
Moos/Moso
Dürrenstein
2839 m
Dreischustersp.
3145 m
Bad Moos
Kreuzbergpass/
Passo di M. Croce Comelico
1636 m
Seekofel/
Porta
2810 m
Brückele/
Ponticello
Höhlensteintal
Dreischusterhtt.
Fischleintal
Seekofelhütte
(Egerer Htt.)
231
SS51
Parco Naturale
Tre Cime
227
Rautkofel
2800 m
Strudelkopf
Talschlußhtt.
SS52
Dolomiten
D
E
F
5
4
3
2
1

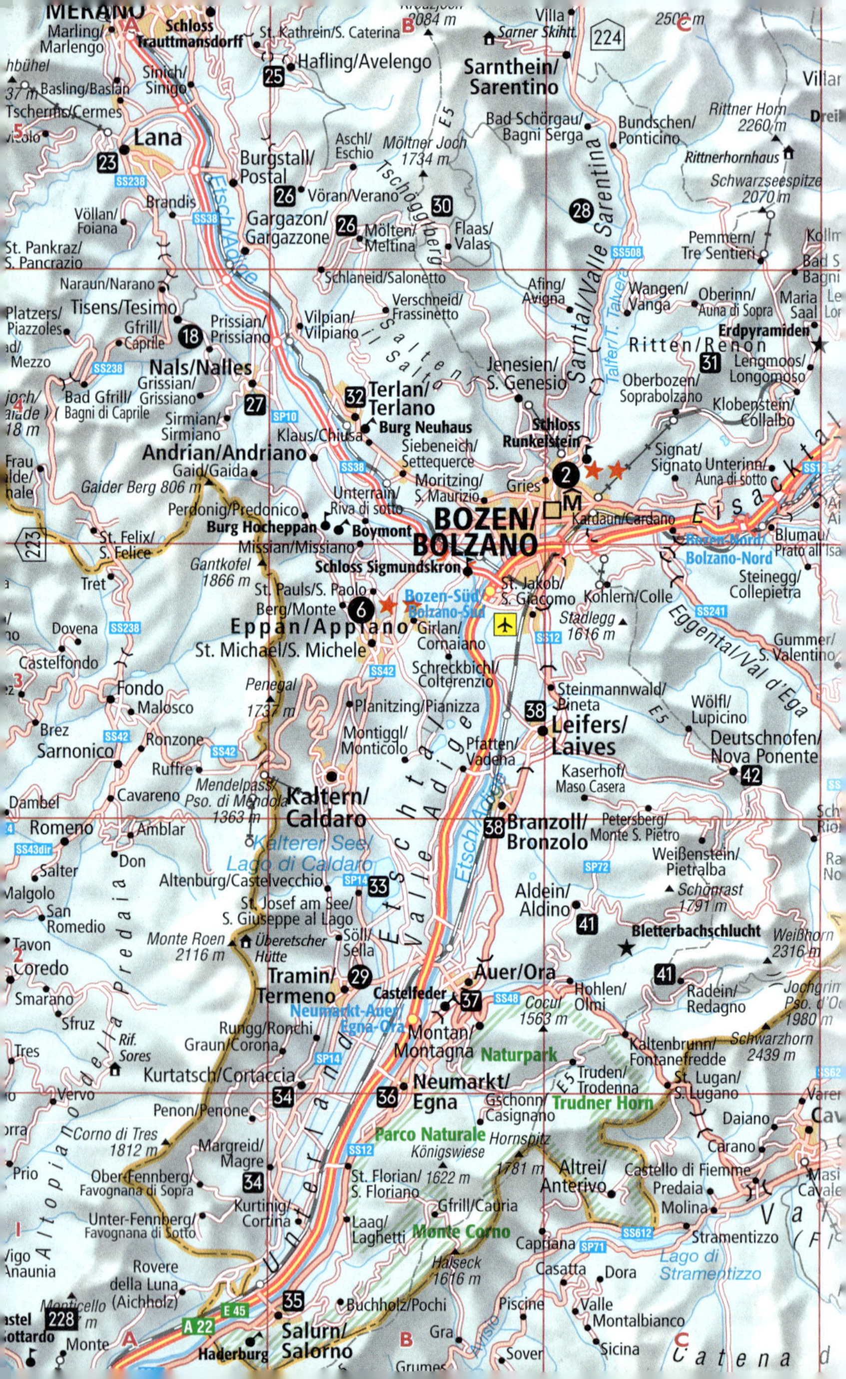

Meran
Marling/ Marlengo
Schloss Trauttmansdorff
St. Kathrein/S. Caterina
2084 m
Villa
Sarner Skihtt.
224
2500 m
Hafling/Avelengo
Sinich/ Sinigo
Sarnthein/ Sarentino
Basling/Baslan
Tscherms/Cermes
Lana
Bad Schörgau/ Bagni Serga
Bundschen/ Ponticino
Rittner Horn 2260 m
Aschl/ Eschio
Möltner Joch 1734 m
Burgstall/ Postal
Rittnerhornhaus
Vöran/Verano
Schwarzseespitze 2070 m
Tschögglberg
Sarntal/Valle Sarentina
Völlan/ Foiana
Brandis
Gargazon/ Gargazzone
Mölten/ Meltina
Flaas/ Valas
Pemmern/ Tre Sentieri
St. Pankraz/ S. Pancrazio
Schlaneid/Salonetto
Naraun/Narano
Afing/ Avigna
Wangen/ Vanga
Oberinn/ Auna di Sopra
Maria Saal
Tisens/Tesimo
Verschneid/ Frassinetto
Platzers/ Piazzoles
Gfrill/ Caprile
Prissian/ Prissiano
Vilpian/ Vilpiano
Erdpyramiden
Ritten/Renon
Nals/Nalles
Jenesien/ S. Genesio
Lengmoos/ Longomoso
Grissian/ Grissiano
Talfer/T. Talvera
Bad Gfrill/ Bagni di Caprile
Terlan/ Terlano
Oberbozen/ Soprabolzano
Klobenstein/ Collalbo
Sirmian/ Sirmiano
Burg Neuhaus
Klaus/Chiusa
Schloss Runkelstein
Siebeneich/ Settequerce
Signat/ Signato
Unterinn/ Auna di sotto
Andrian/Andriano
Gaid/Gaida
Moritzing/ S. Maurizio
Gries
Gaider Berg 806 m
Unterrain/ Riva di sotto
Perdonig/Predonico
Kardaun/Cardano
Eisacktal
Burg Hocheppan
Boymont
Bozen/ Bolzano
Blumau/ Prato all'Isarco
Bozen-Nord/ Bolzano-Nord
St. Felix/ S. Felice
Missian/Missiano
Steinegg/ Collepietra
Gantkofel 1866 m
Schloss Sigmundskron
Tret
St. Pauls/S. Paolo
St. Jakob/ S. Giacomo
Kohlern/Colle
Berg/Monte
Bozen-Süd/ Bolzano-Süd
Eppan/Appiano
Girlan/ Cornaiano
Stadlegg 1616 m
Eggental/Val d'Ega
Dovena
Gummer/ S. Valentino
St. Michael/S. Michele
Castelfondo
Schreckbichl/ Colterenzio
Penegal 1737 m
Steinmannwald/ Pineta
Fondo
Malosco
Planitzing/Pianizza
Leifers/ Laives
Wölfl/ Lupicino
Brez
Sarnonico
Montiggl/ Monticolo
Pfatten/ Vadena
Deutschnofen/ Nova Ponente
Ronzone
Ruffre
Kaserhof/ Maso Casera
Mendelpass/ Pso. di Mendola 1363 m
Kaltern/ Caldaro
Dambel
Cavareno
Romeno
Amblar
Branzoll/ Bronzolo
Petersberg/ Monte S. Pietro
Kalterer See/ Lago di Caldaro
Etschtal/ Valle dell'Adige
Don
Weißenstein/ Pietralba
Salter
Altenburg/Castelvecchio
Malgolo
Schönrast 1791 m
St. Josef am See/ S. Giuseppe al Lago
Aldein/ Aldino
San Romedio
Monte Roen 2116 m
Überetscher Hütte
Söll/ Sella
Tavon
Bletterbachschlucht
Weißhorn 2316 m
Coredo
Tramin/ Termeno
Auer/Ora
Smarano
Castelfeder
Hohlen/ Olmi
Radein/ Redagno
Jochgrimm Pso. d'Oclini 1980 m
Neumarkt-Auer/ Egna-Ora
Cocul 1563 m
Sfruz
Rungg/Ronchi
Montan/ Montagna
Schwarzhorn 2439 m
Tres
Rif. Sores
Graun/Corona
Naturpark
Kaltenbrunn/ Fontanefredde
Kurtatsch/Cortaccia
Truden/ Trodenna
St. Lugan/ S. Lugano
Vervo
Neumarkt/ Egna
Gschonn/ Casignano
Trudner Horn
Penon/Penone
Daiano
Corno di Tres 1812 m
Parco Naturale
Hornspitz
Carano
Königswiese
Margreid/ Magre
1781 m
Altrei/ Anterivo
Castello di Fiemme
Prio
Ober-Fennberg/ Favogna di Sopra
St. Florian/ S. Floriano
1622 m
Predaia
Molina
Altopiano della Predaia
Kurtinig/ Cortina
Gfrill/Cauria
Unter-Fennberg/ Favogna di Sotto
Laag/ Laghetti
Monte Corno
Stramentizzo
Vigo Anaunia
Capriana
Unterland
Lago di Stramentizzo
Halseck 1616 m
Rovere della Luna (Aichholz)
Casatta
Dora
Monticello
Buchholz/Pochi
Valle
Piscine
Montalbianco
228
E 45
A 22
Monte
Salurn/ Salorno
Gra
Avisio
Haderburg
Sover
Sicina
Catena
Grumes
Etsch/Adige
Mendelpass
SS238
SS38
SS508
SS10
SP10
SS42
SS12
SS241
SS48
SS72
SS612
SP14
SP71
SS43dir
E5

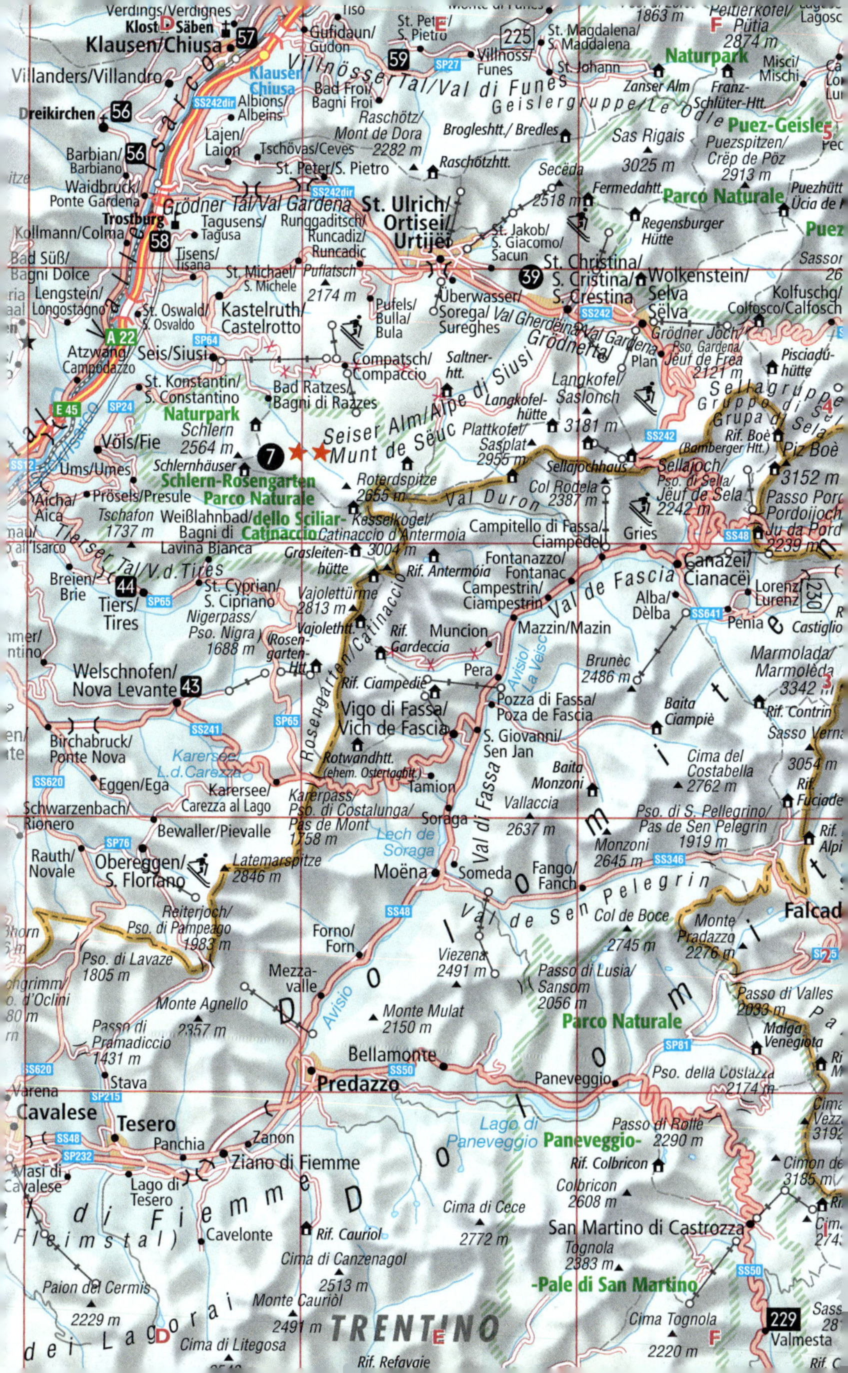

Verdings/Verdignes
Kloster Säben
Klausen/Chiusa
57
Gufidaun/Gudon
Tiso
St. Peter/S. Pietro
225
St. Magdalena/S. Maddalena
1863 m
Peitlerkofel/Pütia
2874 m
Lagosc
Villanders/Villandro
Klausen/Chiusa
59
Villnösser Tal/Val di Funes
Villnöss/Funes
St. Johann
Naturpark
Misci/Mischi
Dreikirchen
56
SS242dir
Albions/Albeins
Bad Froi/Bagni Froi
Zanser Alm
Franz-Schlüter-Htt.
Geislergruppe/Le Odle
Puez-Geisler
Raschötz/Mont de Dora
2282 m
Broglesht./Bredles
Sas Rigais
3025 m
Puezspitzen/Crëp de Pöz
2913 m
Barbian/Barbiano
56
Lajen/Laion
Tschövas/Ceves
St. Peter/S. Pietro
Raschötzhtt.
Secëda
2518 m
Fermedahtt.
Parco Naturale
Puezhütt Ücia de P
Waidbruck/Ponte Gardena
SS242dir
Grödner Tal/Val Gardena
St. Ulrich/Ortisei/Urtijëi
Trostburg
Tagusens/Tagusa
Runggaditsch/Runcadiz/Runcadic
St. Jakob/S. Giacomo/Sacun
Regensburger Hütte
Kollmann/Colma
58
Tisens/Tisana
Bad Süß/Bagni Dolce
St. Michael/S. Michele
Pufltatsch
2174 m
St. Christina/S. Cristina/S. Crestina
39
Wolkenstein/Selva/Sëlva
Sassor
Lengstein/Longostagno
St. Oswald/S. Osvaldo
Kastelruth/Castelrotto
Pufels/Bulla/Bula
Überwasser/Soregal
Sureghes
Val Gherdëina/Val Gardena
Kolfuschg/Colfosco/Calfosch
A 22
SS242
Grödner Joch/Pso. Gardena/Jëuf de Frea
2121 m
Atzwang/Campodazzo
SP64
Seis/Siusi
Compatsch/Compaccio
Saltner-htt.
Grödnertal
Plan
Pisciadù-hütte
St. Konstantin/S. Constantino
Bad Ratzes/Bagni di Razzes
Langkofel/Saslonch
Sellagruppe
Gruppo di Sella
E 45
SP24
Naturpark
Langkofel-hütte
Rif. Boè
Seiser Alm/Alpe di Siusi
3181 m
(Bamberger Htt.)
Völs/Fie
Schlern
2564 m
7
Mont de Sëuc
Plattkofel/Sasplat
2955 m
SS242
Piz Boè
3152 m
SS12
Ums/Umes
Schlernhäuser
Sellajochhaus
Sellajoch/Pso. di Sella/Jëuf de Sela
2242 m
Schlern-Rosengarten
Roterdspitze
2655 m
Col Rodela
2387 m
Passo Pordoi/Pordoijoch/Ju da Pordoi
2239 m
Aicha/Aica
Prösels/Presule
Parco Naturale
Val Duron
Tschafon
1737 m
Weißlahnbad/Bagni di Lavina Bianca
dello Sciliar-Catinaccio
Kesselkogel/Catinaccio d'Antermoia
3004 m
Campitello di Fassa/Ciampedel
Gries
SS48
Tierser Tal/V. d. Tires
Grasleiten-hütte
Rif. Antermóia
Fontanazzo/Fontanac
Canazei/Cianacëi
Breien/Brie
44
Tiers/Tires
SP65
St. Cyprian/S. Cipriano
Vajolettürme
2813 m
Catinaccio
Campestrin/Ciampestrin
Val de Fascia
Alba/Dèlba
Lorenz/Lurenz
230
Nigerpass/Pso. Nigra
1688 m
Vajoletthtt.
(Rosengarten-Htt.)
Rif. Gardeccia
Muncion
Mazzin/Mazin
SS641
Penia
Castiglio
Brunèc
2486 m
Marmolada/Marmoléda
3342 m
Welschnofen/Nova Levante
43
Rosengarten/Catinaccio
Rif. Ciampedie
Pera
Avisio/La Veisc
Pozza di Fassa/Poza de Fascia
Baita Ciampiè
Rif. Contrin
Vigo di Fassa/Vich de Fascia
Sasso Vernale
Birchabruck/Ponte Nova
SS241
SP65
Rotwandhtt. (ehem. Ostertaghtt.)
S. Giovanni/Sen Jan
Cima del Costabella
2762 m
3054 m
Karersee/L.d. Carezza
Tamion
Baita Monzoni
Rif. Fuciade
SS620
Eggen/Ega
Karersee/Carezza al Lago
Vallaccia
2637 m
Schwarzenbach/Rionero
Karerpass/Pso. di Costalunga/Pas de Mont
1758 m
Soraga
Lech de Soraga
Val di Fassa
Pso. di S. Pellegrino/Pas de Sen Pelegrin
1919 m
Bewaller/Pievalle
Monzoni
2645 m
Rif. Alpe
SP76
Rauth/Novale
Obereggen/S. Floriano
Latemarspitze
2846 m
Moëna
Someda
Fango/Fanch
SS346
Falcade
Val de Sen Pelegrin
Reiterjoch/Pso. di Pampeago
1983 m
Forno/Forn
SS48
Col de Boce
2745 m
Monte Pradazzo
2276 m
Pso. di Lavaze
1805 m
Viezena
2491 m
Passo di Lusia/Sansom
2056 m
Dolomiti
Mezzavalle
Avisio
Monte Agnello
Monte Mulat
2150 m
Passo di Valles
2033 m
Passo di Pramadiccio
1431 m
2357 m
Parco Naturale
Malga Venegiota
SS620
Stava
Bellamonte
SP81
Predazzo
SS50
Paneveggio
Pso. della Costazza
2174 m
Varena
SP215
Cavalese
Tesero
Panchia
Zanon
Lago di Paneveggio
Paneveggio-
Passo di Rolle
2290 m
SS48
SP232
Ziano di Fiemme
Rif. Colbricon
Masi di Cavalese
Lago di Tesero
Colbricon
2608 m
Cimon della Pala
3185 m
Val di Fiemme
Fleimstal
Cima di Cece
2772 m
San Martino di Castrozza
Cavelonte
Rif. Cauriol
Tognola
2383 m
Cima di Canzenagol
2513 m
Pale di San Martino
SS50
Paion del Cermis
Monte Cauriòl
2491 m
TRENTINO
Cima Tognola
2220 m
229
Valmesta
2229 m
dei Lagorai
Cima di Litegosa
Rif. Refavaie

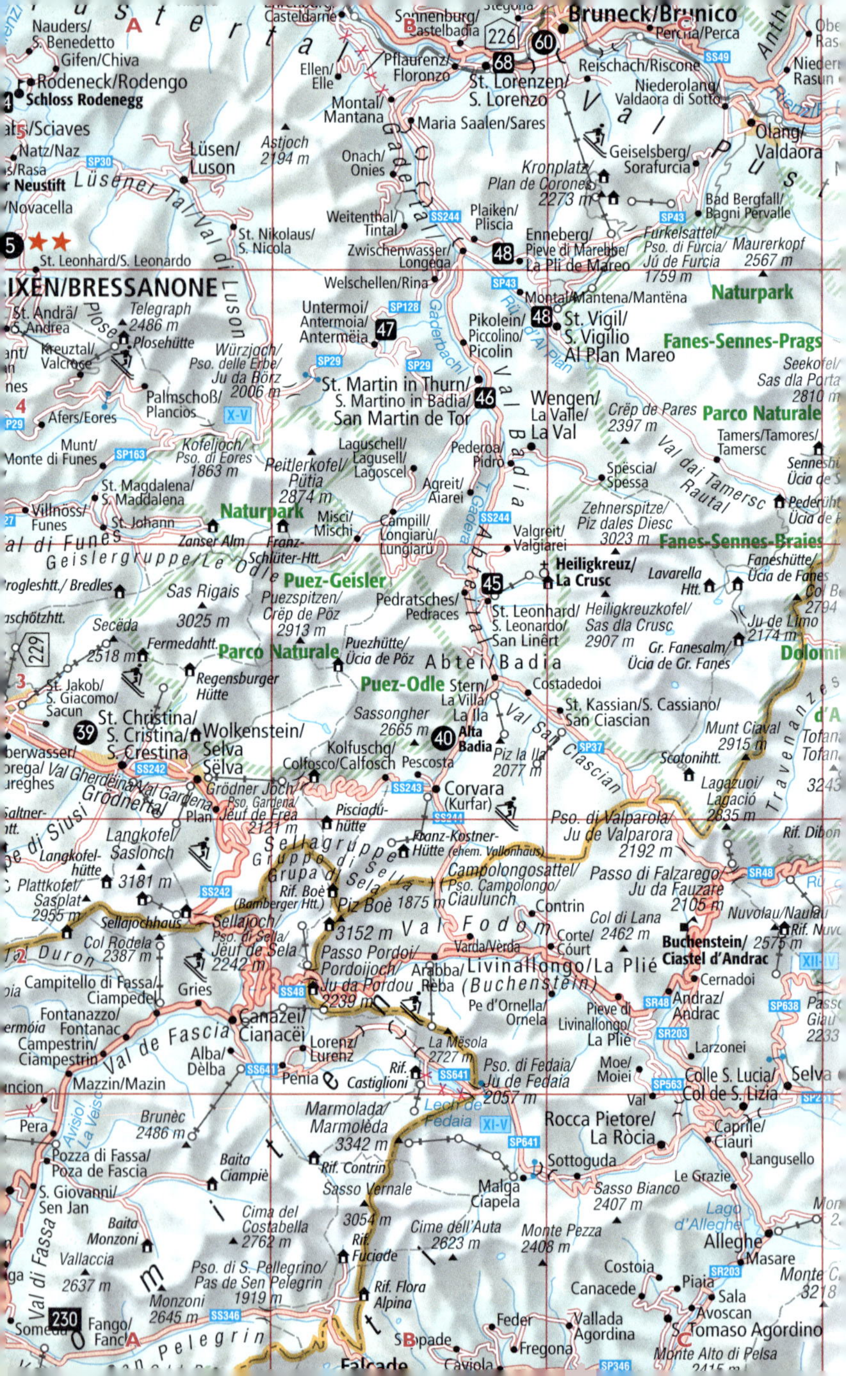

Nauders/ S. Benedetto
Gifen/Chiva
Rodeneck/Rodengo
Schloss Rodenegg
Casteldarne
Sonnenburg/ Castelbadia
226
60
Bruneck/Brunico
Percha/Perca
Pflaurenz/ Floronzo
68
Reischach/Riscone
Niederolang/ Valdaora di Sotto
Ellen/ Elle
St. Lorenzen/ S. Lorenzo
Montal/ Mantana
Maria Saalen/Sares
Olang/ Valdaora
Sciaves
Natz/Naz
Lüsen/ Luson
Astjoch 2194 m
Onach/ Onies
Geiselsberg/ Sorafurcia
Rasa
Neustift
SP30
Lüsener Tal/Val di Luson
Kronplatz/ Plan de Corones 2273 m
Novacella
Plaiken/ Pliscia
Bad Bergfall/ Bagni Pervalle
SP43
Weitenthal/ Tintal
SS244
St. Nikolaus/ S. Nicola
Enneberg/ Pieve di Marebbe/ La Plì de Mareo
Furkelsattel/ Pso. di Furcia/ Jú de Furcia 1759 m
Maurerkopf 2567 m
Zwischenwasser/ Longega
48
St. Leonhard/S. Leonardo
BRIXEN/BRESSANONE
Welschellen/Rina
SP43
Montal/Mantena/Mantëna
Naturpark
Telegraph 2486 m
St. Andrä/ S. Andrea
Plose
Plosehütte
Untermoi/ Antermoia/ Antermëia
47
SP128
Gaderbach
Pikolein/ Piccolino/ Picolin
48
St. Vigil/ S. Vigilio Al Plan Mareo
Rü d'Al Plan
Fanes-Sennes-Prags
Kreuztal/ Valcroce
Würzjoch/ Pso. delle Erbe/ Ju da Börz 2006 m
SP29
SP29
Seekofel/ Sas dla Porta 2810 m
St. Martin in Thurn/ S. Martino in Badia/ San Martin de Tor
46
Palmschoß/ Plancios
Wengen/ La Valle/ La Val
Crëp de Pares 2397 m
Parco Naturale
Afers/Eores
X-V
P29
Tamers/Tamores/ Tamersc
Val Badia
Laguschell/ Lagusell/ Lagoscel
Val dai Tamersc
Mont di Funes
Munt/
SP163
Kofeljoch/ Pso. di Eores 1863 m
Peitlerkofel/ Pütia 2874 m
Pederoa/ Pidró
Spëscia/ Spessa
Sennes Ücia de S
St. Magdalena/ S. Maddalena
Naturpark
Agreit/ Aiarei
Rautal
Pederü Ücia de P
Villnöss/ Funes
St. Johann
Misci/ Mischi
Campill/ Longiarü/ Lungiarü
SS244
Zehnerspitze/ Piz dales Diesc 3023 m
Val di Funes
Zanser Alm
Franz-Schlüter-Htt.
Valgreit/ Valgiarei
Fanes-Sennes-Braies
Geislergruppe/Le Odle
Heiligkreuz/ La Crusc
Faneshütte/ Ücia de Fanes
Puez-Geisler
45
Lavarella Htt.
Col Be 2794
Brogleshtt./ Bredles
Sas Rigais 3025 m
Puezspitzen/ Crëp de Pöz 2913 m
Pedratsches/ Pedraces
St. Leonhard/ S. Leonardo/ San Linërt
Heiligkreuzkofel/ Sas dla Crusc 2907 m
Ju de Limo 2174 m
Schötzhtt.
Secëda 2518 m
Fermedahtt.
Parco Naturale
Puezhütte/ Ücia de Pöz
Abtei/Badia
Gr. Fanesalm/ Ücia de Gr. Fanes
Dolomi
229
Regensburger Hütte
Puez-Odle
Stern/ La Villa/ La Ila
Costadedoi
St. Jakob/ S. Giacomo/ Sacun
St. Christina/ S. Cristina/ S. Crestina
39
Wolkenstein/ Selva Sëlva
Sassongher 2665 m
40
Alta Badia
Val San Ciascian
St. Kassian/S. Cassiano/ San Ciascian
Munt Ciaval 2915 m
Travenanzes
d'A
Tofana
Kolfuschg/ Colfosco/Calfosch
Pescosta
Piz la Ila 2077 m
SP37
Scotonihtt.
SS242
Val Gherdëina/Val Gardena
Grödnertal
Grödner Joch/ Pso. Gardena/ Jëuf de Frea 2121 m
SS243
Corvara (Kurfar)
Lagazuoi/ Lagació 2835 m
3243
Pisciadù-hütte
SS244
Pso. di Valparola/ Ju de Valparora 2192 m
Rif. Dibona
Langkofel/ Saslonch 3181 m
Plan
Sellagruppe/Gruppo di Sella/Grupa di Sela
Franz-Kostner-Hütte (ehem. Vallonhaus)
Langkofel-hütte
Campolongosattel/ Pso. Campolongo/ Ciaulunch 1875 m
Passo di Falzarego/ Ju da Fauzare 2105 m
SR48
Plattkofel/ Sasplat 2955 m
SS242
Rif. Boè
(Bamberger Htt.)
Piz Boè 3152 m
Contrin
Nuvolau/Nuvolau
Rif. Nuvolau
Sellajochhaus
Sellajoch/ Pso. di Sella/ Jëuf de Sela 2242 m
Col di Lana 2462 m
Val Fodom
Corte/ Cöurt
2575 m
Col Rodela 2387 m
Varda/Vërda
Buchenstein/ Ciastel d'Andrac
Val Duron
Passo Pordoi/ Pordoijoch/ Ju da Pordou 2239 m
Arabba/ Rëba
Livinallongo/La Plié (Buchenstein)
XII-IV
Campitello di Fassa/ Ciampedel
Gries
SS48
Cernadoi
Pe d'Ornella/ Ornela
Pieve di Livinallongo/ La Plié
SR48
Andraz/ Andrac
SP638
Passo Giau 2233
Fontanazzo/ Fontanac
Canazei/ Cianacëi
Val de Fascia
Campestrin/ Ciampestrin
La Mësola 2727 m
SR203
Lorenz/ Lurenz
Larzonei
Alba/ Dèlba
SS641
Penia
Rif. Castiglioni
SS641
Pso. di Fedaia/ Ju de Fedaia 2057 m
Moe/ Moiei
Colle S. Lucia/ Col de S. Lizia
Selva
SP563
Mazzin/Mazin
Val
SP251
Pera
Avisio/ La Veisc
Brunèc 2486 m
Marmolada/ Marmolèda 3342 m
Lech de Fedaia
XI-V
Rocca Pietore/ La Ròcia
Caprile/ Ciaurì
SP641
Pozza di Fassa/ Poza de Fascia
Baita Ciampiè
Rif. Contrin
Sottoguda
Langusello
Le Grazie
S. Giovanni/ Sen Jan
Sasso Vernale
Malga Ciapela
Sasso Bianco 2407 m
Lago d'Alleghe
Val di Fassa
Baita Monzoni
Cima del Costabella 2762 m
3054 m
Cime dell'Auta 2623 m
Monte Pezza 2408 m
Alleghe
Rif. Fuciade
Masare
Vallaccia 2637 m
Pso. di S. Pellegrino/ Pas de Sen Pelegrin 1919 m
Costoia
SR203
Monte Civetta 3218
Rif. Flora Alpina
Canacede
Piaia
Sala
Monzoni 2645 m
SS346
Avoscan
230
Soraga
Fango/ Fanc
Val San Pelegrin
Feder
Vallada Agordina
S. Tomaso Agordino
Sappade
Fregona
Monte Alto di Pelsa
Falcade
Caviola
SP346
A
B
C

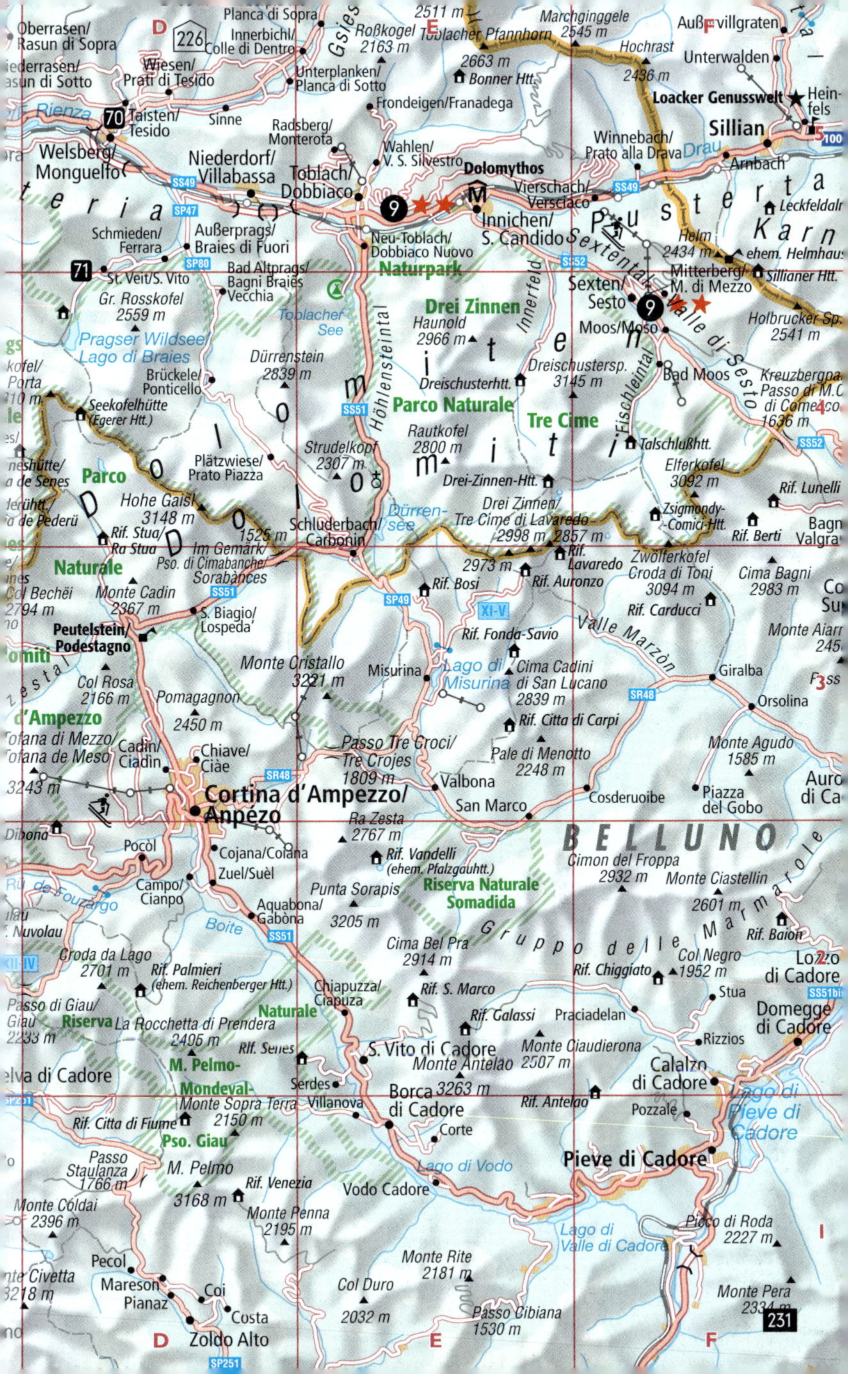
D
E
F
226
Oberrasen/
Rasun di Sopra
Niederrasen/
Rasun di Sotto
Planca di Sopra
Innerbichl/
Colle di Dentro
Gsies
Roßkogel
2163 m
2511 m
Toblacher Pfannhorn
2663 m
Bonner Htt.
Marchginggele
2545 m
Hochrast
2436 m
Außervillgraten
Unterwalden
Loacker Genusswelt
Heinfels
Sillian
Wiesen/
Prati di Tesido
Unterplanken/
Planca di Sotto
Frondeigen/Franadega
Rienza
70
Taisten/
Tesido
Sinne
Radsberg/
Monterota
Wahlen/
V. S. Silvestro
Dolomythos
Winnebach/
Prato alla Drava
Drau
Arnbach
100
Welsberg/
Monguelfo
Niederdorf/
Villabassa
Toblach/
Dobbiaco
SS49
9
Vierschach/
Versciaco
Innichen/
S. Candido
SP47
Schmieden/
Ferrara
Außerprags/
Braies di Fuori
Neu-Toblach/
Dobbiaco Nuovo
Sextental
Leckfeldalm
Karn
Helm
2434 m
ehem. Helmhaus
SP80
71
St. Veit/S. Vito
Bad Altprags/
Bagni Braies
Vecchia
Naturpark
SS52
Mitterberg/
M. di Mezzo
Sillianer Htt.
Gr. Rosskofel
2559 m
Toblacher
See
Drei Zinnen
Innerfeld
Sexten/
Sesto
Valle di Sesto
Holbrucker Sp.
2541 m
Pragser Wildsee/
Lago di Braies
Haunold
2966 m
Moos/Moso
Dürrenstein
2839 m
Höhlensteintal
Dreischustersp.
3145 m
Bad Moos
Kreuzbergpass/
Passo di M. Croce
di Comelico
1636 m
Brückele/
Ponticello
Dreischusterhtt.
Fischleintal
Seekofelhütte
(Egerer Htt.)
SS51
Parco Naturale
Tre Cime
Rautkofel
2800 m
Talschlußhtt.
SS52
Strudelkopf
2307 m
Elferkofel
3092 m
Parco
Plätzwiese/
Prato Piazza
Drei-Zinnen-Htt.
Rif. Lunelli
Hohe Gaisl
3148 m
Dürrensee
Drei Zinnen/
Tre Cime di Lavaredo
2998 m
2857 m
Zsigmondy-
Comici-Htt.
Rif. Berti
Rif. Stua/
Ra Stua
1525 m
Schluderbach/
Carbonin
Im Gemärk/
Pso. di Cimabanche/
Sorabànces
Zwölferkofel
Croda di Toni
3094 m
Rif. Lavaredo
2973 m
Rif. Auronzo
Cima Bagni
2983 m
Naturale
Rif. Bosi
Col Bechëi
2794 m
Monte Cadin
2367 m
SS51
S. Biagio/
Lospeda
SP49
XI-V
Rif. Carducci
Valle Marzòn
Peutelstein/
Podestagno
Rif. Fonda-Savio
Monte Aiarnola
Col Rosa
2166 m
Monte Cristallo
3221 m
Misurina
Lago di
Misurina
Cima Cadini
di San Lucano
2839 m
Giralba
d'Ampezzo
Pomagagnon
2450 m
SR48
Orsolina
Rif. Citta di Carpi
Tofana di Mezzo/
Tofana de Meso
3243 m
Cadin/
Ciadìn
Chiave/
Ciàe
Passo Tre Croci/
Tre Crojes
1809 m
Pale di Menotto
2248 m
Monte Agudo
1585 m
SR48
Valbona
Cosderuoibe
Piazza
del Gobo
Cortina d'Ampezzo/
Anpézo
San Marco
Ra Zesta
2767 m
BELLUNO
Dibona
Pocòl
Cojana/Coiana
Rif. Vandelli
(ehem. Pfalzgauhtt.)
Cimon del Froppa
2932 m
Monte Ciastellin
2601 m
Marmarole
Rü de Fouzargo
Campo/
Cianpo
Zuel/Suèl
Punta Sorapis
3205 m
Riserva Naturale
Somadida
Rif. Baion
Nuvolau
Boite
Aquabona/
Gabòna
SS51
Gruppo delle Marmarole
Croda da Lago
2701 m
Rif. Palmieri
(ehem. Reichenberger Htt.)
Cima Bel Pra
2914 m
Rif. Chiggiato
Col Negro
1952 m
Lozzo
di Cadore
Passo di Giau/
Giau
2233 m
Riserva
La Rocchetta di Prendera
2495 m
Naturale
Chiapuzza/
Ciapuza
Rif. S. Marco
Stua
SS51bis
Rif. Galassi
Praciadelan
Domegge
di Cadore
Rizzios
M. Pelmo-
Mondeval-
Rif. Senes
S. Vito di Cadore
Monte Antelao
3263 m
Monte Ciaudierona
2507 m
Selva di Cadore
Serdes
Calalzo
di Cadore
Monte Sopra Terra
2150 m
Villanova
Borca
di Cadore
Rif. Antelao
Pozzale
Lago di
Pieve di
Cadore
Rif. Citta di Fiume
Pso. Giau
Corte
Pieve di Cadore
Passo
Staulanza
1766 m
M. Pelmo
3168 m
Rif. Venezia
Lago di Vodo
Vodo Cadore
Monte Coldai
2396 m
Monte Penna
2195 m
Picco di Roda
2227 m
Lago di
Valle di Cadore
Monte Rite
2181 m
Monte Civetta
3218 m
Pecol
Mareson
Pianaz
Coi
Costa
Col Duro
2032 m
Passo Cibiana
1530 m
Monte Pera
2334 m
Zoldo Alto
SP251

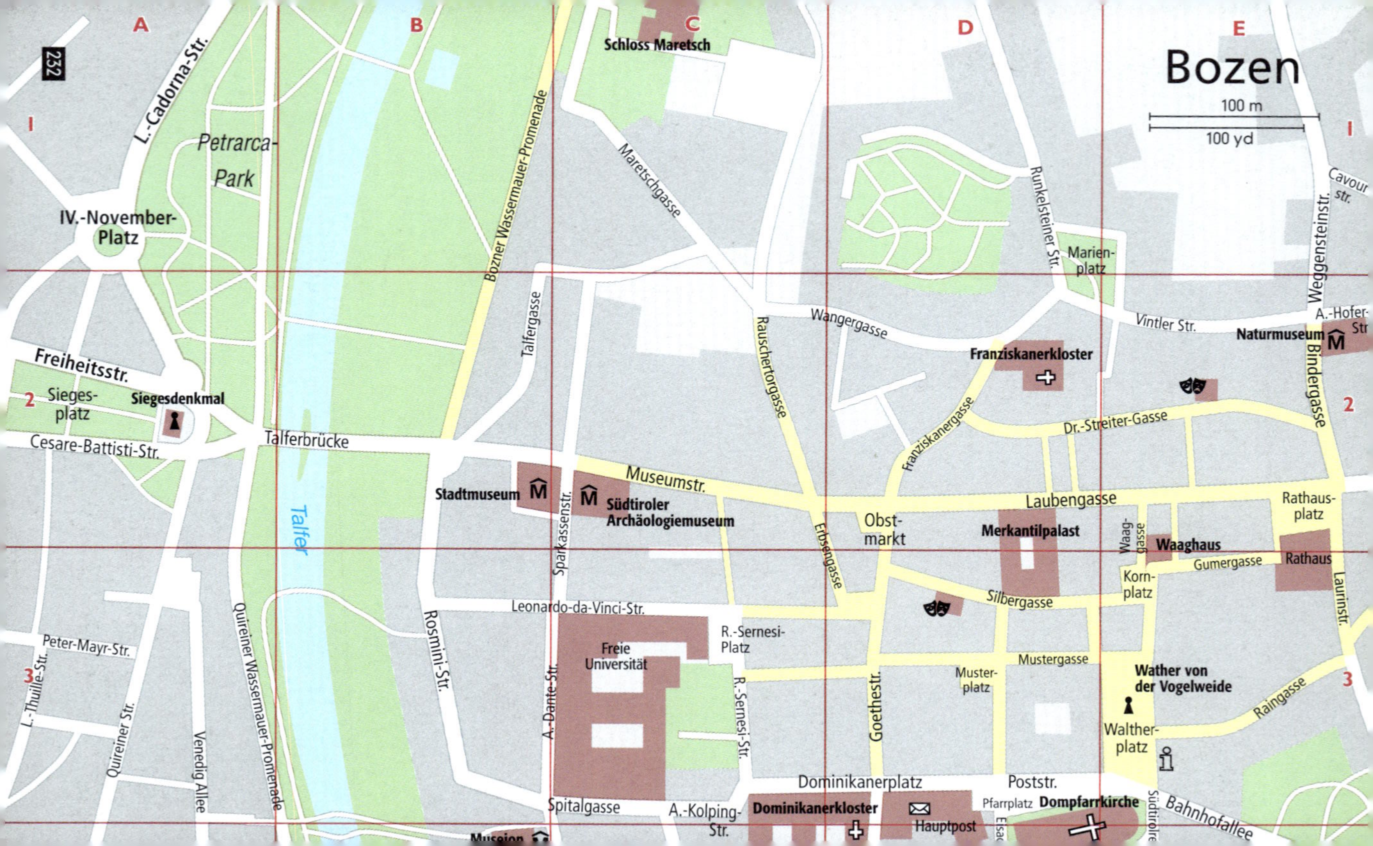
Bozen
100 m
100 yd
A
B
C
D
E
1
2
3
L.-Cadorna-Str.
Petrarca-Park
IV.-November-Platz
Freiheitsstr.
Sieges-platz
Siegesdenkmal
Cesare-Battisti-Str.
Talferbrücke
Talfer
Bozner Wassermauer-Promenade
Quireiner Wassermauer-Promenade
Schloss Maretsch
Maretschgasse
Talfergasse
Stadtmuseum
Südtiroler Archäologiemuseum
Sparkassenstr.
Museumstr.
Rauschertorgasse
Wangergasse
Runkelsteiner Str.
Marien-platz
Vintler Str.
Weggensteinstr.
Cavour str.
A.-Hofer-Str
Naturmuseum
Bindergasse
Franziskanerkloster
Franziskanergasse
Dr.-Streiter-Gasse
Laubengasse
Obst-markt
Erbsengasse
Merkantilpalast
Waag-gasse
Waaghaus
Rathaus-platz
Rathaus
Gumergasse
Korn-platz
Silbergasse
Laurinstr.
Mustergasse
Muster-platz
Wather von der Vogelweide
Walther-platz
Raingasse
Goethestr.
Leonardo-da-Vinci-Str.
R.-Sernesi-Platz
R.-Sernesi-Str.
Freie Universität
A.-Dante-Str.
Rosmini-Str.
Dominikanerplatz
Dominikanerkloster
Poststr.
Hauptpost
Pfarrplatz
Dompfarrkirche
Südtirolre
Bahnhofallee
Spitalgasse
A.-Kolping-Str.
Museion
Peter-Mayr-Str.
L.-Thuille-Str.
Quireiner Str.
Venedig Allee

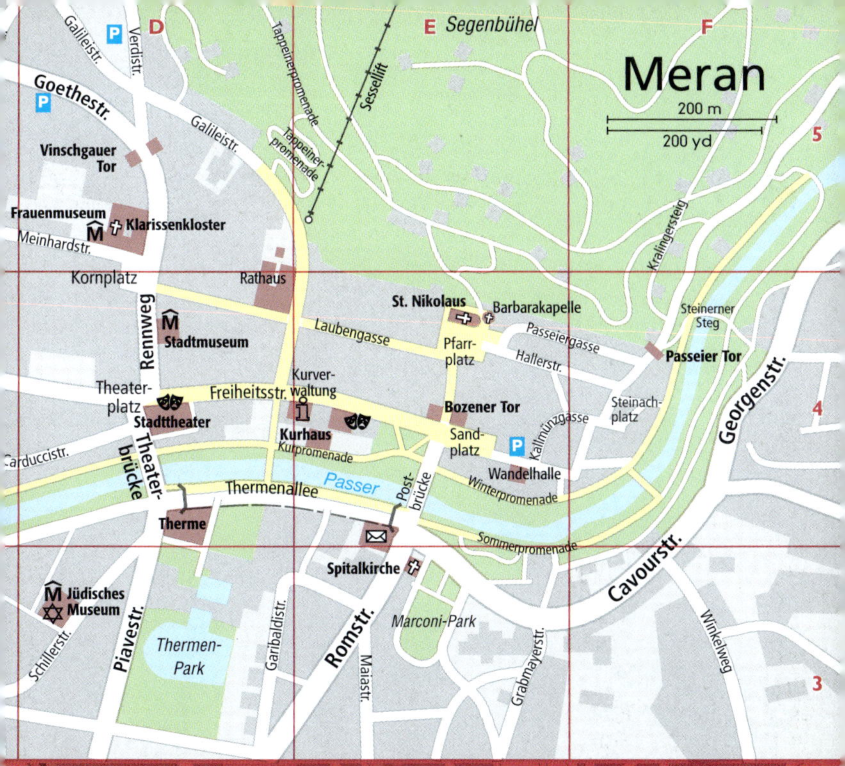
Meran
200 m
200 yd
D
E
F
Segenbühel
5
4
3
Galileistr.
Verdistr.
Goethestr.
Tappeinerpromenade
Tappeiner-promenade
Sessellift
Vinschgauer Tor
Frauenmuseum
Klarissenkloster
Meinhardstr.
Kornplatz
Rathaus
Rennweg
Stadtmuseum
Laubengasse
St. Nikolaus
Barbarakapelle
Passeiergasse
Pfarr-platz
Hallerstr.
Kralingersteig
Steinerner Steg
Passeier Tor
Georgenstr.
Steinach-platz
Kallmünzgasse
Theater-platz
Freiheitsstr.
Kurver-waltung
Bozener Tor
Stadttheater
Kurhaus
Sand-platz
Carduccistr.
Theater-brücke
Kurpromenade
Wandelhalle
Passer
Post-brücke
Winterpromenade
Thermenallee
Therme
Sommerpromenade
Spitalkirche
Cavourstr.
Jüdisches Museum
Marconi-Park
Winkelweg
Schillerstr.
Piavestr.
Thermen-Park
Garibaldistr.
Romstr.
Maiastr.
Grabmayerstr.

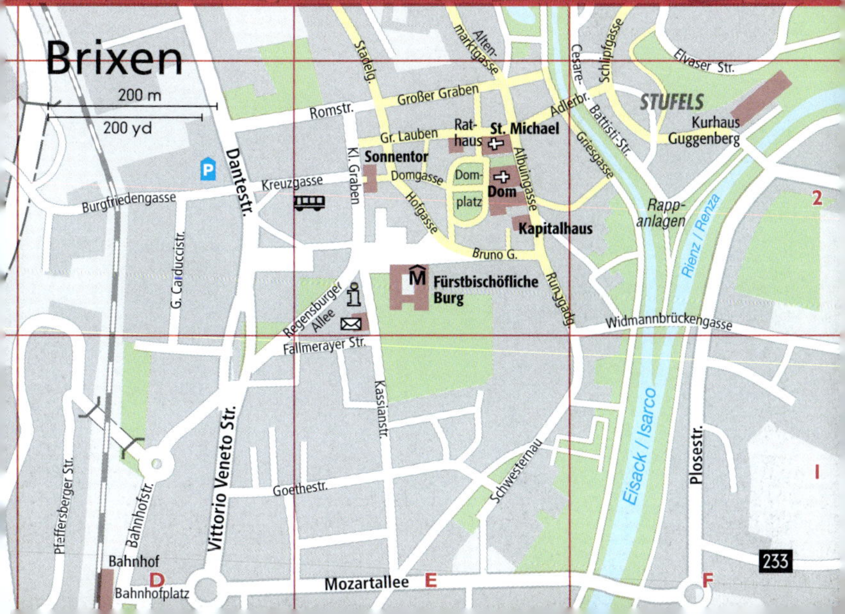
Brixen
200 m
200 yd
D
E
F
2
1
Stadelg.
Alten-marktgasse
Schlipfgasse
Cesare-Battisti-Str.
Elvaser Str.
STUFELS
Kurhaus Guggenberg
Romstr.
Großer Graben
Adlerbr.
Griesgasse
Gr. Lauben
Rat-haus
St. Michael
Sonnentor
Kl. Graben
Domgasse
Dom-platz
Dom
Albuingasse
Rapp-anlagen
Rienz / Renza
Dantestr.
Kreuzgasse
Burgfriedengasse
Hofgasse
Kapitalhaus
Bruno G.
G. Carduccistr.
Fürstbischöfliche Burg
Runggadg.
Regensburger Allee
Widmannbrückengasse
Fallmerayer Str.
Kassianstr.
Eisack / Isarco
Plosestr.
Schwesternau
Pfeffersberger Str.
Bahnhofstr.
Vittorio Veneto Str.
Goethestr.
Bahnhof
Bahnhofplatz
Mozartallee

Register

A
Ahrntal 187
Aichach, Burg 130
Aldein 138
Alpenglühen 11, 131, 139
Altrateis 205
Anreise 213
Antholzer Tal 192
Apfelanbau 19, 20, 73, 77, 101
ArcheoParc Schnals 45
Aschgleralm 127
Auer 113
Ausgehen 55, 85, 119, 145, 171, 197, 218
Auskunft 210

B
Bad Dreikirchen 164
Barbian 164, 168
Bergbau 157, 158, 162, 164, 187
Botschaften 210
Boymont, Schloss 104
Bozen 7, 88, 90, 94, 114, 116, 118, 200
Branzoll 113
Brixen 7, 148, 154, 167, 169
Bruneck 174, 182, 195

C
Castelfeder 113
Churburg 32, 46
Compatsch 129
Conturines-Höhle 137
Corvara 136

D
Deutschnofen 138
Dolomiten 11, 122, 176
Dolomiti Superski 22, 136
Drei Zinnen 7, 15, 176, 180
Dürrensee 180
Durnholz 107

E
Ehrenburg, Schloss 191
Einkaufen 55, 83, 118, 145, 170, 196, 217
Eisacktal 147
Eisacktaler Keschtnweg 150
Elektrizität 210
Enneberg 141
Eppan 7, 100, 115, 116, 117
Erdpyramiden 184
Ermäßigungen 210
Essen und Trinken 26, 53, 82, 115, 143, 168, 195, 216
Etschtal 7

F
Fahrrad 21, 138, 215
Fanes-Sennes-Prags 15, 141
Feiertage 211
Feldthurns 153, 164, 168, 170
Frangart 101
Franzensfeste 163

G
Gadertal 143
Geld 211
Geoparc Bletterbach 138
Gesundheit 211
Gilfenklamm 162
Girlan 101
Gitschberg-Jochtal 190
Glurns 7, 32, 42, 52
Göflan 49
Golfclubs 22
Gossensaß 162
Graun 36
Grissian 83
Grödner Tal 16, 122, 133, 142, 144
Gsieser Tal 192
Gurglers Eisjoch 45

H
Haderburg 112
Hafling 78
Haidersee 37
Hauenstein, Schloss 130
Haunold 180
Herz-Jesu-Feuer 18, 74
Hochabteital 136, 142, 144
Hocheppan, Burg 102, 104
Hochgall 192
Hochjoch 45
Hochpustertal 194
Hofer, Andreas 73
Holz, Schloss 72

I
Innichen 7, 180, 181
Internet 210

J
Jaufenpass 163
Jenesien 110, 114, 115
Juval, Schloss 44, 51, 205

K
Kalterer See 22, 88, 111, 203
Kaltern 111, 115, 117, 202
Kammerlander, Hans 15, 186
Karersee 139
Kartaus 44
Kasern 188
Kastelbell 54
Kastelbell-Tschars 51
Kastelruth 130
Kiens 191
Klausberg 174, 187
Klausen 148, 164, 170
Klettern 22
Knottnkino 79
Kolfuschg 136
Korb, Schloss 104
Kronplatz 22, 140, 141, 174, 182, 191
Kurtatsch 112
Kurzras 44

L
Laas 49, 54
Ladinisch 28, 130, 133, 136, 141
Lajen 170
Lana 77
Langkofel 134
Langtauferertal 48
Latsch 50, 52, 54
Leifers 113
Lichtenberg, Burg 38
Luttach 187

M
Mals 7, 42, 52
Maretsch, Schloss 98
Margreid 112
Maria Weißenstein 138
Marienberg 32, 43
Martell 50, 54
Martelltal 50
Matsch 49
Matscher Tal 49
Maultasch, Margarete 24
Meran 7, 8, 58, 60, 64, 80, 82, 83
Meraner Höhenweg 21
Meransen 190
Messner, Reinhold 11, 15, 40, 41, 51, 54, 98, 183, 205, 207
Messner Mountain Museen 40, 98, 183, 184
Mietwagen 215
Mineralienmuseen Teis 15, 165, 166
Missian 104, 117

Mobilfunk 212
Mölten 79
Monsaraz 34
Moos-Schulthaus, Schloss 101, 202

Mühlbach 190
Mühlwalder Tal 186
Münstertal 32

N
Nals 79
Naturns 76
Naturpark Trudner Horn 113
Neumarkt 112
Neustift, Kloster 160
Niederjoch 45
Notrufe 212

O
Obstanbau 20, 49, 58, 68, 77, 96
Ortler 7, 38
Oswald-v.-Wolkenstein-Ritt 132
Ötzi 7, 44, 97
Ötztal 45, 163

P
Pannenhilfen 212
Partschins 76, 81
Passeiertal 58, 73, 85
Pedratsches 137
Percha 184
Pfalzen 191
Pfeffersburg 72
Pfossental 44
Pfunderer Tal 190
Plimaschlucht 50
Post 211
Prags 194
Pragser Tal 193
Pragser Wildsee 189, 193
Prettau 188
Prissian 70, 81
Prösels, Schloss 132
Pustertal 173

R
Radfahren 8, 21, 34, 39, 90, 95, 101, 138, 162, 215
Rafting 22, 187
Ratschings 162
Reichenberg, Schloss 48
Reifenstein, Burg 159
Reinegg, Schloss 107
Rein in Taufers 186
Reinswald 107
Reisedokumente 212
Reisezeit 212
Reschensee 22, 34, 48, 52
Ridnauntal 162
Rieserferner-Ahrn 15
Ritten 99, 110, 114, 118
Rittner Erdpyramiden 111
Rodeneck 190
Rotund, Schloss 48
Runkelstein, Schloss 97

S
Saldurseen 49
Salegg 130
Saltaus 83
Salurn 112
Sand in Taufers 185
Sarntal 106, 115, 116
Sarnthein 107
Schenna 76
Schildhöfe 75
Schlanders 49, 54
Schlandersburg 49
Schlerngebiet 7, 128
Schlern-Rosengarten, Naturpark 15, 129
Schluderns 46
Schnalstal 7, 44, 53
Schnalstaler Gletscherbahnen 45
Schnalswaal 204
Schöneck 107
Schloss Schwanburg 79
Seceda 124
Seis 130
Seiser Alm 7, 122, 128, 142
Sellagruppe 134
Sexten 7, 180, 181
Sicherheit 212
Sigmundskron, Burg 98, 202
Skifahren 22, 44, 78, 107, 134, 136, 145, 162, 180, 187
Sonnenburg 192
Sprachführer 220
Sterzing 148, 157, 167, 169
Stilfs 38
Stilfser Joch, Nationalpark 7, 14, 38, 52
St. Barbara 162
St.-Ignaz-Erbstollen 188
St. Jakob 188
St. Jakob am Joch 165
St. Johann 187
St. Johann im Ahrntal 15
St. Josef 203
St. Leonhard 140
St. Lorenzen 191
St. Magdalena 165
St. Martin in Thurn 140
St. Michael 101, 115, 117, 202
St. Pauls 104, 115
St. Peter 165, 188
St. Ulrich 16, 124, 134
St. Vigil 141
St. Walburg 78, 81

T
Tauferer Ahrntal 174, 194, 196
Taufers, Burg 185
Taufers i. M. 48
Terenten 191
Terlan 111
Texelgruppe 15, 44, 68, 71
Thaneihöfen 49
Thurn, Schloss 140
Tierser Tal 139, 143
Tirol, Dorf 7, 68, 81, 83, 84
Tirol, Schloss 7, 11, 24, 68
Tisens 70, 81, 83
Toblach 7, 11, 180
Törggelen 150
Trafoi 39
Tramin 18, 108
Trauttmansdorff, Schloss 7, 65
Trenker, Luis 15, 134
Trostburg 165
Trudner Horn 15
Tschögglberg 110

U
Übernachten 52, 80, 114, 142, 167, 194, 215
Ultental 58, 77, 81
Unser Frau, Dorf 44
Untermoi 140
Unterrain 104
Unterwegs in Südtirol 214

V
Veranstaltungskalender 218
Versoaln 72
Villanders 152, 168, 170
Villnöss 168
Villnösser Tal 165
Vinschgau 31
Vintl 190
Völlan 70
Völs am Schlern 132
Völser Weiher 22
Vöran 79

W
Waale 21, 204
Waldnersee 188
Weinanbau 19, 27, 43, 68, 72, 79, 88, 100, 108, 111, 112, 126, 160
Welsberg-Taisten 192
Welschnofen 139
Wipptal 147
Wolkenstein 135

Z
Zollbestimmungen 213

BILDNACHWEIS

akg-images/Erich Lessing: 24

DuMont Bildarchiv/Udo Bernhart: 19, 49, 62/63, 73, 76, 91 u., 98, 118, 119, 146, 161 r., 195, 198

DuMont Bildarchiv/Frank Heuer: 5 o., 5 u., 6 (1), 6 (2), 6 (5), 6 (6), 6 (7), 6 (8), 6 (9), 6 (10), 9, 10 u., 10 o., 12/13, 14, 17 r. u., 20, 21, 23 l. o., 23 l. u., 23 l., 27 l., 27 r. o., 27 r. u., 29 l., 29 r. o., 30/31, 35 r., 35 l., 36, 37 l., 41, 42, 45, 47, 50, 51 l., 51 r., 53, 55, 56/57, 61 o., 61 u., 63 l., 63 r., 65, 67 l. o., 67 u., 67 o. r., 68, 69, 74, 78, 79 r., 79 u. l., 80, 83, 84, 91 o., 92 r., 92 l., 93, 94, 95, 97 l., 100, 109, 110, 111, 112, 113, 114, 116, 120/121, 125 r., 126 r., 129 l., 129 r., 131, 132, 133, 134, 135, 136, 137, 138, 139, 140, 142, 144, 151 u., 152/153, 153 u., 153 o., 154, 155, 157, 162, 163, 164, 168, 169, 171, 172/173, 177 u., 178 r., 179, 181 r., 181 l., 183, 184, 185, 189, 192, 197, 205, 206, 208/209

Fotolia: costadelsol 193, JRG 127, nemo1963 86

Getty Images: Adisorn Fineday Chutikunakorn 177 o.

Huber Images: Bernd Römmelt 18; Franco Cogoli 39; Günter Gräfenhain 72; H. P. Huber 40; Johanna Huber 141; Sandra Raccanello 99; Udo Bernhart 6 (4), 104

Kohl, Margit (München): 125 l., 126 l., 151 o., 178 l.

Krinitz, Hartmut (Mülheim-Feldberg): 48, 107, 161 l.

laif: Dagmar Schwelle17 r. o.; Dietmar Denger 191; Frieder Blickle 117, Günter Stand 71

mauritius images: Rudolf Pigneter 6 (3); Alamy 187

Mineralienmuseum Teis: Lorenz Fischnaller 166

Stankiewicz, Thomas (München): 202

Villa Waldkönigin, St. Valentin auf der Haide: 37 r.

VG Bild-Kunst/Bonn 2018: Francesco Vezzoli 97 r.

Widmann, Thomas Peter (Regensburg): 17 l., 75, 101, 105, 158, 159

Titelbild: U1 oben: Thanapol Tontinikorn/gettyimages
U1 unten: Emya Photography/gettyimages
U8: DuMont Bildarchiv/Frank Heuer

IMPRESSUM

3. Aufl. 2019
Völlig überarbeitet und neu gestaltet

Text: Margit Kohl, Ulf Hausmanns, Robert Asam
Redaktion & Gestaltung: Eszter Kalmár, Sandra Penno-Vesper
Projektleitung: Dieter Luippold
Programmleitung: Birgit Borowski
Chefredaktion: Rainer Eisenschmid

Kartografie: © MAIRDUMONT GmbH & Co. KG, Ostfildern
3D-Illustration: jangled nerves, Stuttgart

Anzeigenvermarktung: MAIRDUMONT MEDIA
Tel. 0711 45 02-0, media@mairdumont.com
media.mairdumont.com

Printed in Poland

Trotz aller Sorgfalt von Autoren und Redaktion sind Fehler und Änderungen nach Drucklegung leider nicht auszuschließen. Dafür kann der Verlag keine Haftung übernehmen. Berichtigungen, Kritik und Verbesserungsvorschläge sind uns jederzeit willkommen, bitte informieren Sie uns unter:

Verlag Karl Baedeker / Redaktion
Postfach 3162
D-73751 Ostfildern
Tel. 0711 45 02-262
smart@baedeker.com
www.baedeker.com

FSC
www.fsc.org
MIX
Papier aus verantwortungsvollen Quellen
FSC® C018236

Meine Notizen

Meine Notizen

Meine Notizen